Sighard Wilhelm, Umweltpolitik

Sighard Wilhelm

Umweltpolitik

Bilanz, Probleme, Zukunft

Leske + Budrich, Opladen 1994

ISBN 978-3-8100-1086-5 ISBN 978-3-322-95942-3 (eBook)
DOI 10.1007/978-3-322-95942-3

Vorwort

Umweltpolitik verliert sich heute in Details. Ihr Erfolg entscheidet sich nicht in diesen oft hochspezialisierten Fragen, sondern darin, ob die weithin anerkannten Leitgedanken verwirklicht werden. Für eine Orientierung über Wege aus der Umweltkrise wird einleitend der naturwissenschaftliche Hintergrund der Umweltpolitik beschrieben, der bisher zu wenig beachtet wurde. Es folgt eine Darstellung und Bewertung der bisherigen Umweltpolitik in der Bundesrepublik. Die Erfolge, aber auch die zahlreicheren Mängel, Defizite, Rückschläge werden vorgeführt; sie sollten als Erfahrungen und Maßstäbe für die künftigen Entscheidungen dienen. In einem abschließenden Kapitel werden Anforderungen an die künftige Umweltpolitik formuliert und ihre Erfolgsaussichten auf der internationalen und der deutschen Ebene beurteilt.

Die Schwierigkeiten, vor denen wir mit unserer Umweltpolitik heute stehen, sind vermutlich größer, als sich die meisten vorstellen; die Erfolgsaussichten sind wahrscheinlich schlechter, als uns für die nächste Generation lieb sein kann. Es scheint nicht nur ein „grünes Krisenszenario" zu sein, sondern der objektiven Entwicklung zu entsprechen, daß Erfolg oder Mißerfolg der Umweltpolitik in den nächsten Jahrzehnten tatsächlich über Fortbestand oder Ende der uns bekannten Zivilisation entscheiden[1]. Dieses Buch wurde geschrieben als Appell für eine aktiv gestaltende Umweltpolitik.

Frau Claudia Wolff und Herr Oliver Schwork haben mich als studentische Hilfskräfte unterstützt. Frau Birgit Katsaros beschaffte mir wieder die erforderliche Literatur. Mein Kollege Dr. Manfred Röber gab mir verschiedene Anregungen. Ich danke ihnen herzlich.

Prof. Dr. Sighard Wilhelm

Inhalt

Abkürzungen

BDI	Bundesverband der deutschen Industrie
BImSchG	Bundesimmissionschutzgesetz
BMF	Bundesministerium für Finanzen (auch BdF)
BMI	Bundesministerium für Inneres
BML	Bundesministerium für Landwirtschaft und Forsten
BMU	Bundesministerium für Umwelt, Naturschutz und Reaktorsicherheit
BMWi	Bundesministerium für Wirtschaft
BSP	Bruttosozialprodukt
BT-Drucks	Bundestagsdrucksache (Legislaturperiode/laufende Nummer)
DIHT	Deutscher Industrie- und Handelstag
DÖV	Die Öffentliche Verwaltung (Zeitschrift)
DVBl	Deutsches Verwaltungsblatt
GG	Grundgesetz
IIUG	Internationales Institut für Umwelt und Gesellschaft
IIUG dp	discussion paper des IIUG (Jahr/laufende Nummer)
IIUG rep	reports des IIUG (Jahr/laufende Nummer)
MPI	Max-Planck-Institut
mwn	mit weiteren Nachweisen
NuR	Natur und Recht (Zeitschrift)
NVwZ	Neue Zeitschrift für Verwaltungsrecht
RSU	Rat von Sachverständigen für Umweltfragen
TA Luft	Technische Anleitung zur Reinhaltung der Luft
UPR	Umwelt- und Planungsrecht (Zeitschrift)
UVP	Umweltverträglichkeitsprüfung
ZAU	Zeitschrift für angewandte Umweltforschung
ZfU	Zeitschrift für Umweltpolitik (& Umweltrecht – ab Nr 4/1985)
ZParl	Zeitschrift für Parlamentsfragen
ZRP	Zeitschrift für Rechtspolitik

1. Kapitel:
Einleitende Gedanken. Besonderheiten der Umweltpolitik

1. „Umwelt“ – ein neuer Politikbereich

Es besteht Einigkeit, von „Umweltpolitik“ erst seit etwa 1970 zu sprechen. Die Entwicklung von damals bis heute sollte in drei Abschnitte eingeteilt werden: Wie so oft, so begann auch die Umweltpolitik mit einer schwungvoll-euphorischen Anschubphase. Aber schon um 1974 vollzog sich ein bedeutsamer Einbruch; die Bundesrepublik erlebte eine Zeit allgemeiner wirtschaftlicher Probleme und sofort gewannen wirtschaftliche Überlegungen einen deutlichen Vorrang vor Argumenten des Umweltschutzes. Obwohl die wirtschaftlichen Schwierigkeiten fortbestanden, wurden die Umweltschäden nach 1980 in Bevölkerung und Politik als so schwerwiegend empfunden, daß eine neue Phase kontinuierlich sich verschärfender Staatseingriffe zugunsten der Umwelt folgte.[2] – 1989/90 schien eine neue Phase noch aktiverer Umweltpolitik zu beginnen. Die Entwicklungen in Osteuropa seit dem Sommer 1989, insbesondere der sich abzeichnende Beitritt der DDR zur Bundesrepublik Deutschland drängten den Umweltschutz aber in den Hintergrund. Daran hat sich bis heute nichts geändert.

Auch wenn wir von „Umweltpolitik“ erst seit etwa 1970 sprechen, gibt es sie in einem weiteren Sinne in den Industriestaaten schon seit einem Jahrhundert und länger[3]. Gesundheitpolitik, Lebensmittelrecht, Gewässerschutz, Müllbeseitigung, Energiepolitik, Lärmschutz sind bereits seit dem vorigen Jahrhundert Gegenstand politischer Einflußnahme und Gestaltung. In einem engeren Sinne beginnt Umweltpolitik in der Bundesrepublik jedoch erst mit der sozial-liberalen Koalition nach 1969; erst ab dieser Zeit wird Umweltpolitik zu einem eigenständigen Politikbereich mit spezialisierten Interessengruppen, besonderen Verwaltungsinstanzen und eigenständigen Verfahrensabläufen. *Die Entwicklung des umweltpolitischen Instrumentariums ist bis heute nicht abgeschlossen – ganz im Gegenteil:* wir experimentieren, allerdings nur gedanklich, in der Bundesrepublik und weltweit immer intensiver mit weiteren erfolgversprechenden Instrumenten, weil nach Einschätzung neutraler Fachleute[4] das bisherige Instrumentarium ausgeschöpft ist und zusätzliche andere Instrumente eingesetzt werden müssen. Dies wurde in der alten Bundesrepublik besonders deutlich während der umfassenden Diskussion 1989/90.

Diese Entwicklung muß zu einer Umweltpolitik führen, die eine Doppelrolle ausfüllt: Sie darf nicht nur eine *Ressortpolitik* sein, eine Fachpolitik eines Ministeriums, die sich um Luftreinhaltung, Gewässerschutz und Abfall kümmert, sondern sie muß auch *Querschnittsaufgaben* erfüllen, d.h. sie muß in allen Politikbereichen, von der Außenpolitik über Landwirtschaft und Verkehr bis zur Wirtschaftspolitik, deren Projekte und Entscheidungen auf ihre Umweltverträglichkeit prüfen. Ein erster Schritt in dieser Richtung ist mit der noch unvollkommenen und unbefriedigend gestalteten Umweltverträglichkeitsprüfung getan, die EG-weit eingeführt wurde; danach dürfen Großprojekte wie Autobahnen nur noch verwirklicht werden, wenn einen Einklang mit der Umwelt bejaht.

Bereits vor der „Umweltpolitik" im modernen Sinne – mit dem konzeptionell viele Bereiche umfassenden Gestaltungsansatz – *bestand in Teilbereichen eine hohe Regelungsdichte.* So konnte Kimminich in einem der ersten Bücher über das „Recht des Umweltschutzes" 1972 schreiben, es gebe wohl kaum ein Gebiet, auf dem der Ruf nach dem Gesetzgeber lauter und eindringlicher ertöne als auf dem des Umweltschutzes. Es bestehe in weiten Kreisen auch der Eindruck, als sei bisher nichts geschehen. „Wer sich aber eingehend mit der Materie beschäftigt, stellt bald fest, daß das geltende Recht eine erstaunliche Fülle von Vorschriften enthält, die dem Umweltschutz dienen, auch wenn dies nicht ausdrücklich im Gesetzestext gesagt wird." Sein Gesetzesverzeichnis umfaßt viele hundert Vorschriften vom deutschen Abfallbeseitungsgesetz bis zum internationen Nordsee-Übereinkommen.

Mitte der 80er Jahre zählte der Bundesverband der deutschen Industrie dann zweitausend Gesetze und Verordnungen mit umweltrechtlichem Inhalt.

Für die Flut von Vorschriften schon vor den 70er Jahren gab es zwingende Gründe: Die Industrieproduktion war seit den 50er Jahren in Westdeutschland gewaltig angewachsen. *Damals war noch niemandem bewußt, daß die Bundesrepublik ein „umweltarmes Land" ist:* Ein Land mit einer geringen Fläche und einer der dichtesten Bevölkerungsansammlungen aller Staaten, ein Land, in dem man nicht folgenlos einen der größten Industriestandorte der Welt aufbauen konnte. Vereinfachend kann man sagen, wer am meisten produziert, hat auch die größten Mengen an Giftmüll, an Hausmüll, an Luftschadstoffen (etwa von den Millionen Kraftfahrzeugen oder aus der Energieherstellung). Es blieb lange Zeit verborgen, daß die Bundesrepublik einer der großen Umweltverschmutzer der Erde ist. – All dies sind Rahmenbedingungen, die bereits vor den 70er Jahren in der Bundesrepublik zahlreiche Gesundheits-, Lebensmittel- und Wasserschutzvorschriften erzwangen.

Die Schutzmaßnahmen hinkten schon damals hinter den Erfordernissen her. Das hat sich bis heute nicht geändert. In den 70er und 80er Jahren haben Umweltpolitiker ihre mäßigen Erfolge regelmäßig damit erklärt, daß sie zunächst Unterlassungen der Vergangenheit korrigieren mußten, ehe sie demnächst die aktuellen Probleme aber wirklich einer Lösung zuführen würden. Das bloße Hinterherlaufen, das Reagieren statt Gestalten, hat eine lange Tradition. Beispielsweise hieß es schon 1965 in Ludwig Erhards Regierungserklärung: „Die bisher getroffenen Maßnahmen zum Schutz der Gewässer, zur Reinhaltung der Luft und zur Bekämpfung des Lärms haben bereits einen großen Teil von dem aufgeholt, was in Jahrzehnten versäumt worden war."

Zum Ende der 60er Jahre wurden in den westlichen Industriestaaten die negativen Auswirkungen industrieller Produktion langsam bewußt und in einer wachsenden Anzahl von Publikationen dramatisch geschilderts. Das Thema hat sich in der Literatur und im Bewußtsein der Bürger bald im Sinne exponentiellen Wachstums verbreitet. In einer thematisch breit angelegten SPIEGEL-Umfrage vom Herbst 1970 über die sozial-liberale Reformpolitik kommt der Umweltschutz noch nicht vor; nur „klassische Themen" werden abgefragt: Lärmbekämpfung, Luft und Wasser; städtischer Verkehr und der Wunsch nach mehr Straßen[6]. In einigen Standardwerken „zur geistigen Situation der Zeit" aus den 70er Jahren fehlt Umweltschutz noch[7], allenfalls wird er unter „Technik und Gesellschaft" oder ähnlichen Themen erwähnt. In den 80er Jahren benötigt man bereits einen Führer durch die Fülle der Zeitschriften- und Buchpublikationen.

Aus den ersten Stimmen entwickelte sich langsam über viele Jahre bei den Bürgern eine Sorge um die natürlichen und damit elementaren Lebensgrundlagen des Menschen. *Durch die erste Ölpreiskrise vom Herbst 1973 wurde der allgemeine Fortschrittsglaube erschüttert.* Die Erkenntnis von der Endlichkeit der Ressourcen und den Grenzen des Wachstums wurde den Menschen an autofreien Sonntagen und bei Tempolimits auf Landstraßen und Autobahnen drastisch vor Augen geführt. – Als diese Lehren zu verblassen begannen, erlebten wir in der Bundesrepublik ein neues Bewußtsein vom Krisencharakter der Umweltentwicklung: Es entstand bei Bürgern und den im Bundestag vertretenen Parteien nach 1980, als das Schlagwort vom „Waldsterben" in den Medien sensationell aufbereitet wurde („Erst stirbt der Wald, dann der Mensch"). Die Öffentlichkeit war tief verunsichert. – Als auch diese Besorgnisse wieder einer gleichmütigen Alltagsbetrachtung wichen, wurden Bürger und Politik durch alarmierende Entwicklungstendenzen des Weltklimas aufgeschreckt.

Die natürlichen Lebensgrundlagen wurden zum politischen Thema, unsere Verantwortung für die Zukunft wurde neu überdacht. Konservatives Gedankengut mischte sich mit naturschwärmerischem und sozialreformerischem Denken zu einer neuen innenpolitschen Kraft. Es entstand eine Bewegung gegen Großstrukturen, die, wenn nicht als Horror, dann doch als undurchsichtig empfunden wurden und deren Kontrolle in einer freiheitlich-demokratischen Ordnung nicht gewährleistet erschien. Das neue Ideal hieß daher „small is beautiful". Es führte z.B. zu Forderungen nach dezentraler Energieversorgung (die effektivere Wirkungsgrade erreicht!) und richtete sich gegen die Megakraftwerke ebenso wie gegen den militärisch-technischen Komplex (ein Terminus, der anfangs emotional belegt war, aber inzwischen ganz unbefangen verwendet wird). – Man kann in dieser Entwicklung wohl die von Hans Freyer und anderen Philosophen ähnlich formulierte Sehnsucht nach den „primären Systemen" sehen in einer Zeit nur „sekundärer Systeme"[8] oder, schlichter formuliert, die Sehnsucht nach der Durchschaubarkeit der Welt.

Im Film wurden Umweltprobleme unter dramatischen Aspekten wie Smogalarmen und Unfällen in Kernkraftwerken dargestellt. Die Ursache der Probleme wurde dabei meist in aggressiv vertretenen Wirtschaftsinteressen gesehen. Dagegen haben Literatur[9] und Theater – wenn ich recht sehe – Umweltfragen nicht aufgegriffen. Wer sich mit administrativen Großstrukturen erschrecken möchte, muß immer noch zu Franz Kafka greifen.

*

„Umweltpolitik" erschien nahezu wie auf einen Schlag als neuer Politikbereich. Noch bei den Bundestagswahlen 1969 spielte sie keine Rolle[10], obwohl SPD und F.D.P. ihren Wahlkampf mit Themen zur Veränderung Deutschlands führten (F.D.P.-Wahlslogan: „Wir schneiden die alten Zöpfe ab").

Das Fehlen eines „Umwelt"-Bewußtseins zeigt sich nicht nur in den Parteiprogrammen etwa des Wahljahres 1969, sondern auch in den Regierungserklärungen der damaligen Zeit. Erstmalig als selbständiges Thema und Problem wird der Umweltschutz in Brandts Regierungserklärung vom Januar 1973 angesprochen. In allen früheren Regierungserklärungen – auch noch in der ersten sozial-liberalen von 1969 – werden Themen wie Raumordnung und Städtebau, Gesundheitspolitik für die moderne Industriegesellschaft, Lebensmittelwesen, Umwelt- und Sozialhygiene (Erhard 1965) aufgefächert und getrennt behandelt; Umweltschutz als eigenständiges Thema mit Problemen, die innerlich eng zusammenhängen, ist unbekannt. Er wird punktuell gehandhabt und mangels Meßdaten in erster Linie nach optischen und ähnlichen Eindrücken. Wo Flüsse schmutzig sind, wo es stinkt oder die Luft so voller Dreckschwaden hängt, daß man wie im Ruhrgebiet keine Wäsche im Freien trocknen kann, da ist die Politik angesprochen.

In den 50er und 60er Jahren waren von den politischen Parteien keine erwähnenswerten Impulse zum Naturschutz ausgegangen. Einige Anregungen erarbeitete damals die Interparlamentarische Arbeitsgemeinschaft für naturgemäße Wirschaftsweise (IPA), ein Zusammenschluß von Länder- und Bundesparlamentariern[11]. Auch in den 70er Jahren haben die Bundestagsparteien den Umweltschutz mehr beiläufig behandelt und in recht unterschiedlichem Umfang bejaht. Selbst SPD und F.D.P. beschränkten sich darauf, die Bemühungen, vor allem des Bundesinnenministeriums, anfangs wohlwollend, später widerwillig mitzutragen. Am weitesten wagte sich die F.D.P. in ihrem Freiburger Programm (1971) vor. Erst in den 80er Jahren stieg das Thema in der Prioritätenliste der sog. etablierten Parteien, zuerst der SPD, dann der Union und schließlich (wieder) der FDP: Die Probleme mit der Umwelt waren zu offenkundig; sie drohten, aus dem Ruder zu laufen; und – für SPD, Union, FDP das Wichtigste – zu viele Wähler gaben ihre Stimme „grünen Parteien".

Bis zum Ende der 70er Jahre war jedenfalls keine der „etablierten Parteien" Vorreiter für mehr Umweltschutz, auch wenn sie inzwischen gern einen anderen Eindruck vermitteln wollen[12]. – Günter Hartkopf (Staatssekretär im Bundesinnenmisterium 1969-83) stellte ihnen um 1980 insgesamt ein schlechtes Zeugnis aus[13]: „Die seit Anfang der sechziger Jahre erkennbare Umweltproblematik wurde nur zum geringen Teil von den im Deutschen Bundestag vertretenen Parteien aus eigener Initiative aufgegriffen und konzeptionell bewältigt ... Grundsatzdebatten über Umweltpolitik finden im Deutschen Bundestag selten vor überfülltem Hause statt. Mit dem Eintreten für Umweltbelange ist immer noch keine Parteikarriere zu machen ... Unter Opportunität, Kurzsichtigkeit und mangelndem Mut leidet letztlich die Glaubwürdigkeit der Verantwortlichen. Fatalismus, Frustation, gelegentlich Zynismus breiten sich aus – vor allem unter der jüngeren Generation."

2. Was ist das Besondere an Umwelt und Ökologie[14]? Welche Anforderungen an eine Umweltpolitik ergeben sich daraus?[15]

Verschiedene Wissenschaftsdisziplinen haben in den beiden letzten Jahrzehnten die Erfahrung machen müssen, daß Einwirkungen auf die Natur nach komplizierteren Regeln ablaufen, als bis dahin angenommen. Prozesse in der Natur folgen nicht einfachen Ursache-Wirkungsketten, in denen wir zu denken pflegen, sondern sie verlaufen in *Regelkreissystemen*, die die Wissenschaft als *kybernetische Systeme* (Norbert Wiener) überhaupt erst seit wenigen Jahrzehnten kennt. In den Regelkreisläufen der Natur ist „alles mit allem vernetzt". Wird ein einziger Baustein (eine Chemikalie, die Temperatur, die Luftfeuchtigkeit, eine Tierart oder was auch immer) verändert, dann wirkt diese Änderung in das gesamte System hinein; der Eingriff wirkt über positive, verstärkende, oder negative, abschwächende, Rückkopplungen auf andere Bausteine, deren Veränderung ihrerseits weiterwirkt. Solche dynamischen Systeme befinden sich in labilen Gleichgewichtszuständen; nach Erschütterungen pendeln sie sich in ein neues Gleichgewicht ein. Diese Eigenschaft bildet den Hintergrund der Diskussion um die befürchtete Klimakatastrophe: durch die Erhöhung der Lufttemperatur können sich Meeresverhalten, Verdunstung, Regengebiete, Winde u.v.a. ändern und die Erde in ein neues Gleichgewicht drängen.

Darüber hinaus mußten wir zur Kenntnis nehmen, daß die Einwirkungen in aller Regel Entwicklungen auslösen, die dramatischer verlaufen, als wir es uns vorstellen: Sie vollziehen sich nämlich im allgemeinen nicht linear, sondern exponentiell. Für exponentielle Entwicklungen haben wir kein intuitives

Vorstellungsvermögen, auch wenn wir das Phänomen aus vielen Beispielen kennen. Am bekanntesten ist vermutlich das Schachbrett, auf dessen erstes Feld ein Weizenkorn gelegt wird und auf dessen weitere Felder jeweils die doppelte Anzahl soll; also 16 Körner auf dem 5. Feld usw. Die Frage lautet dann etwa: Wieviele Körner liegen auf dem 12. Feld (eine Schale voll), auf dem 28. Feld (eine Lkw-Ladung), auf dem 54. Feld, auf dem 64., letzten Feld?[16].

Durch das Regelkreissystem und durch nicht-lineare Entwicklungen ist die Natur nach Prinzipien organisiert, mit denen wir von unserer Erkenntnis- und Intelligenzfähigkeit her nicht umgehen können[17]. Noch weiter verkompliziert haben sich unsere Mutmaßungen über die Naturstrukturen (von Wissen mag man nicht sprechen) jüngst durch die Arbeiten der sog. Chaosforschung, genauer: Forschungen über das Verhalten dynamischer Systeme. Ihr Verhalten kann nicht exakt vorausgesagt werden, auch wenn umfassende Informationen über jedes Einzelteil vorhanden wären, weil das Ganze etwas anderes ist als die Summe der Einzelteile (wir kennen dieses Phänomen schon länger: unbelebte Atome, die überall vorkommen, können ein Lebewesen bilden; dies hat andere Eigenschaften als die Summe der Atome – es kann z.B. denken). Die Unmöglichkeit von Voraussagen in dynamischen Systemen ist allgemein vom Schachspiel bekannt: nach dem 15. Zug kann der 30. nicht vorhergesagt werden. Weil auch das Wetter oder eine Volkswirtschaft dynamische Systeme sind, werden uns keine zuverlässigen Wettervorhersagen oder Wirtschaftsprognosen gelingen (können); *zugleich lassen diese Erkenntnisse aber auch befürchten, wir könnten endgültig im Bemühen scheitern, Naturprozesse in einer von uns gewünschten Richtung zu beeinflussen.*[17a]

Die Wissenschaft im Hintergrund der Umweltpolitik ist die Ökologie. Sie läßt sich als synoptische Wissenschaft mit methodischen Grundlagen und Forschungsansätzen in verschiedenen Wissenschaftsdisziplinen verstehen. Sie ist eine Wissenschaft vom Systemganzen. Definiert wird sie heute als Wissenschaft von der Struktur und den Funktionen der Natur. Die biologische Evolution hat in den natürlichen Ökosystemen vom kleinen Biotop bis zum „Gesamtsystem Erde“ langfristig funktionierende, sich selbst regulierende und stabilisierende dynamische Systeme geschaffen. Die Ökologie als biologische Wissenschaft versucht dementsprechend, natürliche Ökosysteme mit Hilfe dynamischer, vernetzter Rückkoppelungsmodelle zu beschreiben. Sie untersucht nicht die Dinge selbst, sondern das Beziehungsnetz zwischen ihnen.

Mit diesem Ansatz könnte die Ökologie eine Brücke zwischen Natur- und Sozialwissenschaften werden. Heute trägt diese Brücke noch nicht (Simonis). Eine Anwendung ökologischen Modelldenkens auf anthropogen gesteuerte Systeme, also z.B. auf eine Volkswirtschaft oder ein politisches System, ist noch nicht möglich. Wir sind bisher über erste Ansätze nicht hinausgekommen, Technik, Wirtschaft, Staat oder Politik als vernetzte Regelkreise zu behandeln, die einerseits beeinflußbar sind, andererseits sich selbst regulieren und nach einem Gleichgewicht streben. Solange wir dynamische Systeme nicht beherrschen, wird uns eine erfolgreiche Umweltpolitik wahrscheinlich nicht möglich sein. Ob wir dynamische Systeme jemals werden steuern können, ist heute eine unbeantwortbare Frage; m.E. ist die größte Skepsis geboten, daß wir über die heute schon üblichen Ansätze (etwa bei „Wirtschaftskreisläufen") nennenswert hinauskommen. Die Ergebnisse der „Chaosforschung" legen die Annahme nahe, daß dynamische Systeme überhaupt nicht zielgerichtet gesteuert werden können; von einem vorgegebenen Gleichgewicht schwingen sie zwar in ein anderes, aber wie das beschaffen ist, läßt sich nicht vorherbestimmen. Es erscheint möglich, daß wir hier an strukturelle Grenzen stoßen, die wir nicht überwinden können. Wäre die Übertragung der Gesetze von Regelkreissystemen in andere Wissenschaften möglich, würden sich Strukturumwälzungen in den Wirtschafts-, Sozial-, politischen und anderen Wissenschaften ergeben, die möglicherweise die naturwissenschaftlichen Umbrüche unseres Jahrhunderts in ihrer Bedeutung übertreffen würden. Wir erlebten dann vermutlich die revolutionärste Wissenschaftsumgestaltung seit Beginn der Neuzeit.[18]

Einstweilen haben wir wenig Anlaß, unserer Fähigkeit zu gestaltenden Eingriffen auch nur geringe Erfolge zuzuschreiben. Wir wurden in den letzten Jahren immer wieder durch Meldungen irritiert, daß die Natur sich nach Eingriffen und Zerstörungen schneller erholt, wenn der Mensch nicht „steuernd" eingreift. So wurde beispielsweise während einer Zehn-Jahres-Studie an dem 1980 ausgebrochenen Vulkan Mount St. Helens beobachtet, daß verwüstete Regionen, die durch gutgemeinte Aufräum- und Wiederbepflanzungsaktionen „begünstigt" waren, sich langsamer erholten: Wo die Natur sich selbst überlassen blieb, wachsen heute mehr Pflanzen und in einer größeren Vielfalt. Gleiche Befunde gibt es aus Alaska, wo die „Hilfs- und Rekultivierungsbemühungen" nach der Exxon-Valdez-Havarie (März 1989) die natürliche Regeneration ebenfalls mehr behinderten als förderten. Daraus wird man schließen müssen, daß der Mensch erstens sich nicht vorstellen oder nicht akzeptieren kann, daß er Ökosysteme tatsächlich nicht beherrscht, und zweitens, daß wir offenbar einen Bastel- und Repaturtick haben, der uns glauben läßt, die Natur bedürfe unserer Fähigkeiten, unseres Durchblicks, unserer Gestaltungskraft. Tatsächlich scheint es aber so zu sein, daß man ein zerstörtes Ökosystem am besten sich selbst überläßt, weil menschliche Eingriffe mehr schaden als nutzen.[19]

*

Was haben diese Überlegungen mit aktueller Umweltpolitik zu tun? Wenn wir heute wissen, daß das grundlegende Organisationsmuster der Natur der Regelkreislauf ist, wenn wir wissen, daß wir komplexen Systemen gegenüberstehen, in denen alles mit allem verwoben ist, wenn wir wissen, daß

Rückkopplungen sich in diesem Kreislauf exponentiell weiterentwickeln, dann muß jede Politik, jeder Gestaltungsversuch zukünftiger Zustände, auf diesen Erkenntnissen aufbauen. *Es gibt keine erfolgreiche Umweltpolitik, wenn diese Grundlagen nicht berücksichtigt werden.*[20] – Das ist ein Aspekt, ein weiterer:

Die Ökologie geht davon aus, daß auch der Mensch nur ein Teil der Natur ist, daß er mit seinem Tun natürlichen Gesetzmäßigkeiten und damit auch Grenzen des Wachstums unterliegt. Diese sind nach einem Jahrhundert der industriellen Massenproduktion vielfach überschritten worden. Das kann heute als fast unstrittig angesehen werden. Offen ist unter Fachleuten die Frage, wie lange und in welchem Umfang die Menschheit die Grenzen noch überschreiten darf, ehe sie ihre eigene Überlebensfähigkeit gefährdet. Anders formuliert: *Wann werden die Eingriffe in die Natur das bestehende Gleichgewicht mit seinen für Menschen und Säugetieren günstigen Lebensbedingungen kippen, und wie wird ein neues Gleichgewicht der Natur aussehen?* Dies ist die zentrale Frage etwa hinter den weltweit betriebenen Klimasimulationsmodellen der Meteorologen.

Damit sind einige Aspekte des Handlungsrahmens angesprochen, in dem Umweltpolitik sich heute bewegen muß. Sie muß sich insbesondere in die Gesetzlichkeiten und Organisationsstrukturen der Natur einordnen. *Davon ist die praktische Politik noch weit entfernt.* Wie umfassend geplant und gehandelt werden müßte und welche Unsicherheiten dann immer noch bleiben, zeigen eindrucksvoll mit 1696 Seiten die beiden Bände des Dritten Berichts der Enquetekommission des 11. Bundestages „Vorsorge zum Schutz der Erdatmosphäre“, eine der derzeit international wichtigsten Studien zur Politikberatung.

Eine besondere Problematik stellen Grenzwerte dar, die der Gesetzgeber oder die Umweltverwaltungen festlegen. Sie suggerieren dem Bürger ungefährliche „natürliche“ Zustände, solange die Grenzwerte nicht überschritten werden, und sie täuschen vielleicht auch eine Beherrschbarkeit der Natur vor. Viele Grenzwerte kommen auf der Basis zweifelhaftester Entscheidungsverfahren zustande: Zum Beispiel die für Ozonkonzentrationen im Sommer in Ballungsgebieten[21]; Sommenschein plus Autoabgase sind die wesentlichen Ursachen für die Entstehung des giftigen Ozon als einem Sekundärschadstoff (nicht zu verwechseln mit dem Stratosphärenozon, das uns vor gefährlichen Sonneneinstrahlungen schützt). Beim sog. Sommersmog haben Umweltpolitik und andere Interessen einen Kompromiß zwischen Gesundheitsschäden und freier Fahrt in den Städten gesucht und gefunden. Man ermittelt einen statistischen Mittelwert, von dem man annimmt oder zu wissen glaubt, daß durchschnittlich gesunde Menschen keine sofortigen Gesundheitsschäden erleiden. Wird dieser Wert überschritten, müßte ein großflächiges Autofahrverbot ausgesprochen werden, i.d.R. für die Dauer der stärkeren Sonneneinstrahlung. Nun kann man natürlich überlegen, ob ein Grenzwert sich nicht an

Kranken und Kindern orientieren sollte. Dagegen spricht, daß ein solch reduzierter Wert inzwischen fast an allen warmen Sommertagen in Ballungsgebieten überschritten wird und demzufolge Dauerfahrverbote verkündet werden müßten. Das würde nicht nur die Menschen beunruhigen und die Politiker als unfähig erscheinen lassen, sondern es würde den Lebensnerv der Städte treffen, so wie Verkehr heute in ihnen organisiert ist. Wenn dagegen Kranke und Kinder an warmen Sommertagen um die Mittags- und Nachmittagsstunden in den Wohnungen bleiben und auch die Fenster nicht öffnen, dann sind sie ebensogut geschützt, als wenn ein Fahrverbot verhängt wäre. Außerdem gewöhnen sie sich dann schon allmählich an die Zukunft: das Stratosphärenozon kann in ein paar Jahren so dünn sein, daß niemand mehr bei Sommenschein auf die Straße geht.

In den meisten Fällen stellen wir zur Ermittlung der Grenzwerte – mangels exakter Kenntnisse – nur Mutmaßungen darüber an, was geschehen wird. Das betreffende System (z.B. ein Fluß, eine Landschaft, ein Lebewesen) könnte bereits durch ganz andere Einwirkungen, an die wir nicht denken, bis an die Grenze seiner Belastbarkeit beeinflußt werden. – Vor diesem Hintergrund wird seit einem Jahrzehnt eine Diskussion über Sinn und Unsinn von Grenzwerten geführt; nach einer verbreiteten Ansicht sind Grenzwerte politische Entscheidungen, die mit Gesetzlichkeiten der Natur nur zufällig zu tun haben, Kompromißcharakter in sich tragen und Hoffnungen der Handelnden widerspiegeln. – *Der Sachverständigenrat hat in seinem Gutachten 1987 energisch verlangt, daß die Bewertungsphilosophien transparenter gemacht werden.*[22]

Es gibt selbstverständlich naturverträgliche Belastungsgrenzen. Die Natur ist ein recht flexibles Regelkreissystem mit zahlreichen (immer wieder überraschenden) Selbstreinigungskräften. Solange sie nicht überfordert werden, halten sie das System im jeweils gleichen, wenn auch labilen Gleichgewicht,. Wir kennen unglücklicherweise die Belastungsgrenzen nicht. Sie haben auch keine objektiven Werte, sondern sind von vielen Variablen abhängig[23]. Ein Grenzwert für zulässige Nitratmengen im Trinkwasser mag für den Durchschnittsbürger akzeptabel sein; er ist aber vielleicht für alle zu hoch, die überdurchschnittliche Mengen Salate essen, weil diese vor allem im Winter hohe Nitratkonzentrationen aufweisen. Grenzwerte haben für den Bürger also nur eingeschränkte Aussagekraft und können die Gesamtbelastung nicht berücksichtigen. Ähnlich wie zur Ermittlung der Inflationsrate wird mit durchschnittlichen „Warenkörben“ kalkuliert.

Manche Schadstoffe verstärken als Katalysator andere; gelegentlich bauen sich Schadstoffe auch gegenseitig ab; manchmal bauen sie gemeinsam überlebenswichtige chemische Verbindungen (wie das Stratosphärenozon) ab. Tausend Dinge wirken aufeinander, gegeneinander, miteinander; jeder Eingriff wirkt in ein System hinein und nicht punktuell auf nur einen Stoff. Kleinste, unbedeutend erscheinende Vorgänge können wegen der exponentiell ablaufenden Prozesse bedeutende Auswirkungen haben. In der Chaosforschung hat sich für dieses Phänomen die Metapher vom Schmetterling eingebürgert: Ein Schmetteling in China kann durch seinen Flügelschlag einen Hurrikan vor Florida auslösen. – Das Problem mit Umweltbelastungen durch den Menschen besteht ja nicht darin, zu entscheiden, ob in der Bundesrepublik hundert Autos fahren dürfen oder im Jahr eine Tonne Methangas aufsteigen darf; bei uns geht es immer gleich um Millionen und manchmal um Milliarden. In diesen Größenordnungen hilft uns keine Politik der Kompromisse; und „zulässige Grenzwerte" sind nicht vom Wissen über die Natur diktiert.

*

In den letzten zwanzig Jahren wurden darüber, *was Umweltpolitik zu leisten hat, zwei grundverschiedene Ansichten und Haltungen* formuliert: eine anthropogene und eine ökologische. Kimminich vertrat 1972 in seinem Lehrbuch des Umweltrechts (S. 15 ff.) sehr deutlich die damals vorherrschende anthropogene Sicht; er meinte, wer über Ziele des Umweltschutzes nachdenke, „kommt sehr bald zu der Erkenntnis, daß der Ausdruck »Umweltschutz« wenig glücklich gewählt ist. Schutz der Umwelt ist nur das vordergründige Ziel. Dahinter steckt das eigentliche Ziel: Schutz des Menschen." – Diese Einschätzung muß heute, wo wir die ganze Welt als ein einziges Ökosystem begreifen lernen, verworfen werden. *Welt und Natur können nicht mehr vom Menschen her definiert werden.* In den Industriestaaten scheint durch die allmählich sichtbare Naturzerstörung das Verständnis zu wachsen, daß die Natur ein Ganzes ist, aus ineinander greifenden Ordnungen, und daß man nicht ohne Folgen dieses Gefüge zerschneiden und in Einzelteile auflösen kann. Man könnte dies einen Wechsel vom mechanistischen zu einem organischen Weltbild nennen. In diesem Sinne, und bis heute akzeptabel, hat die Bundesregierung im Umweltprogramm 1971 die Aufgabe umschrieben[24]: „Umweltpolitik ist die Gesamtheit aller Maßnahmen, die notwendig sind, ...

- um Boden, Luft und Wasser, Pflanzen- und Tierwelt vor nachteiligen Wirkungen menschlicher Eingriffe zu schützen und
- um Schäden oder Nachteile aus menschlichen Eingriffen zu beseitigen."

Man kann die Aufgabe heutiger und künftiger Umweltpolitik auch kürzer formulieren: Die Schöpfung bewahren – so der 37. (und letzte westdeutsche) Bundesparteitag der CDU im September 1989.

3. Stichworte zum Zustand der Umwelt

Einzelne Umweltkrisen hat es auch früher schon gegeben, doch sie blieben (in historischer Zeit) jeweils lokal begrenzt und stellten nie eine ernsthafte

Bedrohung für die Natur insgesamt dar. Inzwischen sind wir jedoch dabei, die Natur weltweit zu überlasten. Wir haben bereits die Zusammensetzung der Atmosphäre (z.B. durch Treibhausgase) und die chemischen Reaktionen der Böden (vgl. das Waldsterben) verändert. Damit gefährden wir den seit vielen Jahrtausenden bestehenden labilen Gleichgewichtszustand und stoßen das Ökosystem Erde möglicherweise in ein anderes, uns fremdes und feindliches Gleichgewicht.

Im Augenblick wird eine nächste Stufe der Umweltkrise erreicht, in der sich das Verhalten der Ozeane zu verändern beginnt; dazu sei auf zwei Befürchtungen hingewiesen: Die Ozeane erwärmen sich; wir können nicht abschätzen, wie sich dies auf die maritime Tierwelt auswirken wird, auf die Verdunstung und die Wolkenbildung, auf die Fähigkeit der Ozeane, das Treibhausgas CO_2 zu binden. Falls diese Bindungskraft nachlassen sollte, können wir sofort alle Bemühungen zur Reduzierung der Treibhausgase einstellen, weil sie sinnlos geworden wären. Und eine zweite Befürchtung: Das Max-Planck-Institut für Meteorologie in Hamburg hat als eine mögliche Zukunftsvariante ein nahes Ende des Golfstromes berechnet (darüber war früher nur vage spekuliert worden). Die bisherige weltweite Klimaerwärmung bewirkt ein bereits nachweisbares Abschmelzen des Polareises; dies verdünnt im Nordmeer den Salzgehalt des Meeres und verändert spezifisches Gewicht und Gefrierverhalten des Wassers mit der möglichen Folge, daß der Wasserkreislauf, den wir Golfstrom nennen, beendet wird. Sollte das eintreten, dann würde sich in Mitteleuropa trotz weltweit steigender Temperaturen Eiszeitklima ausbreiten[25].

Charakteristisch für die Umweltkrise ist ihre *Komplexität.* Wir sind bisher nicht in der Lage, Entwicklungen in der Natur zu steuern. Es gibt gute Gründe für die Annahme, daß wir dazu trotz Computerunterstützung nie fähig sein werden; die Komplexität der Natur könnte jenseits unserer Erkenntnis- und Verarbeitungsfähigkeit liegen.

Die Umweltprobleme sind keine Naturereignisse, wie Erdbeben oder Flutkatastrophen oder erhöhte Strahlungen durch Sonnenaktivitäten, *sondern die Probleme sind anthropogen,* durch menschliche Aktivitäten, ausgelöst. Seit 150 Jahren industrialisiert sich ein Teil der Menschheit auf Biegen oder Brechen; Fortschritte auf diesem Weg gingen bisher mit steigenden Belastungen der Umwelt einher. Seit wenigen Jahrzehnten versuchen auch die sog. Schwellenländer der Dritten Welt den gleichen Industrie- und Wohlstandsstandard wie die Industriestaaten zu erreichen: China, Indien, Brasilien, Mexiko – um nur die wichtigsten zu nennen; Staaten mit einer insgesamt größeren Bevölkerung, als sie in den Industriestaaten leben. Daraus entsteht ein gewaltiges Dilemma, für das die internationale Politik bisher keine Lösungen findet: Mit ihrem eigenen Aufstieg haben die Industriestaaten die Welt bereits an den Rand des ökologischen Ruins gebracht. Wenn die Schwellenländer und der ehemalige Ostblock den gleichen Wohlstand erreichen wollen, wird das Ökosystem Erde ganz sicher überfordert werden. *Zur derzeitigen Zukunftserwartung gehört ein beispielloses Ansteigen vieler Belastungsfaktoren.* Wie eine Politik des Gegensteuerns aussehen könnte und ob sie eine Erfolgschance hat, greifen wir unten im 5. Kapitel auf.

*

Es hat den Anschein, als seien wir Zeitgenossen einer der großen Zäsuren in der Menschheitsgeschichte. Die bisherigen großen Veränderungen wurden in der Seßhaftwerdung des Menschen – mit der Entstehung von Agrargesellschaften, mit Staatsbildungen und der Entwicklung der uns bekannten Kultur – gesehen und in der Industrialisierung im vorigen Jahrhundert, durch die früher charakteristische Gesellschaftsstrukturen in rasantem Tempo verändert wurden. Vor 20, 30 Jahren hatte man geglaubt, die nächste große Zäsur der Menschheitsgeschichte sei die Automation in der Wirtschaft, verbunden mit einer Computerisierung unseres Lebens und der Wissenschaften. Heute hat es den Anschein, als würden die Auswirkungen der Umweltkrise bereits in wenigen Jahrzehnten diese Veränderungen weit übertreffen. *Wenn sich die Natur durch die Klimaveränderungen und den Verlust des Stratosphärenozons in ein neues ökologisches Gleichgewicht einpendeln sollte, dann wird dies eine den Säugetieren, dem Menschen und den bisherigen Nutzplanzen feindliche Umwelt sein,* in der bestenfalls ein Bruchteil der heutigen Menschheit überleben wird. Eine ganze Reihe von Naturwissenschaftlern geht sogar vom möglichen oder sicheren Ende der Menschheit aus. Einige haben dem in ihren Buchtiteln Ausdruck gegeben: Noah würde Segel setzen – Konrad Lorenz; So laßt uns denn ein Apfelbäumchen pflanzen. Es ist soweit[26] – H.v.Ditfurth.

Dieser Denkansatz spricht uns Menschen generell die Fähigkeit ab, Prozeßabläufe in der Natur erkennen, beurteilen und zielgerichtet beeinflussen zu können. Damit wird eine Fundamentalkritik an der bisher praktizierten Umweltpolitik vorgetragen. Lorenz und v.Ditfurth beispielsweise gehen von der Erkenntnis aus, daß der Mensch sich biologisch in den letzten zehntausend Jahren nicht verändert hat und daß seine Erkenntnismöglichkeiten von der Evolution auf seine unmittelbare Lebensumgebung beschränkt wurden, auf den „Mesokosmos", wie man inzwischen sagt, also auf kurze Distanzen und kleine Zeitabschnitte. Die „wahre Welt" können wir nicht erkennen, moderne Naturwissenschaft entdeckt sie mühsam Steinchen für Steinchen[27]. Plato hat diese Sicht bereits in seinem Höhlengleichnis (Der Staat, 7. Buch) formuliert. Ebenso wie wir uns den „gekrümmten" Weltraum oder Vorgänge im Atom nicht vorstellen und mit unserer Sprache nicht beschreiben können, so haben wir auch kein direktes Gefühl für exponentiell wachsende Zahlen, und wir können nicht in Regelkreisläufen denken. Da dies aber die strukturellen Organisationsmuster der Natur sind, haben wir wenig Chancen, die eingeleitete Umweltmisere zum Besseren zu wenden. Die Kluft zwischen dem, was wir wissen oder wissen können und der Komplexität des ökologischen Systems ist unüberwindbar (Maier-Rigaud). Das Resümee kann dann tatsächlich, wie geschehen, so formuliert werden: Politik hat heute nur noch eine Aufgabe – die Menschheit in Anstand untergehen zu lassen.

Es ist schwer, aus diesen Ansätzen eine nach vorn blickende Umweltpolitik abzuleiten. Auch wer diese Einschätzungen für richtig hält, sollte den Kopf nicht in den Sand stecken. Es ist ja möglich, daß unsere Problemverarbeitungs- und Problemlösungskapazität nicht ganz so schlecht wie befürchtet ist. Wir müssen weiter um Lösungen ringen, wir haben keine Wahl. *Wir sollten aber auch den Ernst der Lage sehen.*

4. Die Ursachen der Umweltmisere
Übersicht

Nur wenn über den Umfang und die Gründe der Umweltkrise einigermaßen Klarheit herrscht, können wir uns auf erfolgversprechende Strategien verständigen. Worin liegen die Ursachen?

Wahrscheinlich ist die Annahme richtig, daß die Umweltprobleme im Kern durch eine zahlenmäßig aus den Fugen geratene Menschheit entstanden sind. Dabei kann niemand berechnen, wie viele Menschen die Erde ohne Schaden tragen könnte, weil dies eine Rechnung mit zahllosen Unbekannten (z.B. Werten über die Natur) und Variablen (z.B. über die Lebensstile) wäre; und niemand kann sagen, wie diese Größe (die wahrscheinlich unterhalb der gegenwärtigen Weltbevölkerung liegt) erreicht werden könnte. Heute leben mehr als fünf Milliarden Menschen, in dreißig Jahren sollen sie sich erneut verdoppelt haben – eine solche Entwicklung trägt in sich katastrophale Züge, denn wir wissen, daß jede Überpopulation, wenn sie ihren kritischen Punkt überschreitet, abstürzt (unsere Gedankenmodelle sind dabei Jäger-Beute-Populationen).[28]

Die Übervölkerung geht seit mehr als einem Jahrhundert mit einem gewaltigen Wirtschaftswachstum einher. Industrie, Tierzucht und viele andere Bereiche haben sich explosionsartig vermehrt; noch nie in der Erdgeschichte gab es so viele Rinder, Schafe, Schweine, Hühner wie heute[29] – wir haben die Tierpopulationen des Planeten gravierend verändert und die Vegetation nicht minder. Heute und in den nächsten Jahrzehnten geht es um die Stabilisierung dieses Zustandes oder die Verwandlung auch noch der letzten großen natürlichen Vegetationszonen; sie befinden sich ganz überwiegend in den bisher noch nicht industrialisierten Gebieten der Welt. In den Entwicklungsländern, in denen heute mehr als drei Viertel aller Menschen leben, dient das Wirtschaftswachstum überwiegend der Befriedigung der elementaren Lebensbedürfnisse, zu einem Teil auch Billigimporten in die Industriestaaten (besonders Viehfutter und Rohstoffe). In den entwickelten Industriestaaten dient das Wirtschaftswachstum vorwiegend der Aufrechterhaltung und weiteren Steigerung eines hohen und teilweise luxuriösen Lebensstils.

Bis vor einem Vierteljahrhundert bestand keine hinreichende Kenntnis und bis vor kurzem kein Bewußtsein über die umweltzerstörende Kombination von Übervölkerung und industriellem Wirtschaftswachstum. Wir sollten weder uns noch den Schulkindern einreden, unsere Welt werde im Amazonasregenwald gerettet oder zerstört. *Über den Fortbestand des augenblicklichen ökologischen Gleichgewichts der Welt entscheidet die weitere industrielle Entwicklung in Industrie- und Schwellenländern;* die Rodung der großen Waldgebiete, in Europa vor Jahrhunderten abgeschlossen und zur Zeit in der Dritten Welt und in Nordamerika[30] noch in Arbeit, verändert zwar den natürlichen Zustand der Welt und ist mit großer Sorge zu beobachten, ist aber keine erwähnenswerte Ursache für die befürchtete Klimakatastrophe. Die Aufnahmekapazität der Wälder für CO_2, als ein oft genanntes Argument, ist gegenüber der bisherigen Aufnahmeleistung der Meere verschwindend gering. Die Fixierung der Publizistik auf die Waldgebiete verstellt den Blick auf die Industrialisierung als schwerwiegenster Ursache der Umweltkrise.

Übervölkerung – der archimedische Punkt der Umweltprobleme

In den Industriestaaten pflegt man zu dieser Aussage beifällig zu nicken und an das Bevölkerungswachstum in den Entwicklungsländern zu denken. Der Zuwachs vollzieht sich in der Dritten Welt explosionsartig. Dieses Wachstum hält ungebrochen an, zur Zeit beträgt der jährliche Zuwachs mindestens 90 Millionen bei steigender Tendenz – darin spiegelt sich das exponentielle Wachstums der Menschheit: Zu Beginn unserer Zeitrechnung lebte etwa eine Viertelmilliarde Menschen (weniger als der heutige Zuwachs in drei Jahren!). Die Menschheit brauchte etwa 1600 Jahre, um sich auf eine halbe Milliarde zu verdoppeln. Die nächste Verdopplung dauerte nur noch 200 Jahre, die folgende 100 Jahre, so daß um das Jahr 1950 zwei Milliarden Menschen die Erde bevölkerten. Bis 1980 hatten sie sich erneut verdoppelt. Für die nächsten dreißig Jahre bis 2010 wird die nächste Verdopplung auf acht Milliarden erwartet. Heute leben weit über fünf Milliarden Menschen, wir liegen also im Trend dieser Prognose.

Die bisherigen Umweltbelastungen beruhen auf der Übervölkerung in den Industriestaaten und in den Entwicklungsländern. Wir gewinnen keinen sachgerechten Einstieg in die Umweltprobleme, wenn nicht auch die Übervölkerung in den Industriestaaten zur Kenntnis genommen wird. Daß diese Einschätzung zwingend ist, zeigt eine gedankliche Alternative: Wie würde die Umwelt aussehen, wenn es nur die Industriestaaten gäbe? Antwort: Die Welt sähe ungefähr so wie in der heutigen Realität aus; die Industriestaaten produzieren fast alle Treibhausgase (z.B. 80% des CO_2), sie verursachen bei ihren Produktionen die meisten Schadstoffe, sie sind es, die ganz überwiegend die nicht erneuerbaren Ressourcen des Planeten verbrauchen und erschöpfen. – Alternative Frage: Wie würde die Umwelt aussehen, wenn es nur die Entwicklungsländer gäbe? Antwort: Dann gäbe es zwar lokale Umweltprobleme, wie es sie im Verlauf der Menschheitsgeschichte schon immer gegeben hat (man denke etwa an die Folgen der Waldrodungen rund um das Mittelmeer während der griechisch-römischen Antike), aber es gäbe vermutlich noch keine ernste globale Umweltkrise.

Daß wir von einer Übervölkerung auch in den Industriestaaten ausgehen müssen, zeigen z.B. die Zahlen der Bevölkerungsentwicklung in Deutschland: Um das Jahr 1800 lebten auf dem Gebiet des späteren (Bismarckschen) Kaiserreiches etwa zwanzig Millionen Menschen, bei der Reichsgründung 1871 waren es etwa 45 Millionen (trotz großer Auswanderungswellen zwischen 1800 und 1870) und heute sind es auf verkleinerter Fläche 80 Millionen. Ähnliche Entwicklungen gelten z.B. auch für Frankreich und Großbritannien. Die Steigerung in den USA verlief wegen der Einwanderungen noch rasanter.

Greifbarer Ausdruck der Bevölkerungsexplosion in den Industriestaaten sind die Flächenentwicklungen der heutigen Millionenstädte von Kleinstädten im vorigen Jahrhundert zu den wild wuchernden Megastädten der Gegenwart – egal ob Berlin, Paris, London, New York, Tokio. Daß diese Bevölkerungsexplosion bereits im vorigen Jahrhundert stattfand, schafft heute die Probleme; denn nur mit den gewaltigen Menschenmassen konnten die Industriestaaten das hohe Belastungsniveau erreichen, das uns jetzt überfordert. Lebten in der Bundesrepublik statt achtzig nur vierzig Millionen, so viele wie im Jahr 1870, dann würde die Landwirtschaft mit den Böden schonender umgehen, wir hätten eine geringere Industrieproduktion und damit weniger Schadstoffe, weniger Giftmüll, und wir würden weniger fossile Brennstoffe und Autoabgase in die Luft schicken. Wir hätten auch wieder genügend Wasser.

*

Manche Autoren, die über Dritte-Welt-Probleme schreiben, halten bis heute für möglich, daß ohne ökologische Schäden fünf Milliarden Menschen „oder das Doppelte“ (eine sicherlich unsinnige Annahme) auf der Erde ernährt werden könnten. Dabei werden eine naturverträgliche Anbauweise der Landwirtschaft und eine Verringerung der weltweiten Nutztierbestände vorausgesetzt. In der weiteren Argumentation wird gefolgert, daß dann die Böden weder ausgelaugt noch überdüngt würden, und das Treibhausgas Methan würde aus Rindermägen und Reisanbau in unschädlichen Mengen aufsteigen. Am Ende einer solchen Argumentation stand in der Vergangenheit häufig die Folgerung, es gebe überhaupt keine Übervölkerung – die bloße Anzahl der Menschen könne also auch keine Hauptursache der Umweltprobleme sein.

Zunächst einmal sind Zweifel an der Richtigkeit der Annahmen angebracht. Weiterhin beruht die Argumentation auf einem unrealistischen Modell der Wirklichkeit. Mit der Ernährung allein, mit dem Nicht-Mehr-Hungern und Nicht-Mehr-Verhungern, ist für die Zukunft nichts gewonnen. Der Teil der Menschheit, der in industrialisierten Staaten lebt, setzt die Entwicklungsziele für die gesamte Menschheit. Die Menschheit strebt nach Ausgleich und Angleichung, und die werden sich auf dem Niveau der Industriestaaten zu vollziehen suchen. Es kann keinen Zweifel darüber geben, daß das Ökosystem Erde beim Versuch einer weltweiten Industrialisierung in kürzester Zeit zusammenbrechen würde. – Zu den Konsequenzen für die internationale Politik vgl. das 5. Kapitel.

Ökonomische Vernunft und Industriestandorte

Lange Zeit herrschte in den Bundestagsparteien und bei den Bürgern eindeutig die Meinung vor, daß *Umweltschutz weder die Wirtschaftskraft des Industriestandortes Bundesrepublik gefährden darf noch die Arbeitsplätze.* Heute setzt sich langsam die Erkenntnis durch, daß der Vorrang der ökonomischen Vernunft das Risiko birgt, die Bundesrepublik unbewohnbar zu machen. Wir stehen bei der Abwägung Ökonomie gegen Ökologie vor einem gewaltigen Dilemma: Für unseren Wohlstand und für eine weitgehende Vollbeschäftigung brauchen wir industrielle Arbeitsplätze, vielleicht auch Massentierhaltung und anderes. Diese wirtschaftlichen Grundlagen unseres Wohlstandes und Lebensstils lassen ein Zerstörungspotential anwachsen, das langfristig unser Land ruiniert und für nachfolgende Generationen unbewohnbar macht. Wenn es aus diesem Dilemma überhaupt einen gangbaren Ausweg gibt, dann nur den eines wirklich schonenden Umgangs mit der Natur. Diese Forderung muß keine hohle Vokabel bleiben, sondern kann realisiert werden, insbesondere durch[31]

1. einen sparsamen Energieverbrauch; die Lösung der Verkehrsprobleme z.B. kann nicht ein Auto „12 Zylinder, schadstoffarm“ sein, sondern ein schadstoffarmes Fahrzeug, das nicht mehr als als drei Liter Kraftstoff auf 100 km verbraucht;
2. einen sparsamen Umgang mit allen anderen Rohstoffen;
3. Produktionen, bei denen entweder keine Schadstoffe anfallen oder dank fortgeschrittener Technik nur geringe Mengen, und die müssen sorgfältig aus dem Naturkreislauf herausgehalten werden.

Die beiden ersten Punkte wären leicht zu erreichen und künftig zu optimieren, wenn man nur wollte. Der dritte allerdings sagt sich leichter, als er zu verwirklichen ist. Wir müßten viele industrielle Arbeitsplätze schließen. Ostdeutschland würde endgültig zu unserem Mezzogiorno, und auch in Westdeutschland würde die Arbeitslosigkeit weiter steigen. Wir werden den dritten Punkt nur mit Ausdauer und vielen kleinen Schritten verwirklichen können. Wir müssen also noch lange mit unseren Luftschadstoffen leben und die Sonderabfallprobleme der Bundesrepublik bleiben horrend und sind im eigenen Land vielleicht gar nicht lösbar (voraus keine Empfehlung zum „Export" in ärmere Länder abgeleitet werden darf, sondern die Änderung der Produktion).

Ökonomische Vernunft läßt sich nicht gegen ökologische Vernunft ausspielen, wie dies in der Bundesrepublik und weltweit geschieht. Beide hängen vielmehr untrennbar wie die beiden Seiten einer Münze zusammen. Das wird etwa beim Verursacherprinzip und beim Begriff der externen Kosten (näher unten) deutlich: Wird die Natur zum Nulltarif belastet, kann man zwar mit niedrigen Produktionskosten für den Augenblick Arbeitsplätze erhalten, aber irgendwann müssen die eingetretenen Belastungen doch korrigiert werden, weil sonst ein Grundstück, eine Region, ein Land so vergiftet sein werden, daß sie ohne Gesundheitsschäden der Menschen nicht mehr bewohnbar sind. *Es ist in der Bundesrepublik nicht mehr strittig, daß eine spätere Reparatur teurer ist als die vorbeugende Vermeidung von Umweltschäden*[32].

5. Problemgebiet Ostdeutschland[33]

Eine besondere Situation hat die Bundesrepublik in Ostdeuschland: Es ist bisher nicht möglich, eine Geschichte der Umweltpolitik der DDR zu schreiben. Wir kennen seit langem nur der Umrisse. Die DDR rühmte sich sehr laut ihrer umweltpolitischen Leistungen. Sozialistische Planwirtschaft und Umweltschutz stellte sie gern als eine natürliche Einheit dar, während bei kapitalistischer Wirtschaftsweise mit dem Prinzip der Gewinnmaximierung die Umwelt rücksichtslos ruiniert würde.

Tatsächlich wurden in der DDR und den übrigen RGW- (Comecon-) Staaten auch die selbstverständlichsten Anforderungen an den Natur-, Umwelt- und Gesundheitsschutz verletzt. Von Umweltschutz überhaupt zu sprechen, verbietet sich bei dem realen Raubbau an Mensch und Natur. Chemie-, Kohle-, Metall- und viele andeere Industriezweige sowie die Ernergiewirtschaft haben mit veraltet-verrottetem Maschinenpark Schadstoffe in jeder Menge in Böden, Gewässer, Luft entlassen. 1989 war beispielsweise die Schwefeldioxidbelastung im Land Brandenburg acht mal so hoch wie in Westdeutschland. Die Kohlekraftwerke der DDR waren zwar mit (technisch veralteten) Filtern ausgestattet; nach der „Wende" berichteten aber Manager in Fernsehinterviews, daß man die in den Filtern tagsüber gesammelten Schadstoffe häufig des nachts entlüftet habe, um nicht zu große Schadstoffmengen aus der Anlage abfahren zu müssen.

Produktionen ohne Umweltrücksichten korrespondierten mit einer beispiellosen Verschwendung vor allem beim Energieverbrauch. Die DDR erreichte pro Kopf der Bevölkerung den weltweit höchsten Ausstoß des Treibhausgases CO_2. In den früheren Verschwendungsbereichen liegen heute erhebliche Verbesserungspotentiale für die künftige Umweltpolitik.

Aus Flußläufen wurde das Trinkwasser für Großstädte entnommen, ohne Rücksicht darauf, ob oberhalb der Entnahmestellen Schadstoffe eingeleitet wurden. Greenpeace hat im Frühjahr 1990 mit einem Laborschiff diese Situation dokumentiert, und das DDR-Fernsehen berichtete in seiner Umweltsendung „Ozon" darüber. Die Schwermetallbelastung in ostdeutschen Flüssen habe „abraumfähige Konzentrationen", sagten damals Umweltschützer ebenso fassungslos wie resigniert. Man sollte aber auch nicht verschweigen, daß die DDR Müll- und Giftmüllimporte aus der alten Bundesrepublik gegen großzügige Bezahlung gestattete und westdeutsche sowie Westberliner Unternehmer davon rücksichtslos Gebrauch machten. Die Umwelt-Verhältnisse in der DDR waren insgesamt so haarsträubend, daß man Berichte kaum glauben möchte.

Für die Umweltpolitik der Bundesrepublik ist die Situation in Ostdeutschland nun schwierig – das muß man zu einem Themenbereich sagen, den wir nicht einmal in Westdeutschland beherrschen. Die aktuellen Emissionen konnten in den neuen Bundesländern deutlich reduziert werden, vor allem wegen des dramatischen Rückganges der Industrieproduktion. Neue Anlagen müssen den in der Bundesrepublik üblichen Umweltstandards entsprechen, so daß ein erneutes Ansteigen von Schadstoffbelastungen sich in Grenzen halten wird. Weitgehend ungeklärt ist die Frage, was mit den Altlasten, den ruinierten Böden und Flüssen, geschehen soll.

Über den Umfang der Schäden gibt es unterschiedliche Aussagen. Der Tüv Ostdeutschland hat im Juni 1992 den gesamten (!) Sanierungsbedarf auf 70 Milliarden DM geschätzt, aufzuwenden über einen Zeitraum von etwa zehn Jahren. Demgegenüber sehen Berechnungen in den einzelnen Bundesländern ganz anders aus: Brandenburg schätzt seinen Sanierungsbedarf auf 40 Milliarden DM. Dabei sind 15.000 zivile Altlastenverdachtsstellen berücksichtigt. Die Schäden auf Militärgelände sind noch unbekannt, ebenso die Sanierungspflichtigen. In den anderen neuen Ländern ist der Bedarf ähnlich. Wegen Rücksichtnahmen auf Landwirtschaft und Investoren muß befürchtet werden, daß es sich um zu niedrige Schätzwerte handelt.[34]

Die vom Tüv Ostdeutschland präsentierten Zahlen kann man nur als Schönfärberei bezeichnen; dieses Ziel wird auch deutlich, wenn der Tüv selber die Altlastendiskussion als abschreckend für Investoren und schädlich für den Aufschwung in den neuen Ländern bezeichnet. Das ist sicherlich richtig; *hier zeigt sich deutlicher, als es bisher in Westdeutschland zu sehen war, daß ein Industriestandort nur von Wert ist, wenn er ökologisch nicht kaputtge-*

wirtschaftet ist. Das traditionelle Wirtschaftsdenken, das in der Bundesrepublik lange Zeit den Umweltschutz als Gefährdung der westdeutschen Wirtschaft darstellte (vgl. die folgenden Kapitel), sollte sich den entwerteten ostdeutschen Industriestandort als Warnung dienen lassen.

Es gibt inzwischen massiven Druck auf die Politik, die Umweltanforderungen in Ostdeutschland zu senken: Unternehmen würden in den Ruin getrieben, und ohne eine Politik des Augenmaßes sei der Wirtschaftsstandort Bundesrepublik gefährdet; zuerst müsse man das Geld für den Umweltschutz verdienen.[35] – Genau das ist das große Dilemma und das Problem; welchen Vorteil und welchen Nutzen haben Produktionen, die das Land ruinieren? Es wurde bereits darauf hingewiesen, daß jeder spätere Umweltschutz, jede zukünftige Reparatur, teurer ist als sofortiges umweltgerechtes Verhalten. In der Diskussion um die Probleme und die Zukunft Ostdeutschlands wird zu oft übersehen, daß ein wirtschaftlich, ökologisch und gesellschaftlich zusammengebrochenes Gebiet der Bundesrepublik beigetreten ist. Es kann durchaus sein, daß die Bundesrepublik mit der Entwicklung dieses Gebietes überfordert ist. Ich möchte keine Resignation verbreiten, sondern intellektuelle Anstrengungen vor allem der Wirtschaftswissenschaften und eine aktiv gestaltende Politik anmahnen. Der Dilettantismus, die Probleme nicht energisch anzugehen, sondern von Anfang an zu ignorieren, ist schlicht unverständlich: Wir waren in der alten Bundesrepublik während eines Jahrzehnts nicht in der Lage, die Arbeitslosigkeit zu reduzieren; wir hatten im Ruhrgebiet Städte mit einer Arbeitslosenquote von 30%; wir wußten nicht, wie künftig die Krankenversorgung oder die Renten bezahlt werden sollten – und trotz all dieser unlösbaren Miniprobleme kam kaum ein Spitzenpolitiker und Wirtschaftswissenschaftler überhaupt auf den Gedanken, Ostdeutschland könnte größere Anstrengungen erfordern als eine einmalige „Anschubfinanzierung".

Wir werden beim Umweltschutz in Ostdeutschland (wegen fehlender Finanzen) auf die Regenerationskraft der Natur vertrauen und vereinzelt aktuelle Probleme angehen, etwa Grundwasserverseuchungen durch ungesicherte Mülldeponien. Im übrigen kann nur die strikte Anwendung des Vorsorge- und des Verursacherprinzips weiterhelfen (zu diesen Grundgedanken jeder Umweltpolitik in den folgenden Kapiteln).

6. Ist die Umweltkrise bloße Schwarzseherei?

Was ist wirklich dran, an der sog. Umweltkrise? Ist sie nicht in Wahrheit nur ein weiteres Beispiel des allgemeinen Kulturpessimismus? Unser Beitrag zum allgemeinen Jammern durch die Jahrtausende der Kulturgeschichte? Es ist doch ein banaler Gemeinplatz: Sorgen und Nörgeleien über den Zustand der Gegenwart und den drohenden nahen Untergang ziehen sich durch die gesamte Kulturgeschichte der Menschheit. Schon im Alten Ägypten wurde vor der Zukunft gejammert, Sokrates warnte vor dem Niedergang, und Plato lamentierte über ihn, Cicero nicht minder – und heute ist es halt die Umweltkrise. In der Publizistik ist auch darauf hinwiesen worden, daß vor Jahrhundertwenden stets pessimistische Mahner auftraten, und wir stehen sogar vor einer Jahrtausendwende – kein Wunder also, daß schon wieder vom Untergang gefaselt wird? Eine weitere Gruppe hält das Gerede von der Umweltkrise für eine vorübergehende Modeerscheinung: wenn man noch ein paar Jahre geduldig wartet, wird der ganze „grüne Spuk" vergehen wie all die Moden vorher. Und dann sorgen wir uns über ein anderes Thema.

An sich ist die Umweltkrise zu weit fortgeschritten und tatsächlich objektiv vorhanden, so daß man derlei Einwände heute übergehen kann. Trotzdem ein paar Worte dazu. Zunächst: Untergangsapostel gab es schon immer – das ist sicherlich richtig. Nur läßt sich mit diesem Argument nichts anfangen: Hatten die meisten dieser Kritiker, Mahner, Schwarzseher nicht am Ende Recht? In der kurzen Menschheitsgeschichte sind fortlaufend die eben noch bestehenden Gesellschaften, Strukturen und Staaten zusammengebrochen, oder sie wurden aufgelöst, und an ihre Stelle trat etwas Neues und Anderes. Sokrates und Plato übten Kritik an den Zuständen, den Menschen, der Jugend; sie warnten vor künftigen Entwicklungen – alles berechtigt, denn das perikleische Athen, das wir bewundern, war damals nach kurzer demokratischer und kultureller Blüte unter großen Erschütterungen untergegangen. – Und das gleiche läßt sich für das Rom Ciceros sagen: Die alte Republik, ein stabiles demokratisches Gemeinwesen wurde in mehreren Bürgerkriegen in eine Alleinherrschaft umgewandelt, deren Herrscher zeitweise wohlwollend, zeitweise despotisch regierten. Von den Sumerern bis heute – alles vergangen, und die meisten Mahner hatten Recht. – Von einem allgemeinen Kulturpessimismus, den es schon immer, und immer unberechtigt, gegeben habe, kann also keine Rede sein. Die Umweltkrise als solchen Kulturpessimismus abzutun, ist eine historisch falsche Argumentation.

Ist die Umweltkrise nur eine vorübergehende Modeerscheinung, eine die vor der Jahrhundert- und Jahrtausendwende eigentlich erwartet werden konnte? Darauf ist deshalb schwer zu antworten, weil der Vorwurf auf der Annahme aufbaut, wir seien gegen Erscheinungen der Gegenwart in unserem Beurteilungsvermögen blind, so daß wir die Situation nicht objektiv einschätzen können. Gegen solchen Argumentationsansatz kann man nur auf die massenhaften Einzelproblemen verweisen, die objektiv tatsächlich vorliegen und insgesamt auf eine mindestens sehr unsichere zukünftige Entwicklung deuten. Sie ist Gegenstand der folgenden Kapitel.

Ein weiterer Vorbehalt geht dahin, daß die Prognosen über die Umweltkrise nichts wert seien, und sich Wissenschaftler schon immer geirrt haben. An diesem Argument ist richtig, daß Wissenschaftler sich vom vorigen Jahrhundert bis heute immer wieder bis auf die Knochen blamierten. Allgemein bekannt sind die medizinischen Urteile über die Gefährlichkeit schneller Eisenbahnfahrten oder die Behauptungen von Physikern zur prinzipiellen Unmöglichkeit des Fliegens. – Man könnte sich heute argumentativ aus der Affäre ziehen, indem man auf das Alter dieser Irrtümer verweist und auf die Fortschritte zeitgenössischer Wissenschaft.

Aber manche Vorhersagen der letzten Jahrzehnte lagen ebenfalls so weit von der späteren Realität entfernt, daß grundsätzlicher Zweifel angebracht bleibt: Nach der Ölpreiskrise von 1973/74, als die Industriestaaten verunsichert ihren optimistischen Glauben an die Zukunft verloren, wurden die zumutbar zu fördernden *Ölreserven der Welt* auf 20 Jahre geschätzt – wir müßten unsere Autos also bald schieben. – Die *deutsche Energiewirtschaft* hat in den 70er und 80er Jahren für die politischen Entscheidungsgremien immer wieder Verbrauchsprognosen erstellt, die jeweils von Verdopplungen in den folgenden zwanzig Jahren ausgingen (was eine Verdopplung der Kraftwerkskapazitäten nahelegte). Tatsächlich ist der Primärenergieverbrauch in der Bundesrepublik aber seit 1973 praktisch konstant geblieben. – Als ebenfalls unrealistisch erwiesen sich die Prognosen über die *Ausbreitung von AIDS*. Nach manchen Hochrechnungen, die Mitte der 80er Jahre veröffentlicht wurden, müßten heute in den alten Bundesländern bereits Millionen Bürger HIV-infiziert sein. Nach den heutigen Erkenntnissen liegen wir etwa um den Faktor hundert unter diesen Prognosen. – Und noch drei Beispiele: Es ist noch nicht lange her, da galten der Wissenschaft *Retroviren* als für den Menschen ungefährlich – AIDS entsteht durch Retroviren. Es ist noch nicht lange her, da galten *FCKWs* als stabile, vielseitig einsetzbare, gänzlich ungefährliche Verbindungen – aber unter Sonneneinstrahlung zerfallen FCKWs in hohen Luftschichten und zerstören das Stratosphärenozon. *Asbest* galt lange Zeit als vielseitiger Bau- und Isolierstoff, gesundheits- und umweltneutral.

Was bleibt von der Umweltkrise, wenn wir diese Vorbehalte berücksichtigen? Die wesentlichen und bekannten Prognosen im Bereich der Umweltentwicklung wurden stets mit Vorbehalten versehen: Die Datenbasis sei unangemessen dünn, und das Verhalten der Natur lasse sich nicht zuverlässig vorhersagen. Gerade die Computersimulationen zum Klima bieten gute Beispiele für die Unsicherheiten: Es ist strittig, ob und in welchem Umfang der Meeresspiegel im nächsten Jahrhundert steigen wird. – Alle Computersimulationen bis etwa 1990 wurden auf der Basis kontinentaler Daten berechnet. Erst als es den „Supercomputer“ Cray erhielt, hat das Hamburger Max-Planck-Institut für Meteorologie erstmals Klimamodelle unter Einbeziehung der Ozeane errechnet; die Ergebnisse sorgten für leichtes Aufatmen, denn die Hamburger sagten ein langsameres Ansteigen der durchschnittlichen Welterwärmung voraus. Danach hätten wir also mehr Zeit, um zu reagieren, als bis dahin angenommen. Aber auch diese Hamburger Rechnungen stehen unter einem großen Vorbehalt: Wir wissen nicht, wie sich die CO_2-Bindungskraft der Ozeane bei zunehmender Wassererwärmung entwickelt. Es ist vorstellbar, daß die Ozeane statt CO_2 wie bisher zu binden, dieses Treibhausgas ihrerseits freisetzen. Geschähe das, würden sich alle Klimaentwicklungen dramatisch beschleunigen.

Es ist nicht auszuschließen, daß die Naturwissenschaftler sich geirrt haben, daß das Welt- und Regionalklima noch lange im gewohnten Rahmen stabil bleibt. Aber wahrscheinlicher sind ganz andere, dynamische Entwicklungen. Wir täten gut daran, die Prognosen trotz aller Vorbehalte ernst zu nehmen.

In einigen Bereichen entspringen die Zukunftssorgen keinem allgemeinen Kulturpessimismus, und wir können auch nicht hoffen, daß unser schlechter Wissensstand uns Probleme nur vorgaukelt: Unsere Böden sind verseucht, wir haben weit über zwei Millionen Tonnen giftige Abfälle jährlich allein in der alten Bundesrepublik und können sie schon heute kaum noch entsorgen, ein Teil unserer Lebensmittel ist in bedenklichem Zustand, all das und vieles andere sind keine Mutmaßungen, sondern gesicherte Tatsachen. Da brauchten wir nicht auf bessere Erkenntnisse zu warten, sondern hätten schon vor vielen Jahren handeln können.

2. Kapitel: 1969 ff. – Umweltschutz als Teil der inneren Reformen

7. Warum begannen die Aktivitäten nach 1969?

Umweltpolitik erschien als neuer Politikbereich nahezu wie auf einen Schlag, hatten wir festgestellt. Zwar verdichteten sich bereits vor 1970 gesundheits-, wasser-, luft-, lärmrechtliche Aktivitäten, aber zu einer einheitlichen Sicht und Reaktion kommt die Politik erst 1970. Es gibt eine Fülle einzelner Faktoren, die man dahin zusammenfassen kann, daß die Zeit für die neue Politik reif war:

So hatten sich Nachrichten über die „Umwelt" zunehmend mit dramatischen Vorfällen beschäftigen müssen (erste Tankerunfälle, verseuchte Flüsse usw.). Dies bewirkte zwar am Ende der 60er Jahre nicht sofort ein allgemeines Problembewußtsein, aber eine diffuse Handlungserwartung gegenüber der Politik.

Die sozial-liberale Koalition bildete die neue Bundesregierung im Herbst 1969 zu einer Zeit, als auf der internationalen Ebene das Europäische Naturschutzjahr 1970 bevorstand und die Vorbereitungen der Ersten UNO-Konferenz über Umweltfragen (Stockholm, Juni 1972) liefen.

In den USA diskutierte man bereits seit einiger Zeit über Verbesserungen der Umwelt und ihres Schutzes; 1969 trat bereits der National Environmental Policy Act in Kraft, der auch ein wissenschaftliches Beratungsgremium ins Leben rief. (Dieses Councel on Environmental Quality und das Außenministerium veröffentlichten 1980 den berühmten Bericht an den Präsidenten: Global 2000.)

In der Umweltpolitik gab es zunächst keine Differenzen zur CDU/CSU[36]; das von der Bundesregierung 1970 vorgelegte Sofortprogramm wurde von der Union sogar als nicht weitgehend genug kritisiert. Deshalb wird immer wieder vermutet, daß führende Koalitionspolitiker die Umweltpolitik vorantrieben als konsensfähiges innenpolitisches Gegengewicht zur emotional aufgeladenen Ostpolitik. – Ganz ähnlich wird das Interesse vieler F.D.P.-Politiker am Umweltschutz interpretiert: Da die Partei wegen der Ostpolitik in der Zerreißprobe stand, mußte sie auch Themen vorantreiben, die die Partei zusammenhielten.

Die Überwindung der Rezession von 1966/67 hatte den optimistischen Glauben an die Machbarkeit aller Dinge erneuert. Dem Gros der Politiker erscheinen daher auch die Umweltprobleme als demnächst lösbar. Zudem wurde um 1969 (trotz DM-Aufwertungs-Debatte) mit einer anhaltenden wirtschaftlichen Aufschwungsphase gerechnet. Man konnte also davon ausgehen, daß die erforderlichen Investitionen für einen verbesserten Umweltschutz sich aus zusätzlichen Wachstumsgewinnen finanzieren ließen. Diese Einschätzungen drängten sich damals geradezu auf; sie zeigen, wie weit die Parlamentarier davon entfernt waren, den wirklichen Umfang der Schwierigkeiten zu ahnen. Für die Sozial-Liberalen ergänzte eine Verbesserung der Umwelt fast ideal die angekündigte „Politik der inneren Reformen" zur Verbesserung der Lebensqualität. Der Umweltschutz konnte so auf der Regierungsebene zu einem Thema der Reformpolitik werden.

Ein deutliches Problem- und Handlungsbewußtsein herrschte am Ende der 60er Jahre nur in Teilen der Ministerialbürokratie; diese Gruppen treiben in den 70er Jahren die neue Politik voran. Durch die Insiderstudie von Edda Müller zieht sich mit vielen Beispielen diese Einschätzung wie ein roter Faden.

8. Anfänge und Sofortprogramm[37]

Kanzleramtsminister Horst Ehmke richtete unter dem Einfluß amerikanischer Umweltaktivitäten bereits Ende 1969 im Kanzleramt eine Arbeitsgruppe für Umweltfragen innerhalb der Abteilung „Innere Angelegenheiten" ein. Anfang 1970 regte Ehmke brieflich gegenüber Innenminister Genscher die Erarbeitung eines Sofortprogramms an, obwohl in der noch jungen Regierungserklärung (vom 28. Okt.) andere Themen für Sofortprogramme genannt waren. Dem Sofortprogramm sollte ein umfassendes Umweltprogramm folgen.

Brandt war diesen Aktivitäten gegenüber aufgeschlossen und setzte im Juni 1970 einen Kabinettausschuß für Umweltfragen ein. Dieses sog. Umweltkabinett war an der Vorbereitung des Sofortprogramms beteiligt, sollte aber vorrangig das Umweltprogramm der Bundesregierung ausarbeiten mit verbindlichen Aussagen über Ziele, Zuständigkeiten, Durchsetzungsmethoden, Finanzierung und Zeitabfolgen. Zu diesem Zweck wurden Projektgruppen für folgende Sachgebiete gebildet: Naturschutz und Landschaftspflege; Abfallbeseitigung; Umweltchemikalien und Biozide; Umweltradioaktivität und Strahlenbelastung; Wasserwirtschaft; Hohe See und Küstengewässer; Reinhaltung der Luft; Lärmbekämpfung; umweltfreundliche Technik. – Die Projektgruppen waren nicht (z.B. im Kanzleramt) zentralisiert, sondern arbeiteten in den jeweils zuständigen Ministerien. Bei ressortsübergreifenden Themen lag die Federführung beim Ministerium des Aufgabenschwerpunktes. – Eine eigene Arbeitsgruppe beschäftigte sich mit Raumordnung und Städtebau. Externe Gutachten wurden zur Frage der Gesamtbelastung der Volkswirtschaft[38] und zur geeigneten Organisationsform der wissenschaftlichen Beratung der Bundesregierung in Umweltfragen[39] erstellt.

Das Sofortprogramm wurde als Reaktion auf die „drängendsten Umweltprobleme“ bis zum September 1970 zügig erarbeitet. Es konzentrierte sich auf erste, wichtige Gesetzentwürfe, die in der Legislaturperiode vom Bundestag noch beraten und beschlossen wurden. – Auf Maßnahmen zur Verbesserung des Natur- und Landschaftsschutzes konnten sich Innen- und Landwirtschaftsministerien nicht einigen. Hier zeichnet sich bereits eine Konstellation ab, die bis heute besteht: Wohl keine Branche in der Bundesrepublik ist vor Umweltschutzmaßnahmen so sorgfältig geschützt worden wie die Landwirtschaft, und das obwohl sie zu den „Großverschmutzern“ gehört.

9. Das Umweltprogramm von 1971

Am 14. Oktober 1971 legte die Bundesregierung ihr Umweltprogramm[40] dem Deutschen Bundestag vor. Aussagen zur beabsichtigten Umweltpolitik folgt ein „Aktionsprogramm“ zu den Politikbereichen: Natur und Landschaft; Abfallbeseitigung; Umweltchemikalien und Biozide; Wasser; Hohe See und Küstengewässer; Luft und Lärm.

In zehn Thesen formulierte die Bundesregierung (S. 6) zusammenfassend die beabsichtigte Weiterentwicklung der Umweltpolitik; daraus ergibt sich ein breit angelegtes Programm. Tatsächlich entwickelte sich dieses aber einengend vor allem zu einer rechtlichen Gestaltung des Umweltschutzes:

1. „Umweltpolitik ist die Gesamtheit aller Maßnahmen, die notwendig sind,- um dem Menschen eine Umwelt zu sichern, wie er sie für seine Gesundheit und für ein menschenwürdiges Dasein braucht und – um Boden, Luft und Wasser, Pflanzen – und Tierwelt vor nachteiligen Wirkungen menschlicher Eingriffe zu schützen und – um Schäden oder Nachteile aus menschlichen Eingriffen zu beseitigen.
2. Die Kosten der Umweltbelastungen hat grundsätzlich der Verursacher zu tragen (Verursacherprinzip).
3. Die Leistungsfähigkeit der Volkswirtschaft wird bei Verwirklichung des Umweltprogramms nicht überfordert werden. Der Umweltschutz soll durch finanz- und steuerpolitische Maßnahmen sowie durch Infrastrukturmaßnahmen unterstützt werden.
4. Der Zustand der Umwelt wird entscheidend bestimmt durch die Technik. Technischer Fortschritt muß umweltschonend verwirklicht werden. Umweltfreundliche Technik, die durch ihre Anwendung die Umwelt nur wenig oder gar nicht belastet, ist ein Ziel dieses Programms. Technischer Fortschritt und wirtschaftliches Wachstum brauchen dabei nicht beeinträchtigt zu werden.
5. Umweltschutz ist Sache jedes Bürgers. Die Bundesregierung sieht in der Förderung des Umweltbewußtseins einen wesentlichen Bestandteil ihrer Umweltpolitik.
6. Die Bundesregierung wird sich für ihre Entscheidungen in Fragen des

Umweltschutzes verstärkt der wissenschaftlichen Beratung bedienen. ...

7. Alle Umweltbelastungen und ihre Wirkungen müssen systematisch erforscht werden. Die notwendigen Forschungs- und Entwicklungskapazitäten für den Umweltschutz werden ausgebaut... Ferner ist eine Erfassung aller auf die Umwelt bezogenen Daten sowie deren Zusammenfassung und Aufbereitung in einem Informationssystem erforderlich...
8. Die Möglichkeiten der Ausbildung für die Spezialgebiete des Umweltschutzes sollen unter anderem durch interdisziplinäre und praxisbezogene Aufbaustudien an Hoch- und Fachhochschulen vermehrt und verbessert werden.
9. Wirksamer Umweltschutz bedarf enger Zusammenarbeit zwischen Bund, Ländern und Gemeinden untereinander und mit Wissenschaft und Wirtschaft.
10. Der Umweltschutz verlangt internationale Zusammenarbeit..."

Bis 1975 erwartete die Bundesregierung Aufwendungen allein der öffentlichen Hände für Direktinvestitionen, Zuschüsse usw. von 30 Milliarden DM (Programm S. 14).

Wichtige Anliegen waren beispielsweise eine Neuordnung der Abfallsituation sowie Luft- und Gewässerreinhaltung.

Die *Abfallsituation* machte damals den dringenden Bedarf politischen Handelns besonders deutlich. Im Umweltprogramm (S. 29 f.) beschreibt die Bundesregierung die Lage: „Gegenwärtig werden mehr als 90% aller Abfallstoffe, genau wie vor hundert Jahren, ohne besondere hygienische Vorsichtsmaßnahmen irgendwo im Gelände abgelagert. Viele Müllplätze liegen mitten in Verdichtungsbegieten." – Es gehört zu den Erfolgen der Umweltpolitik, daß etwa 50.000 wilde Müllkippen recht schnell geschlossen wurden[41] – wir haben allerdings in der nahen Zukunft mit schwerwiegenden Problemen zu rechnen: Die in den 50er und 60er Jahren in den Müllhalden auch abgelagerten Giftstoffe dringen inzwischen in das Grundwasser; eine vorsorgende Sanierung ist nicht möglich, weil die Standorte heute nicht mehr bekannt sind (und Sanierungen dieses Umfanges nicht bezahlbar). Das gleiche Problem kommt übrigens auch in den neuen Bundesländern auf uns zu, wo auch westdeutsche Unternehmen ihre Giftabfälle auf Deponien abluden, die zum Grundwasser hin ungesichert sind.

Die *Luftreinhaltung* sollte mit einer Doppelstrategie von Vorbeugen und Entsorgen vorangetrieben werden. Hier sollte bereits die Entstehung von Schadstoffen reduziert werden (Eingriffe auf der ersten Handlungsebene); die Politik strebte daher die Veränderung der Produktionsverfahren an und den Einsatz emissionsärmerer Brennstoffe. Da man die Verpflichtung zu Änderungen vor allem den Energieunternehmen auferlegen wollte (deren Widerstandskraft falsch eingeschätzt wurde), wurden für die öffentliche Hand keine erheblichen Kosten erwartet.[42]

Die Luft in den Ballungsgebieten sollte auch dadurch verbessert werden, daß „bis 1980 die Schadstoffe im Abgas von Kraftfahrzeugen mit Ottomotoren schrittweise auf ein Zehntel der Durchschnittswerte von 1969" reduziert werden sollte (Programm S. 43). Dieses anspruchsvolle Ziel einer drastischen Schadstoffminderung wurde nicht erreicht; zwar wurde gegen starke Widerstände der Bleigehalt im Benzin gesenkt (die übrigen Schadstoffe blieben), zwar kamen einige Jahre nach der Ölpreiskrise (Herbst 1973) energiesparende Motoren auf den Markt, deren Schadstoffausstoß deutlich geringer als bei früheren Motoren war, zum Ausgleich wuchs aber die Zahl der Fahrzeuge und die jährliche Fahrleistung. Diesem Schildbürgereffekt begegnet man so oft, daß man ihn für ein Strukturmerkmal der Umweltpolitik halten kann.

Bei der *Gewässerreinhaltung* wurden nur verbesserte Entsorgungsmaßnahmen angestrebt; nicht die Entstehung von Schadstoffen (erste Handlungsebene), sondern ihre Ausbreitung sollte verhindert werden (zweite Handlungsebene). Hier waren z.B. kostenintensive kommunale Kläranlagen zu errichten. Daher sah das Umweltprogramm in seinen finanzpolitischen Überlegungen auch den Schwerpunkt zukünftiger Umweltschutzinvestitionen im Bereich des Gewässerschutzes.[43]

Allgemein erwartete die Bundesregierung von dem Programm, daß etwa bei Verkehrs- und Infrastrukturmaßnahmen sowie bei der regionalen Wirtschafts- und Agrarpolitik sich *ein neues, umweltbewußtes Verständnis* von Raumordnung durchsetzt und daß öffentliche Hände und private Wirtschaft bei allen ihren Entscheidungen die Konsequenzen für die Umwelt bedenken, *so daß umweltschädigende Produkte und Verfahren durch umweltfreundliche ersetzt werden; in der Regel werde das ökologisch Nützliche auch das ökonomisch Sinnvolle sein.* – Diese Erwartungen entsprechen zwar dem common sence, politisch waren sie jedoch so naiv und so weltfremd, daß man sich im nachhinein darüber nur wundern kann. Die Wirtschaft war durch die neuen Umweltaktivitäten überrascht worden und reagierte zunächst nicht. Als die Bundesregierung nach der Planungsarbeit an die Durchführung ging, schlug ihr jedoch ein so massiver und gut organisierter Widerstand entgegen, daß kaum ein Projekt so verwirklicht werden konnte, wie es nach umweltpolitischen Erfordernissen entwickelt worden war. In der Regel wurde der Widerstand in die Ministerien selber verlagert, insbesondere in das Wirtschafts-, Landwirtschafts- und Verkehrsministerium, die bis heute die Rolle institutioneller Fürsprecher für die gesamte Wirtschaft oder für bestimmte Branchen wahrnehmen.

Die Umweltpolitik wählte sich zur Durchsetzung ihrer Ziele ordnungsrechtliche Instrumente mit Geboten, Verboten, Genehmigungen, Auflagen. Dies wird in der zweiten Hälfte der 80er Jahre zunehmend als unzureichend angesehen. Unter den zahlreichen Regelungen, die in Vollziehung des Umweltprogramms in Kraft gesetzt wurden, ist besonders das *Abwasserabgabengesetz*[44] von 1976 (in Kraft seit 1978) hervorzuheben. Die Abgabe wurde von der sozial-liberalen Regierung gegen starken Widerstand betroffener Interessenkreise und vor allem Bayerns und Baden-Württembergs durchgesetzt. Sie stellt neben dem im übrigen angewandten Ordnungsrecht insoweit etwas Besonderes dar, als sie *Umweltbelastungen (Einleitungen in Gewässer) mit dem marktwirtschaftlichen Instrument des Preises zu regeln sucht:* Wer Schadstoffe in großer Menge einleitet, zahlt viel, so daß für ihn ein Anreiz entstehen kann, sich zur Kostenersparnis z.B. mit Filteranlagen auszurüsten. So lautet jedenfalls die Theorie; tatsächlich wurde der Regierungsentwurf im Gesetzgebungsverfahren in allen wesentlichen Punkten so verwässert (vgl. unten, S.53, 57), daß lobenswert nur noch das Konzept einer Abgabe als zukunftsweisendes Instrument neben dem Ordnungsrecht erscheint. Es wurde unter dem Schlagwort „Ökosteuern“ 1989/90 im Grundsatz von allen politischen Parteien, den Wirtschaftsverbänden und der Wissenschaft zur Weiterentwicklung einer „sanften“ Umweltpolitik befürwortet.

Exkurs: Umweltschutz als Problem der Wirtschaftswissenschaften[45]

Umweltschutz ist für alle tangierten Wissenschaften von den Biologen bis zu den Staatsrechtlern ein neues Thema, mit dem sie erhebliche Schwierigkeiten haben. Als besonders hilflos erwiesen sich die Wirtschaftswissenschaften. Sie haben bis heute kein ökologisches Paradigma entwickelt, sondern bemühen sich um die Einbeziehung der neuen Problemstellungen in die alten Modelle. Damit haben sie bisher ökologische Erfordernisse nicht ausreichend einbezogen. Die Natur galt lange Zeit als unerschöpfliches Reservoir von Ressourcen und als beliebig belastbares Aufnahmemedium für Abfälle und ungewollte sonstige Nebenprodukte aller Art (Kuppelprodukte); zusätzlich nutzen wir Umweltgüter wie Luft, Wasser oder Erholungsgebiete in der Natur. Wirtschaftlich rational handelte jeder, der die Natur als freies Gut in Anspruch nahm oder so gut wie möglich belastete.

Die Wirtschaftswissenschaften plagen sich im Zusammenhang unseres Themas vor allem mit zwei Problemen: mit den externen Kosten und dem ökologischen Sozialprodukt. Beide Probleme sind seit langem bekannt, konnten aber bis heute nicht befriedigend gelöst werden.

Externe Kosten

Die klassische Beurteilung der Umwelt als freies, unentgeltlich zu nutzendes Gut wird inzwischen als äußerst unbefriedend angesehen. Denn der Gedanke einer unentgeltlichen Naturnutzung verhindert eine effektive Umweltpolitik. Drei Beispiele mögen das deutlich machen:

Ein Landwirt mit einigen tausend Rindern oder Schweinen hat in seiner

Preiskalkulation nach marktwirtschaftlichen Regeln die Produktionsfaktoren Kapital und Arbeit zu berücksichtigen (und außerdem einige Subventionen, die nicht marktkonform, aber angenehm sind). Keine Kostenprobleme bereiten dem Landwirt seine Gülle-Abwässer; die läßt er auf Äckern, Wiesen oder Brachland ab. 200 Millionen Tonnen sind das jährlich in der alten Bundesrepublik. Damit werden nicht nur die Böden vergiftet, sondern auch das Grundwasser (vgl. unten, S.53f.). Aber das sind keine Kostenprobleme des Landwirts. Schäden in der Umwelt wurden bisher meist dem Staat zur Sanierung überlassen, oder der Bürger zahlt höhere Kosten für die Aufbereitung des Trinkwassers.

Auch zahllose andere Branchen profitieren von der Natur als freiem Gut: Ein Unternehmer stellt aus Rohstoffen mit verhältnismäßig hohem Energieeinsatz Kunststoffverpackungen für Wurst, Fleisch, Käse usw her. Bei seiner Preiskalkulation muß er nach marktwirtschaftlichen Regeln die Produktionsfaktoren Kapital und Arbeit berücksichtigen. Weitere Kostenprobleme hat er nicht, obwohl die Volkswirtschaft durch seine Produktion nicht unerheblich belastet wird: Alle diese Verpackungen erhöhen Jahr für Jahr erheblich unsere Müllberge. Viele Kunststoffverpackungen können nicht wiederverwendet werden und sind biologisch nicht abbaubar. Aber die Belastung der Natur ist bisher kein Rechenposten in der betrieblichen Kalkulation des Unternehmers.

Wir können auch privates Handeln der Bürger betrachten. Wer einen Pkw nutzt, hat bestimmte Kosten: er zahlt Kfz-Steuer, Versicherungen, laufenden Unterhalt für das Fahrzeug. Damit bezahlen Autobesitzer aber bei weitem nicht alle für die Volkswirtschaft entstehenden Kosten. Sie zahlen z.B. nichts für die Schadstoffbelastung der Luft, wenn Jahr für Jahr hundert Millionen Tonnen Schadstoffe die Atmosphäre aufheizen, wenn Wälder eingehen und Menschen erkranken; sie zahlen nichts für den Verbrauch an Landschaft durch Straßenbau, sie zahlen nicht einmal mit der Kfz-Steuer die Kosten für den Bau und den Unterhalt von Straßen. Das Umweltbundesamt schätzt die von allen Autofahrern nicht bezahlten Kosten auf jährlich mindestens (!) 50 Milliarden DM; andere Berechnungen liegen noch höher[46].

Die Beispiele zeigen: In Betrieben und beim privaten Verbraucher gibt es interne Kosten, die der Unternehmer bzw. der Bürger berücksichtigen und bezahlen muß, und es gibt externe Kosten, die zwar durch sein Verhalten entstehen, die er aber nicht bezahlen muß und die ihn daher auch nicht interessieren. Unternehmern und Bürgern steht die Natur – Böden, Wasser und Luft – bisher teilweise kostenlos und deshalb zur gefälligen Verschwendung zur Verfügung. Aus ihrer eigenen Perspektive verhalten sich Unternehmer und Bürger so rational, wie die Marktwirtschaft es von ihnen erwartet: Sie produzieren oder verbrauchen zu den Kosten, die ihnen vorgegeben werden. Externe Kosten stellt ihnen niemand (direkt) in Rechnung, also spielen sie auch in der jeweiligen Kalkulation keine Rolle. Bezahlen muß die gesamte Volkswirtschaft. Was sie zu zahlen hat, kann sehr verschieden sein: Eine teure

Wiederaufbereitung des Trinkwassers, Wiederaufforstung zerstörter Wälder (die auch bald wieder eingehen), Krankenhauskosten für Menschen, die gesund sein könnten, von unserer Umwelt aber krank werden, und vieles andere mehr. *Die externen Kosten wirken wie eine verdeckte Subvention; wir subventionieren umweltschädliches Verhalten.*

Die Existenz externer Kosten stellt einen Verstoß gegen das Vorsorge- und das Verursacherprinzip dar; die Existenz externer Kosten verstößt gegen die konzeptionellen Grundlagen unserer Umweltpolitik (vgl. den folgenden Abschnitt 10). Einen Ausweg aus dieser unhaltbaren Situation bietet die *Einführung von Ökosteuern.* Um die Vorräte unserer Welt an nichterneuerbaren Rohstoffen zu schonen und um die Verschmutzung der Umwelt zu verringern, kann man umweltbelastende Produktionen/Verhaltensweisen bei dem verteuern, der sie betreibt, während umweltfreundliches Handeln vergleichsweise billiger bleibt. Bei allen Bundestagsparteien und einem Teil der Wissenschaft herrscht inzwischen Einigkeit, die externen Kosten dem anzulasten, der sie verursacht. Wenn dies eines Tages realisiert wird, dann kann man einen sparsameren Verbrauch von Natur erwarten.

Ökologisches Sozialprodukt

Die Verschmutzung von Luft, Böden und Grundwasser steigert das Bruttosozialprodukt: Wälder gehen ein und werden wieder neu aufgeforstet; Menschen müssen in ärztliche Behandlung, weil sie an Schadstoffen in Lebensmitteln erkrankten; die Wasserwerke stellen mit Millionenaufwand aus verschmutztem Grundwasser wieder Trinkwasser her. Ein Teil unseres jährlichen Wirtschaftswachstums beruht auf umweltschädigenden Produktionen und auf den Kosten, mit denen die beschädigte Umwelt wieder repariert wird; beide Vorgänge werden in der gesamtwirtschaftlichen Rechnung als Vorteil erfaßt und am Jahresende als Wirtschaftswachstum und Wohlstandsmehrung gefeiert.

Es ist in den Wirtschaftswissenschaften seit langem umstritten, ob und wie positive und negative Wachstumsteile einander gegenübergestellt werden können. In der politischen Diskussion werden die Fragen unter dem Schlagwort *qualifiziertes Wachstum* erörtert. Umweltminister Töpfer hat sich Ende der 80er Jahre unter Abkehr von früheren CDU-Aussagen ausdrücklich dazu bekannt, daß der wirtschaftliche Wohlstand einer Kosten-Nutzen-Rechnung bedürfe, um Leistungen und Fehlleistungen der Volkswirtschaft für den Umweltschutz transparent zu machen. „Viel zu lange haben wir in der Vergangenheit auf Kosten der Umwelt gewirtschaftet und unseren Wohlstand durch Abbau unseres Umweltkapitals subventioniert. Letztlich geht das zu Lasten künftiger Generationen, denen dieses Umweltkapital nicht mehr zur Verfügung steht. ... Die heute für die Altlastensanierung erforderlichen Milliardenbeträge sind die Folge unterlassenen Umweltschutzes in der Vergangenheit.

Ich halte es für dringend erforderlich, von dieser Art des Wirtschaftens abzurücken. Die Umweltökonomische Gesamtrechnung wird hierfür wichtige Daten liefern."

Die Umweltökonomische Gesamtrechnung soll den Zustand und die Entwicklung der Umwelt zahlenmäßig erfassen und auch die Wechselwirkungen zwischen Wirtschaftsprozeß und Umwelt darstellen. Dies ist nicht ohne weiteres möglich. Die traditionelle Volkswirtschaftliche Gesamtrechnung greift auf Marktpreise zurück, hat damit einen einheitlichen Bewertungsmaßstab und kann so eine fast beliebige Verdichtung der Daten vornehmen. Umweltdaten können dagegen nicht ohne weiteres in Geldwerten ausgedrückt werden.

Zur Lösung des Problems ist im Frühjahr 1990 ein wissenschaftlicher Beirat beim Umweltbundesministerium berufen worden. Der Beirat legte im April 1992 eine erste Stellungnahme vor[47]. Er empfiehlt, in einem ersten Schritt physische Daten zu sammeln (Emissions- und Immissionswerte, Flächenverbrauch usw.) und sie dann in einem zweiten Schritt zu verknüpfen. Ihre durchgängige Bewertung in Geld, mit dem Ziel ein Ökosozialprodukt zu errechnen, hält er zur Zeit wegen ungelöster methodischer Probleme noch nicht für möglich. Um mit diesen Arbeiten voranzukommen, wird dem Beirat ein beratender „Begleitkreis" zugordnet mit Naturwissenschaftlern und Vertretern gesellschaftlicher Gruppen.

10. Die drei umweltpolitischen Prinzipien[48]

Das Umweltprogramm von 1971 baut auf drei Prinzipien, die Maßstab und Orientierung für alle umweltpolitischen Maßnahmen sein sollen: das Vorsorge-, Verursacher- und Kooperationsprinzip. Definiert werden diese erstmals im Umweltbericht der Bundesregierung von 1976.

Das **Vorsorgeprinzip** soll Gefahren und Schäden für Mensch und Natur gar nicht erst entstehen lassen. Aus dieses Prinzip wird abgeleitet, daß Umweltpolitik eine vorbeugende planerische „Umweltpflege" erfordere. Die Verwirklichung des Vorsorgeprinzips wird immer wieder angemahnt, weil es nicht streng realisiert, sondern eher schmückendes Beiwerk in Festreden ist. – Es hat bisher nur eine geringe Bedeutung etwa in den Bereichen der Wasserwirtschaft, der Luftreinhaltung und der Abfallwirtschaft erlangt. Das ist deshalb überraschend, weil vorsorgende Tätigkeit sich in den Trend der sich seit Jahrzehnten ausweitenden Staatsaufgaben einfügt. Man spricht in diesem Zusammenhang von der „Daseinsvorsorge" des modernen Staates (Forsthoff); je nach politischer Grundüberzeugung wird diese Entwicklung für erforderlich gehalten und bejaht oder als Überforderung des Staates kritisiert. Präventives staatliches Handeln ist nicht leicht in das geltende Verfassungsrecht einzubinden[49].

Das **Verursacherprinzip** bedeutet im klassischen Polizei- und Ordnungsrecht das Heranziehen des Störers zu den Kosten. Im Umweltschutz besagt es, daß Kosten zur Vermeidung, zur Beseitigung oder zum Ausgleich von Umweltbelastungen dem Verursacher der Belastung auferlegt werden. – Man sollte meinen, das Prinzip enthalte eine schlichte Selbstverständlichkeit. Es entspricht dem System der Marktwirtschaft und dem verfassungsrechtlichen Gebot der Sozialpflichtigkeit des Eigentums; denn mit Kosten muß der Umweltschädiger belastet werden und nicht die Allgemeinheit, die sie nicht hervorgerufen hat. Für die Wirtschaftswissenschaften ist die Einschätzung nicht so klar; hier wird das *Verursacherprinzip als Problem der Zuordnung externer Kosten noch diskutiert.* – Und das leitet über zur Realität. Das Verursacherprinzip wurde bisher nur äußerst zurückhaltend angewendet; Zahlen zeigen dies am deutlichsten: Für Mitte der 80er Jahre hat das Umweltbundesamt die jährlichen Umweltschäden in der (damaligen) Bundesrepublik auf über hundert Milliarden DM geschätzt; davon wurde nur ein Bruchteil bei den Verursachern wieder eingetrieben.

Das **Kooperationsprinzip** verfolgt das Ziel, durch die Mitwirkung der Betroffenen die Akzeptanz umweltpolitischer Entscheidungen zu erleichtern. M.E. ist das Kooperationsprinzip als wünschbarer Grundsatz im Demokratiegebot des Grundgesetzes enthalten (sehr umstritten). Die Bedeutung für die Umweltpolitik und der tatsächliche Einsatz dieses Prinzips werden unterschiedlich gesehen; m. E. steht es nur auf dem Papier, seine praktische Anwendung tendiert gegen Null[50].

Diskutiert werden seit 20 Jahren stärkere Bürgerbeteiligungen und die sog. Verbandsklage für Umweltschutzverbände[51]. Die Verbandsklage ist unter Juristen heftig umstritten; dem deutschen Verwaltungsprozeßrecht ist der Gedanke nämlich fremd, daß jemand wegen einer Angelegenheit, die ihn nicht in seinen eigenen (!) Rechten verletzt, ein Gericht anrufen könnte. Geht man vom geltenden Recht aus, dann gibt es also gute Gründe, eine Verbandsklage abzulehnen. Dies sollte jedoch nicht das letzte Wort sein. Mit größerer Bürger- und Verbändebeteiligung an Verwaltungsentscheidungen (bei Naturschutz und Landschaftspflege in engen Grenzen zugelassen) und mit der Verbandsklage könnten das Umweltbewußtsein und der Vollzug der Umweltgesetze verbessert werden. Die Verbandsklage wurde vom Sachverständigenrat in seinem ersten Umweltgutachten von 1974 energisch gefordert, wegen der Widerstände und Rechtsprobleme im zweiten Umweltgutachten von 1978 mindestens für die Bereiche empfohlen, in denen Klagebefugte in der Regel nicht zur Verfügung stehen; das ist vor allem im Naturschutz- und Landschaftspflegerecht der Fall. Der 52. Deutsche Juristentag vom September 1978 hat diese „Revolutionierung" des deutschen Prozeßrechts nicht mittragen wollen. – Die Bundesregierung (Regierungserklärung von 1980) und der FDP-Bundesparteitag (im Mai 1981) unterstützten die Einführung einer Verbandsklage gegen Landschaftseingriffe; die Realisierung scheiterte am hinhaltenden Widerstand des FDP-geführten Landwirtschaftsministeriums[52]. – Die Diskussion ist in den 80er Jahren nur noch beiläufig weitergeführt worden.

Die drei Prinzien wird man als Grundlagen einer wirksamen Umweltpolitik ansehen müssen. Ihr Mangel liegt darin, daß sie zu allgemein und deshalb hinsichtlich ihres Inhaltes zu interpretationsoffen sind. Sie bieten keine exakten Maßstäbe für konkretes politisches Handeln und bedürfen noch der „zukunftsgerichteten Ergänzung durch Festlegung auf konkrete Maßnahmen" (Hartkopf).

11. Organisatorische Aspekte der neuen Umweltpolitik

Die Umweltthemen erwiesen sich nicht nur für die Wissenschaft als Überraschung, sie waren auch für das politisch-administrative System eine neue Anforderung. Es gab keine staatliche Institution, denen die neue Aufgabe zugewiesen werden konnte. Umweltfragen können in den meisten Ressorts auftreten; bei einer derartigen thematischen Breite mußten Zuständigkeitsfragen immer wieder zu Kontroversen und Reibungsverlusten führen.

Das Umweltprogramm von 1971 baut grundsätzlich, wenn auch nicht konsequent, auf der Erkenntnis auf, daß die Umweltprobleme eine in sich geschlossene politische Gesamtproblematik darstellen. Umweltpolitik ist keine neue Fachpolitik neben all den anderen Ressorts, sondern eine *Querschnittsaufgabe*. Die zwingende Folgerung, daß dann auch umfassend geplant und in einer ressortübergreifenden Gesamtpolitik reagiert werden müsse, ist bis heute nicht befriedigend verwirklicht. Auf der Bundesebene konnten bis zum Jahr 1986 16 Ministerien (heute sind es einige weniger) mit Fragen der Umwelt befaßt sein; der Kompetenzschwerpunkt lag beim Bundesinnenministerium[53]. Daneben bestanden und bestehen „nach unten" umfangreiche Länder- und Gemeindezuständigkeiten und „nach oben" einige an die Europäische Gemeinschaft übertragene Kompetenzen. *Wir haben also eine horizontale und vertikale Zersplitterung der Kompetenzen.*

Die Beibehaltung überkommener Ressorts und Ebenen wurde durch mehrere Faktoren begünstigt. Historisch haben sich einzelne Aufgaben wie Gewerbe-, Gewässer- und Naturschutz in getrennten Gesetzen entwickelt, und sie waren verschiedenen Behörden oder Ministerien übertragen. Diese gewachsenen bürokratischen Strukturen brachten ihr Eigengewicht gegen neue organisatorische Gestaltungen erfolgreich ein. Am deutlichsten zu sehen sind die Kompetenzkonflikte zwischen Bund und Ländern über Grundgesetzänderungen zugunsten des Bundes. Veränderungen wurden zusätzlich erschwert durch die Strategie der unionsregierten Länder, den Bundesrat bald nach 1970 systematisch zur Opposition gegen die Bonner Koalition einzusetzen[54].

Administrative Eigeninteressen wirkten aber nicht nur vertikal zwischen

Bund, Ländern und Gemeinden; sie behinderten die Entfaltung der Umweltpolitik auch innerhalb der Ministerialverwaltungen des Bundes. Zwar war hier das Bundesinnenministerium für wesentliche Bereiche des Umweltschutzes – etwa die Wasser- und Abfallwirtschaft, den Immissionsschutz und die Reaktorsicherheit – federführend zuständig, doch verblieben andere wichtige Aufgaben des Umweltschutzes in der Zuständigkeit des Verkehrs-, Wirtschafts-, Landwirtschaftsministeriums oder anderer Ressorts.

Insbesondere diese drei Ministerien verfolgten Ziele, die immer wieder zu Konflikten mit der geplanten Umweltpolitik des BMI führten. Häufig zitierte Beispiele[55] dieser verwaltungsinternen Kompetenz- und Interessenkonflikte sind die Vorbereitungsarbeiten für das Chemikaliengesetz[94] (unten S.54), für das Bundesnaturschutzgesetz[56] und für das erst zwischen den Ministerien umstrittene, dann im Bundestag abgeschwächte und 1980 im Bundesrat gescheiterte und bis heute nicht realisierte Verkehrslärmschutzgesetz[57].

Bis hinunter in den Bereich der Kommunalverwaltungen wirkten die Kräfte der Beharrung. Die Kommunen sahen sich schon vor 1970 und verstärkt seit dem Beginn der 70er Jahre einem Handlungs- und Erfolgsdruck ausgesetzt, die Umweltbedingungen vor Ort zu verbessern (Lärmschutz, Abfall, Wasserqualität, Kläranlagenbau, Ansiedlung „sauberer" Industrie u.ä.). Sie versuchten dies zunächst mit den vorhandenen Verwaltungsabteilungen. Bestärkt wurden sie darin durch zwei Expertisen der Kommunalen Geschäftsstelle für Verwaltungsvereinfachung (KGSt); diese sprach sich noch 1985 gegen spezialisierte Umweltämter aus. Allerdings hatte sich zu dieser Zeit in den Kommunen bereits überall der Trend durchgesetzt, selbständige Umweltreferate einzurichten, weil die teilweise recht speziellen Aufgaben anders nicht mehr zu bewältigen waren.[58]

Auf der Bundesebene wurde durch Erlaß vom 28. Dezember 1971 der unabhängige „Rat von Sachverständigen für Umweltfragen" (RSU) eingerichtet, ein Beratungsgremium des Bundesinnen- (heute des Bundesumwelt-) ministeriums aus zwölf Mitgliedern. Der Rat hat 1974, 1978 und 1987 umfassende Bestandsaufnahmen sowie seit 1973 Gutachten und Stellungnahmen zu Einzelproblemen erarbeitet. Er steht bei Insidern in hohem Ansehen, allgemein ist er aber so gut wie unbekannt. Der Rat verdiente dieselbe Aufmerksamkeit wie der Sachverständigenrat zur Begutachtung der gesamtwirtschaftlichen Lage (die „Fünf Weisen"). Seine gutachtlichen Äußerungen sind weder im Bundestag noch bei Medien und Bürgern angemessen zur Kenntnis genommen wurden. Die mangelhafte Öffentlichkeitsarbeit hat verhindert, daß der Sachverständigenrat bis heute nicht zum Gegenpart der Wirtschafts- und Industrielobby aufsteigen konnte und diese Rolle Bürgerinitiativen und Umweltschutzverbände allein ausfüllen müssen.[59]

Als Bundesbehörde wurde durch Gesetz von 1974 das Umweltbundesamt eingerichtet[60].

Nachdem im staatlichen Bereich spezialisierte Institutionen eingerichtet waren, entstanden sie auch bei gesellschaftlich relevanten Gruppen. Der DGB richtete sich ebenso wie BDI und DIHT spezielle Arbeitseinheiten für Umweltschutzfragen ein. Die früheren, eher behäbigen Naturschutzverbände wurden von aktiven Umweltschutzverbänden verdrängt. Es entstanden der Bundesverband Bürgerinitiativen Umweltschutz (BBU) und der Bund für Umwelt und Natur Deutschland (BUND); später traten Greenpeace und Robin Wood durch spektakuläre Aktionen in den Vordergrund[61].

12. Gesetzgebungszuständigkeiten; ein Umweltgrundrecht?

Das Grundgesetz gibt die Gesetzgebungskompetenz den Ländern (Art. 70 GG); der Bund ist nur zuständig, wenn dies in der Verfassung vorgesehen ist (Art. 71 ff. GG). Eine allgemeine Zuständigkeit des Bundes für Umweltschutz konnte im Grundgesetz von 1949 noch nicht vorgesehen sein. Für die Bereiche Wasserhaushalt, Naturschutz und Landschaftspflege gab es eine Rahmenkompetenz des Bundes, von der in einigen Fällen während der 70er Jahre sehr exzessiv Gebrauch gemacht wurde (z.B. in der Novelle zum Wasserhaushaltsgesetz[62]). Außerdem ließen sich Bundeszuständigkeiten in einige Rechtsmaterien hineininterpretieren, etwa in Nr 11, 11a, 17, 18, 19, 20, 22 des Art. 74 GG[63].

Die Bundesregierung strebte zunächst eine Grundgesetzergänzung an, die dem Bund die Gesetzgebungskompetenz für „den Umweltschutz" geben sollte. Die Länder hüteten jedoch ihre bestehenden Kompetenzen wie einen Schatz[64]; dazu kam noch die generelle Opposition der unionsregierten Länder im Bundesrat. So konnte 1972 nur die Nr 24 in Art. 74 eingefügt werden mit der konkurrierenden Kompetenz des Bundes (vgl. dazu Art. 72 GG) für Abfallbeseitigung, Luftreinhaltung und Lärmbekämpfung.

In der Umweltpolitik war die sozial-liberale Koalition damit weitgehend auf die Zusammenarbeit mit dem Bundesrat angewiesen. Diese Situation ist in der Literatur ganz überwiegend beklagt worden, weil die Handlungsmöglichkeiten des Bundes eindeutig durch die Bundesratsmehrheit beschränkt wurden. Dabei wird aber übersehen, daß daran auch eine umfassende Bundeskompetenz zur Umweltgesetzgebung nichts geändert hätte. Da alle Bundesgesetze zum Umweltschutz Ausführungsbestimmungen für die Landesverwaltungen enthalten, bedürfen all diese Gesetze ohnehin der Zustimmung des Bundesrats (vgl. Art 84 f. GG).

Tiefgreifende Meinungsunterschiede sowie parteitaktische Auseinandersetzungen *prägten die Diskussion um die allgemeine Verankerung des Umweltschutzes in der Verfassung.* Zunächst dachte man in der sozial-liberalen Koalition an die Aufnahme eines *Umwelt-Grundrechtes* (z.B. Freiburger Thesen der F.D.P.); dies hätte den Weg zu Popularklagen und zur Klagebefugnis von Verbänden eröffnen können (dazu oben S. 39); der Vorschlag wurde als nicht mehrheitsfähig aufgegeben.

Seitdem wird die *Aufnahme des Umweltschutzes als Staatszielbestimmung* (neben Demokratie, Rechtsstaat, Sozialstaat, Bundesstaat und Republik) in den neuen Art. 20a GG diskutiert[65]. Mitte der 80er Jahre wurden im Bundestag zwei Vorschläge eingebracht: Beide stimmen darin überein, die natürlichen Lebensgrundlagen des Menschen unter den Schutz des Staates zu stellen. Die SPD (BT-Drucks. 11/10) wünscht diesen Auftrag ohne weitere Ergänzung. Die Regierungsparteien (BT-Drucks. 11/885) wollen den Vorbehalt „Bund und Länder regeln das nähere in Gesetzen unter Abwägung mit anderen Rechtsgütern und Staatsaufgaben". – M.E. entwertet dieser Vorbehalt die Staatszielbestimmung so weit, daß man auf eine Grundgesetzergänzung verzichten sollte. Es wäre die einzige Staatszielbestimmung, die schon in der Verfassung unter einen gesetzlichen Vorbehalt gestellt wäre. Die Verfassung würde den Umweltschutz nur im Rahmen der geltenden Gesetze garantieren. Darauf sollten wir verzichten.

Aus der politischen Pattsituation des Bundestages schimmert ein Ausweg: In der Rechtsprechung zeichnet sich in den letzten Jahren der Trend ab, im Umweltschutz ein überragend wichtiges Rechtsgut zu sehen. Da wir im günstigsten Fall von einer weiteren kontinuierlichen Verschlechterung der Umwelt ausgehen müssen (im ungünstigsten Fall von sprunghaften Veränderungen), wird es nur noch wenige Jahre dauern, bis die Obersten Bundesgerichte, etwa gestützt auf Art. 1 und 2 GG, die natürlichen Lebensgrundlagen unter den besonderen Schutz des Staates stellen. Das Bundesverwaltungsgericht hat beispielsweise 1987 für Straßenbauarbeiten in einem Wohngebiet niedrigere Lärmbelästigungen festgelegt, als sie im Gesetzentwurf vorgesehen waren[66]. Es bleibt zu hoffen, daß diese Linie beibehalten wird.

Einklagbare Eigenrechte der Natur, ähnlich den naturrechtlichen Menschenrechten, wie sie in der Literatur von einigen Autoren gefordert werden[67], sind in unserer bisherigen Rechtsordnung nicht vorgesehen.

13. Entstehen einer selbständigen Rechtsmaterie[68]

Auf der Grundlage bereits vorhandener Vorschriften, des Sofortprogramms von 1970 und des Umweltprogramms von 1971 wurde eine aktive Gesetzgebung betrieben. Insbesondere die folgenden Gesetze wurden geschaffen: Fluglärmgesetz (1971), Benzin-Bleigesetz (1971), DDT-Gesetz (1972), Abfallbeseitigungsgesetz (1972), Bundesimmissionsschutzgesetz (1974), Lebensmittelgesetz (1975), Bundeswaldgesetz (1975), Futtermittelgesetz (1975), Pflanzenschutzgesetz (1975), Waschmittelgesetz (1975), Atomgesetz (1975, 1976), Altölgesetz (1976), Wasserhaushaltsgesetz (1976), Arzneimittelgesetz (1976), Abwasserabgabengesetz (1976), Bundesnaturschutzgesetz (1976), Düngemittelgesetz (1977). – Dazu kommen noch das Gesetz über das Umweltbundesamt (1974) und das Umweltstatistikgesetz (1974). – Einige weitere Gesetzesvorhaben scheiterten, etwa das bereits erwähnte Verkehrslärmschutzgesetz.

Außerdem wurden in zahllose Gesetze des Verwaltungsrechts (hier insbes. Bau-, Verkehrs-, Wasser-, Lebensmittel-, Agrarrecht, aber z.B. auch des Steuerrechts[69]) umweltbezogene Normen integriert; weiterhin in das Strafrecht, Privatrecht, das Völkerrecht (z.B. Umweltschutzabkommen zwischen Staaten)[70] und das EG-Recht[71].

Der Blick des Gesetzgebers geht intensiver, als dies sonst der Fall ist, vergleichend ins Ausland, wo die Entwicklung gelegentlich bereits weiter ist[72]. Trotzdem entstand ein kaum noch überschaubares Normengeflecht.

Um die meisten der oben genannten Gesetze sind erbitterte Auseinandersetzungen geführt worden[73]. Dem Anliegen, die Umwelt zu schützen, standen eine Reihe von Interessen entgegen: Gegen manche Umweltschutzmaßnahmen engagierten sich mehrere Bundesministerien (Umweltschutz ja, aber deshalb müssen wir doch nicht auf zusätzliche Straßen verzichten; oder: was bliebe am Ende von den Verkehrsverwaltungen übrig, wenn nur noch die vorhandenen Wege ausgebessert werden?); gegen Umweltschutzmaßnahmen stand das Interesse der CDU/CSU nach Behinderung jeder Regierungstätigkeit und die „Sorge um die deutsche Wirtschaft“; dagegen standen auch Wirtschaftsinteressen der Industrie (nur keine Rahmenbedingungen der Wirtschaft verändern, das kann die Wettbewerbsfähigkeit gefährden); Umweltpolitik mußte sich oft auch gegen Interessen der Landesregierungen und der Kommunen durchsetzen, die um Steuereinnahmen und Arbeitsplätze in ihrer Region, aber auch um ihre bisherigen Kompetenzen und Aufgaben besorgt waren.

14. Gedanken zur Bewertung der Anfangsphase

Das Umweltprogramm formulierte realisierbare Teilziele und die jeweils weiteren Schritte. Dadurch konnte die Ministerialbürokratie sofort nach Vorlage des von ihr weitgehend beeinflußten Programms mit der „Produktion“ von Gesetzesinitiativen und Verordnungsentwürfen beginnen. *Die Umweltpolitik in der Bundesrepublik wurde in den 70er Jahren ganz überwiegend von der Ministerialbürokratie im Bundesinnenministerium geprägt und vorangetrieben.* Die Rolle der politischen *Parteien* war eher die von Statisten; die Auswertung der Parteiprogramme zeigt dies recht deutlich[12.] Auch die *Publizistik* begleitete die Entwicklung mindestens bis Mitte der 70er Jahre eher beobachtend. Eine Auswertung der Umweltberichterstattung der „Süddeutschen Zeitung“ und des SPIEGEL in den Jahren 1968 bis 1973/74 bestätigt dies eindeutig[74].

Das Umweltprogramm gilt bis heute, auch weit hinein in das „grüne Autorenlager“, als akzeptabel bis vorbildlich, weil es versucht, die verflochtenen

Zusammenhänge aufzuzeigen und mit einer aktiv gestaltenden, umfassenden Politik darauf zu reagieren. Daß eine solche Politik bis heute dennoch nicht realisiert werden konnte, hat viele Gründe. – Bereits beim Sofortprogramm zeigten sich beispielhaft eine Reihe von Problemen, von denen einige die weitere Umweltpolitik bis in die Gegenwart begleiteten:

a. Dem Bund fehlte eine umfassende Gesetzgebungskompetenz für die Umweltpolitik. Einige Rechtsgebiete konnte er daher überhaupt nicht regeln. Wo Bundeskompetenzen bestanden, mußte sich die Bundesregierung bis 1982 i.d.R. mit der CDU/CSU-Mehrheit im Bundesrat arrangieren, weil die meisten Gesetze zum Umweltschutz Zustimmungsgesetze sind. Damit mußte die reale Politik hinter den formulierten Zielen zurückbleiben.
b. Im Bundeskabinett verteilten sich umweltpolitische Kompetenzen auf eine Reihe von Ministerien, die nicht selten gegeneinander arbeiteten. Die Umweltpolitik wurde auf die Rolle einer Fachpolitik beschränkt. Ihr wurden aber keine Querschnittsaufgaben übertragen; sie wurde also nicht gefragt, ob eine bestimmte Produktion überhaupt zugelassen, ein Flußlauf reguliert, ein Kraftwerk errichtet werden soll. *Der Umweltpolitik wurde damit der Zugang zu den Ursachen der Umweltbelastungen verwehrt,* und sie durfte sich stattdessen nur mit den Folgen beschäftigen. Unter solchen Rahmenbedingungen mußten ihre Erfolge dürftig ausfallen.
c. Kompetenzbewahrung bei den Bundesländern behinderte ebenfalls eine umfassend konzipierte Umweltpolitik. Gelegentlich wurde eine einheitliche Politik auch erschwert, weil die Interessen der Länder selber zu unterschiedlich waren.
d. Die Umweltpolitik bedient sich vom Sofortprogramm bis heute fast ausschließlich ordnungsrechtlicher Instrumente (Gebote, Verbote, Auflagen, Genehmigungsvorbehalte usw.). Nur in geringerem Umfang bediente sich die Politik leistender (öffentliche Förderung durch Subventionen, öffentliche Beratung, öffentliche Entschädigung) und planender Maßnahmen. Ökonomische Instrumente wie Steuern, Abgaben, Lizenzen, Kompensationsregelungen, Rücknahmepflichten wurden (außer der halbherzig realisierten Abwasserabgabe) nicht eingesetzt. Diese Orientierung auf ordnungsrechtliche Instrumente zeigt deutlich den großen Einfluß der Ministerialbürokratie. Im Verlauf der 80er Jahre wurde das begrenzte Instrumentarium zunehmend kritisiert, bis heute allerdings nicht nennenswert korrigiert.
e. Es gab gegen die Realisierung der Umweltpolitik offenen oder versteckten Widerstand aus der Industrie[75]. In den ersten sozial-liberalen Regierungsjahren waren Industrie- und Wirtschaftsinteressen allerdings nur selten erfolgreich. Nach ihrer Ansicht erzeugt jede Umweltgesetzgebung vor allem erhöhte Kosten und internationale Wettbewerbsnachteile (wenn z.B. ein Chemiewerk seine Giftabfälle nicht mehr in einen Fluß einleiten durfte, sondern durch teure Filteranlagen schicken und später die gefilterten Gifte

auch noch sicher deponieren mußte). Mit diesen Bedenken fanden sie in der Öffentlichkeit aber kaum Gehör. Es gab damals zwar noch kein meßbares Umweltbewußtsein (ebenso Hartkopf, letzte Fn.), aber eine Mehrheit der Bevölkerung begeisterte sich an der Aufbruchstimmung einer breit angelegten Reformpolitik, und zu der gehörte auch der Umweltschutz.

Die wohl deutlichste Niederlage von Wirtschaftsinteressen vor den Augen der Öffentlichkeit war die Einführung des Benzin-Bleigesetzes. Die Bundesregierung wollte mit der Verringerung des Bleigehalts im Benzin die Unmengen dieses giftigen Schwermetalls in der Luft der Städte reduzieren. Autoindustrie, Mineralölfirmen und ADAC liefen gegen die Verminderung des Bleis im Benzin Sturm. In großen Werbekampagnen wurde vorhergesagt, wenn dieses Gesetz in Kraft trete, dann würden die Automotoren zu tausenden zerstört stehen bleiben. Da tatsächlich aber Mineralölzusätze entwickelt und verfügbar waren, um das bleireduzierte Benzin motorentauglich zu machen, erwies sich die Argumentation der Industrie nicht – wie behauptet – als objektiver Beitrag von Fachleuten, sondern als Panikmache einer Lobby mit Wirtschaftsinteressen im Gewand von Sachkenntnis.[76]

3. Kapitel:
1974 ff. – Wirtschaft und Umwelt in der Krise

15. Das labile Gleichgewicht zwischen Wirtschaft und Umwelt

Die Umweltmaßnahmen seit dem Beginn der 70er Jahre sind von den Akteuren selber *als Nachholprogramm gegenüber früheren Versäumnissen* angesehen worden. Sie brachten zwar manche Besserung – wilde Müllkippen wurden beseitigt; einige Schadstoffe in Luft und Wasser reduziert; die Politik war um Lärmminderungen bemüht –, die Maßnahmen bewirkten aber keine Trendwende: der Zustand der Umwelt in der Bundesrepublik, wie auch weltweit, hat sich in den 70er und auch in den 80er Jahren weiter verschlechtert. Bis heute beschäftigt sich die Umweltpolitik immer noch mit Reparatur und nicht mit gestaltender Vorsorge.

Umweltprobleme beruhen in der Bundesrepublik in erster Linie auf Industrialisierungsfolgen und Fehlentwicklungen in der Landwirtschaft[114]. Die Intensität der industriellen und der landwirtschaftlichen Produktion korreliert mit entsprechend hohen Umweltbelastungen. So war die Bundesrepublik in den 80er Jahren innerhalb der EG z.B. für mehr als ein Viertel der Schwefeldioxid- und der Kohlendioxid-Emissionen verantwortlich; mit den neuen Bundesländern beträgt unser Anteil nun sogar ein Drittel![77] Außerdem war schon die alte Bundesrepublik mit Abstand der größte Sonderabfallproduzent in der EG; seit dem Beitritt der DDR haben wir unseren Vorsprung deutlich vergrößert.

Der erforderliche weitere Ausbau des Umweltschutzes mußte stets als unsicher gelten. Umweltschutz stand beim Wähler und bei den Bundestagsparteien unter dem *Vorbehalt der „wirtschaftlichen Vernunft“*. Das war zunächst nicht deutlich erkennbar. Bis zum Ablauf des Jahres 1973 konnte man sogar den umgekehrten Eindruck gewinnen.

Daß die Natur nur begrenzt belastbar ist, daß die Rohstoffe eines Tages versiegen werden, ebenso wie die gegenwärtigen Energiequellen, daß der „Fortschritt“ nicht wie mit einem Lineal in die Zukunft verlängert werden kann, daß die unterentwickelten Staaten dieser Welt nie die Chance erhalten werden, eines Tages in mitteleuropäischem Wohlstand zu leben, diese Einsichten streiften die Mehrheit der Menschen erstmals, als 1972 die Meadows-Studie „Grenzen des Wachstums“ erschien. In ihr wurde aus dem begrenzten Vorrat von Rohstoffen, der zunehmenden Umweltverschmutzung und dem exponentiellen Wachstum der Menschheit ein wirtschaftlicher und gesellschaftlicher Zusammenbruch im 21. Jahrhundert berechnet. Zunächst war die allgemeine Reaktion damals, in Unkenntnis der Grundgedanken dieser Computersimulation[78], daß wir alle Probleme schon rechtzeitig in den Griff bekämen. Der Stimmungsumschwung kam ein Jahr später. Ein Bewußtsein von den Grenzen des Wachstums grub sich mit dem ersten Ölpreisschock im Herbst 1973 tief ein; die Sonntagsfahrverbote und Geschwindigkeitsbeschränkungen (die damals strikt eingehalten wurden) bewirkten einen elementaren Wandel im Bewußtsein der Bundesbürger. Die Ölpreiskrise vom Herbst 1973 erweist sich auch aus der Rückschau als eine historische Zäsur.

Die erhöhten Rohölpreise waren eine wesentliche Ursache der damaligen weltweiten Rezession. Wichtige Wirtschaftsdaten während der Zeit der beiden Ölpreiskrisen (1973/74 und 1979/80) entwickelten sich wie folgt:[79]

Rohölpreis (1 Barrel in Dollar): Bis 1972 unter 2; 1974 – knapp 10; bis 1978 ansteigend auf knapp 13; 1979 – 17; 1980 knapp 29; bis Ende 1981 ansteigend auf 34. Für die Bundesrepublik bedeutete dies Importe (in Milliarden DM) vor 1973 jährlich unter 10, bis 1978 jährlich um 30, bis 1981 steil ansteigend auf 65 – trotz fallender Importmengen.

Reales Wachstum des BSP (in%) für die Jahre ab 1967: -0,1; 6,5; 7,9; 5,9; ab 1971: 3,3; 3,6; 4,9; 0,4; -1.8; ab 1976: 5,3; 2,8; 3,6; 4,4; 1,8; -0,3.

Arbeitslosenzahlen: (Jahresdurchschnitt): 1970 – 149.000; 1975 – 1.074.000; bis 1980 leicht fallend; 1981 – 1.272.000; 1982 – 1.650.000.

Die *Inflationsrate* stieg 1975 auf 6%; fiel bis 1978 kontinuierlich auf 2,7%; stieg 1979 auf über 5% und bis 1981 auf 5,9%. Sie fiel bis 1983 – dem internationalen Trend folgend – auf 2,4%.

Die zweite Ölpreiserhöhung 1979 bereitete noch größere Wirtschafts- und Sozialprobleme als die erste. Für die wirtschaftspolitische Situation bürgerte sich die Bezeichnung Stagflation ein, Stagnation bei gleichzeitiger Inflation – eine Problemlage, die mit dem eingespielten, vor allem auf Keynes zurückgehenden Instrumentarium nicht auflösbar schien.

Zwei Trends sind seit 1974 vorherrschend: Energie zu sparen (bei Autos, Haushaltsgeräten, in Handel und Industrie) und bei Belastungen der Wirtschaft Zurückhaltung zu üben. Die Energiekosten entwickelten sich durch teure Importe zu einem besonders sensiblen Wirtschafts- und Sozialfaktor. Obwohl viele Vorschläge nicht realisiert werden[80], gelang es (auch durch „freiwillige" Verpflichtungen einiger Wirtschaftszweige – siehe unten S. 101f.), Energie effektiver einzusetzen, Verschwendung also einzudämmen, ohne daß damit Wohlstandsverzichte verbunden waren. Dadurch ist der Primärenergieverbrauch – entgegen den Prognosen der Energiewirtschaft bis in die 80er Jahre hinein – in der Bundesrepublik von 1973 bis heute praktisch nicht mehr gestiegen. Dieser Erfolg ist ein Pyrrhussieg, denn er konnte als erfolgreiche Umweltpolitik dargestellt werden und hat gegenüber weiteren

Aktivitäten einschläfernde Wirkung entfaltet. Die Anstrengungen etwa um alternative Energien oder Dämmtechniken kamen zum Erliegen.

*

Eine Wirtschaftskrise dieser Art mußte die grundsätzliche Kollision zwischen Wirtschaftspolitik und Umweltschutz offenlegen. Die nach gängiger Wirtschaftstheorie weitgehend kostenlose Nutzung der Natur entlastet Produktionen von Kosten („Umweltdumping") und bürdet die externen Kosten der Allgemeinheit auf. Das umweltpolitische Verursacherprinzip gebietet aber, mit den externen Kosten den Verursacher zu belasten. Die Frage war nun nach 1973, welches Konzept sich durchsetzen würde.

Keine Frage war, welches Konzept kurzfristig Erfolg haben würde. In einer Wirtschaftskrise wie in den Jahren nach 1974 und 1979 werden Unternehmen, Gewerkschaften, Arbeitnehmer, Parteien und Regierung dazu neigen, die Vorsorge für Arbeitsplätze und eine Wohlstandsvermehrung, die das soziale Gefüge stabilisiert, zu bevorzugen, und sie werden umweltrelevante Aspekte in die Zukunft verschieben. Daß die Bundesrepublik in verschiedener Hinsicht ein umweltarmes Land ist, wird aus der Entscheidung ausgeblendet; und daß jede nachträgliche Reparatur (falls sie möglich ist), mehr erfordert, als die Vermeidung des Schadens gekostet hätte (heute unstrittig[32]), wird um kurzfristiger Erfolge willen ebenfalls nicht beachtet. Erst mit Beginn der 80er Jahre werden die Umweltprobleme sich als so schwerwiegend darstellen, daß die Prioritäten trotz fortbestehender Wirtschaftsprobleme neu geordnet werden müssen.

Nach 1973 wird eine Prioritätenverschiebung zugunsten einer Wirtschaftsbelebung vollzogen. Die Umweltpolitik kann sich nicht mehr entfalten, und der dringend erforderliche weitere Ausbau des Instrumentariums (Einsatz ökonomischer Instrumente) stagniert. Zur allgemeinen Überraschung und zum Verdruß der „etablierten Bundestagsparteien" entsteht aus der Unzufriedenheit mit der Vernachlässigung der Umweltpolitik eine außerparlamentarische Opposition sensibilisierter Bürger.

Die Prioritätenverschiebung bedeutete nach verbreiteter Vorstellung, daß die Bundesrepublik vor den Umweltpolitikern geschützt werden mußte. In erster Linie versuchten uns in den 70er Jahren die Wirtschaftsverbände zu schützen. Aber nicht nur sie. Vor die Wahl gestellt, Umweltschutz zu befürworten oder Arbeitsplätze zu sichern, haben sich Arbeitnehmer und dann auch Gewerkschaften für die Arbeitsplätze entschieden. Die Gewerkschaften folgten in dieser Einschätzung nun weitgehend den Wirtschaftsverbänden. Da die Arbeitnehmer zugleich die Wähler sind, ließ auch bei den politischen Parteien das ohnehin nur oberflächliche Umweltengagement nach. Innerhalb der Bundesregierung konnten die institutionellen Fürsprecher der „ökonomischen Vernunft", insbesondere das Wirtschafts-, Verkehrs-, Arbeits- und Landwirtschaftsministerium, ihre Positionen stärker durchsetzen. Die

Bundesländer sorgten sich ebenfalls um die Arbeitsplätze im Land und wandten sich gegen „zuviel“ Umweltschutz. *Insgesamt verschiebt sich die Stimmung* zugunsten der Kräfte, die in einem weitreichenden Umweltschutz schon immer ein Wachstumshemmnis für die Wirtschaft und eine Gefährdung von Arbeitsplätzen gesehen hatten.

Eine besondere Bedeutung zur Behinderung der Umweltpolitik gewannen einige Branchen des verarbeitenden Gewerbes und des Exportbereichs, die zu den bedeutendsten Arbeitgebern zählen – Fahrzeugbau, Straßenbau, Chemie, Mineralöl-, Eisen- und Stahlindustrie. Sie haben gerade durch ihre Produktionsverfahren oder ihre Produkte einen erheblichen Anteil an der Umweltbelastung. Forderungen nach umweltpolitischen Verbesserungen stoßen hier auf besonders starke Gegeninteressen; argumentiert wird bevorzugt mit Arbeitsplatzrisiken. Ihre Position können diese Branchen oft noch dadurch verstärken, daß sie regional konzentriert sind und dadurch bei „ihren“ Landesregierungen Unterstützung finden. Bei vielen Einzelentscheidungen über umweltrelevante Großvorhaben wurde vor diesem Hintergrund dem Arbeitsplatzargument der Vorzug gegeben. Auch noch unter den schon wieder geänderten Bedingungen der 80er Jahre gab es spektakuläre Einzelfälle, wie etwa die Genehmigung der Kohlekraftwerke Buschhaus[81] und Ibbenbüren[82] ohne ausreichende Rauchgasreinigung oder die Genehmigung einer Autoteststrecke für Daimler-Benz; dies alles in einer Phase intensiver politischer Diskussion über das Waldsterben. Gerade bei diesen Beispielen zeigt sich der Druck kurzfristiger wirtschafts- und arbeitsmarktpolitischer Ziele auf die Umweltpolitik besonders deutlich[83].

Der Bundesverband der deutschen Industrie[84] (und ganz ähnlich der DIHT[85]) versuchte eine Doppelstrategie: Er unterstützte Forderungen nach einer „akzeptablen“ Umwelt; die sei notfalls auch durch staatliche Eingriffe zu sichern. Zugleich warb der BDI unablässig für „eine weitere Versachlichung der Diskussion über die Umweltgestaltung“. Er mahnte, „die Vernunft walten zu lassen und das richtige Maß zu finden“, um zu den Umweltschutzmaßnahmen zu kommen, die „aus Gründen des Allgemeinwohls“ notwendig seien. Er setzte seinen ganzes Einfluß dafür ein, entweder Kostenbelastungen für die Industrie zu vermeiden oder sie durch finanzielle Hilfen des Staates auszugleichen – das bedeutet nichts anderes, als daß Umweltschutz wieder nur von der Allgemeinheit bezahlt werden sollte; den Landwirten gelang dies übrigens fast vollständig, die gewerbliche Wirtschaft war weniger erfolgreich.

Sachliche Auseinandersetzung oder Aufklärung waren keine Stärken des BDI oder des DIHT; gegen Pläne, die Schwefeldioxidemissionen zu beschränken wandte sich der BDI mit der Parole: „Morgenthau-Plan für die deutsche Industrie“. Der Öffentlichkeit wurden im Mantel wissenschaftlicher Objektivität interessengebundene Expertisen präsentiert – was inzwischen zu einem fundamentalen Ansehensverlust von „Experten“ geführt hat. – Das

Allgemeinwohl verlange den Verzicht „auf übertriebene Forderungen“, die „zu Lasten der sozialen Sicherheit gehen“. Umweltschutzmaßnahmen bedürften einer „besonderen Behutsamkeit“; vor einem bedenklichen Hang zum „Perfektionismus“ wurde gewarnt. Vor allem im Abwasser- und Immissionsrecht (z.B. zur Luftreinhaltung) sah die Industrie eine „äußerst gefährliche Tendenz zu einer Normierung, die selbst bei voller Anerkennung der Bedeutung, die der Reinhaltung von Wasser und Luft als einer Maßnahme des vorbeugenden Gesundheitsschutzes beigemessen werden muß, sachlich nicht zu rechtfertigen ist“.

Die Politik des BDI war nicht auf Umwelterfordernisse gerichtet, sondern darauf, Eingriffe in Produktionsprozesse gering zu halten und die Betriebe nicht zu belasten. Anders formuliert: Der Industrie lag daran, die Umwelt auch weiterhin möglichst zum Nulltarif nutzen zu können und die „externe Kosten“ der Allgemeinheit aufzuerlegen.

Die Thesen vom Umweltschutz als Jobkiller und als Investitionsbremse und der Streit über eine drohende Kostenüberlastung der deutschen Wirtschaft blieben bis in die 80er Jahre hinein kontrovers. Eine größere Anzahl wirtschaftswissenschaftlicher Studien versuchte, sie zu widerlegen und die „beschäftigungssichernde Wirkung der Umweltpolitik“ zu beweisen[86]. Vergeblich. Auch durch ein von ihm in Auftrag gegebenes Gutachten bei Rolf-Ulrich Sprenger (Münchner Ifo-Institut) ließ der BDI sich nicht umstimmen.

All diese Beurteilungen zu externen Kosten und zum „Jobkiller“ wurden grundsätzlich im Verlauf der Diskussion 1989/90 aufgegeben, als über neue Richtungen der Umweltpolitik, insbes. Ökosteuern, nachgedacht wurde (siehe unten Abschnitt 26). BDI, DIHT, das Institut der deutschen Wirtschaft, CDU/CSU, FDP u.a. sehen nun in Umweltschutzmaßnahmen auch wirtschaftliche Chancen der deutschen Industrie und rechnen Umweltschutztechnik u.ä. zu den Zukunftsbranchen. Auch in Wirtschaftskreisen setzt sich die Erkenntnis durch, daß auf Dauer nicht mehr produziert werden kann wie bisher. Innovationen und damit ein struktureller Modernisierungsprozeß der Wirtschaft werden vom Umweltschutz erwartet. Gemessen an den früheren Wahrheiten mutet das an wie die Heirat des Papstes.

Eine der wichtigen Kampflinien der 70er Jahre war der „jeweilige Stand der Technik“, dem Anlagen nach dem BImSchG und den dazu erlassenen Verordnungen TA Luft und TA Lärm entsprechen müssen. Was sollte man unter dem „Stand der Technik“ verstehen? Das jeweils technisch Machbare auf dem letzten wissenschaftlichen Stand? Mit Nachrüstungsverpflichtung aller jeweils laufenden Anlagen? – Oder sollte „jeweiliger Stand der Technik“ sinnvollerweise das wirtschaftlich Zumutbare für den Einzelbetrieb bedeuten? Der BDI argumentierte erfolgreich gegen strenge Auslegungen mit dem „allgemeinen Wohl“, das sich in Form von Arbeitsplätzen trefflich gegen einen kostspieligen „Stand der Technik“ ausspielen ließ: Von keinem Unternehmen könne ein Stand der Technik verlangt werden, der wirtschaftlich nicht tragbar ist. Das leuchtet unmittelbar ein – wenn man die Zukunft aus der Überlegung ausblendet.

Der BDI mußte aus seiner Aufgabenstellung heraus argumentieren, wie er es tat. Er kann gegenüber heutigen negativen Bewertungen seiner Politik anführen, daß die genauen Belastungen der Umwelt durch die industriellen Aktivitäten damals nur selten schlüssig bewiesen werden konnten, daß dies in vielen Fällen sogar heute noch nicht möglich ist[87]; und er könnte darauf verweisen, daß ein wirksamer Umweltschutz international hätte angelegt sein müssen, um niemandem Wettbewerbsvorteile zu verschaffen. Dennoch bleibt, daß die Wirtschaftsverbände den in der umweltarmen Bundesrepublik möglichen Umweltschutz behindert haben. Gegenüber diesem Vorwurf wird gern auf die Leistungen und Erfolge unserer Umweltpolitik verwiesen: es sei doch eine Menge erreicht worden; tatsächlich hat sich der Zustand der Umwelt in der Bundesrepublik insgesamt Jahr für Jahr verschlechtert – alle unsere Anstrengungen haben also lediglich die Geschwindigkeit der Verschlechterung abgebremst.

Der Deutsche Gewerkschaftsbund unterstützte anfänglich die Umweltpolitik der sozial-liberalen Bundesregierung. Umweltpolitik war für den DGB nichts grundsätzlich Neues, sondern die Fortsetzung bisheriger Gesundheits- und Arbeitsschutzpolitik. Er veröffentlichte Ende Mai 1972 in diesem Sinne formulierte „Leitsätze zum Umweltschutz“[88]. 1974 verabschiedete der DGB ein grundlegendes Umweltschutzprogramm, in dem er ähnlich wie vorher die Parteien ein „plakatives Umweltschutz-Glaubensbekenntnis mit Leerformelcharakter“ (Wey) ablegte; die Sicherung der Arbeitsplätze wurde deutlich in den Vordergrund gerückt. Unterstützung des Umweltschutzes entspringt einem Interesse am Arbeitsschutz und nicht weitergehenden ökologischen Einsichten.[89]

*

Auf der politischen Entscheidungsebene wird der Prioritätenwechsel vom Umweltschutz zum Vorrang der Wirtschaftsförderung durch Umbesetzungen innerhalb der Bundesregierung unterstützt. Ins Kanzleramt folgt auf Willy Brandt der an klassischer Ökonomie orientierte Helmut Schmidt und im Bundesinnenministerium folgt auf den aktiven Hans Dietrich Genscher der linksliberale Werner Maihofer, ein eher entscheidungsschwacher Theoretiker. Der anfängliche Reformeifer mancher Koalitionspolitiker für den Umweltschutz ließ spürbar nach. Der Sachverständigenrat urteilte in seinem Umweltgutachten 1978 kritisch, der Bundesregierung gelte Umweltpolitik in der Wirtschaftsflaute „als Hemmschuh für einen schnellen Wiederaufschwung“. Im „Ökonomisch-politischen Orientierungsrahmen für die Jahre 1975-1985“ vom November 1975, versteckte die SPD den Umweltschutz in dem Kapitel „Städteplanung und Stadtentwicklung“ – nur nicht vom Umweltschutz sprechen, wenn die Wähler an nichts als die Arbeitsplätze denken.

Angesichts der Wirtschaftsdaten und steigender Arbeitslosigkeit gerieten Regierung und Regierungsparteien unter erheblichen Handlungs- und Erfolgszwang. Die Mehrzahl ihrer Kritiker machte nicht die weltwirtschaftlichen Rahmenbedingungen verantwortlich, von denen die Bundesrepublik als eine der größten Exportwirtschaften besonders abhängig ist, und schon gar nicht die strukturellen Mängel der deutschen Volkswirtschaft, sondern den Umweltschutz mit seinen (behaupteten) Investitionshemmnissen.

Nach wohl allgemeiner Auffassung markiert die KLausurtagung auf Schloß Gymnich am 3. Juli 1975 den entscheidenden Wendepunkt in der Entwicklung der Umweltpolitik[90]. Der Einladung waren interne Auseinandersetzungen vorausgegangen; das Landwirtschaftsministerium wurde auf Hartkopfs Veranlassung nicht eingeladen. Zur „Beerdigung der Umweltpolitik“ (Hartkopf) erschienen: Der Bundeskanzler, Beamte des Kanzleramtes, Innen- und Finanzminister, die Staatssekretäre BMWi und BMI (Hartkopf), Vertreter des Sachverständigenrates für Umweltfragen und der Arbeitsgemeinschaft für Umweltfragen, die Umweltsprecher der Bundestagsparteien, Wirtschafts- und Gewerksschaftsvertreter. – Die Auswirkungen der Konferenz, auf der Bundeskanzler Schmidt sich zum ersten Mal intensiv mit Fragen der Umweltpolitik befaßt hat (Edda Müller), sind unklar und werden unterschiedlich bewertet. Formal gesehen wurde ein Kompromiß vereinbart, der einerseits eine Fortführung der Umweltpolitik vorsah, andererseits aber formulierte, investitionshemmende Wirkungen des Umweltschutzes auf die Wirtschaftsentwicklung stärker zu beachten und solche Hemmnisse abzubauen. Staatssekretär Hartkopf, einer der Organisatoren, meinte später: „Der argumentative Sieg der Verwaltung über die Wirtschaft und ihr nahestehende Politiker war gegen Abend dieses denkwürdigen Tages eindeutig.“ Der SPIEGEL und die ZEIT wissen davon nichts[91]. Edda Müller, damals im Umweltreferat des BMI, urteilt, m.E. zutreffend, die tatsächliche Umweltpolitik erfolgte nach dieser Tagung aus einer defensiven Rolle.

Dafür lassen sich Beispiele in großer Zahl anführen[92]: Das *Abwasserabgabengesetz* von 1976 wurde während mehrjähriger Beratungen erheblich abgeschwächt. Beabsichtigt war gewesen, die Einleitung von Abwässern in Bäche und Flüsse mit so hohen Kosten zu belegen, daß es für die Unternehmen billiger wäre, die Abwässer zu klären und damit Belastungen der Gewässer gering zu halten. Unter dem Druck der Industrie und mehrerer Bundesländer wurde die Abgabenerhebung zunächst um ein paar Jahre verschoben und außerdem so gesenkt, daß es meist billiger ist, die Abwässer ungeklärt in die Flüsse zu leiten und Abgaben statt Investitionen für Filter zu bezahlen. Eigendlich sollten die externen Kosten auf den Verursacher umgelegt werden, erreicht wurde nur eine symbolische Geste. – Das *Wasserhaushaltsgesetz* von 1976, das Verunreinigungen verhindern soll, stand lange Zeit nur auf dem Papier, weil die desinteressierten Bundesländer keine Ausführungsbestimmungen erließen und der Bund sie dazu auch nicht zwang. – Die *TA Luft* vom August 1974 führte keineswegs zu einem geringeren Ausstoß von Staub und Schwefeldioxid, sondern verteilte die Schadstoffe nur weiträumiger durch den Bau höherer Schornsteine. – Das *Bundesnaturschutzgesetz* von 1976 enthielt ebenso wie früheres Recht eine *Landwirtschaftsklausel*; sie unterstellt, daß „ordnungsgemäße Landwirtschaft", der Begriff wird nicht näher definiert, keinen Eingriff in Natur und Landschaft darstellt, also auch niemandem untersagt werden kann. Einen wichtigen Grund dieser Sonderbehandlung darf man darin sehen, daß hier ein Wirtschaftszweig seinen eigenen Lobbyisten direkt im Kabinett zu sitzen hat. Der damalige Bundeslandwirtschaftsminister Josef Ertl empfand Umweltschützer „beinahe schon in einem religiösen Wahn" handelnd (DER SPIEGEL); *daß Äcker in der Bundesrepublik inzwischen wie chemische Fabriken stinken, weil jährlich 200 Millionen Tonne Gülle und Unmengen Agrochemie auf ihnen ausgebracht werden, daß mit den Böden zugleich das Grundwasser vergiftet wird und daß die Landwirtschaft mit weitem Abstand der größte Vernichter von Pflanzen- und Tierarten ist (weit vor Tourismus, Gewerbe und Industrie)*[93]*, war auch damals schon bekannt*, wird aber erst in den 80er Jahren deutlich formuliert. – *Verkehrspolitik* wurde ungeachtet umweltpolitischer Überlegungen entwikkelt. – Die *Umweltverträglichkeitsprüfung* wird nicht durchgesetzt (siehe unten S.87). – Als besonders regelungsbedürftig wurde der *Bereich chemischer Substanzen* angesehen. Ein anspruchsvolles Gesetz wurde vorbereitet. Außer seiner bemerkenswert umfassenden Konzeption blieb angesichts des Widerstandes des Verbandes der Chemischen Industrie nur eine abgemilderte Fassung, die Gesetzeskraft erlangte[94]. Die rund 300 Chemikalien, die in der Bundesrepublik jedes Jahr neu auf den Markt kommen, dürfen weiterhin in firmeneigenen Labors getestet werden und unterliegen lediglich einem Anmeldeverfahren – anders als Arzneimittel, deren Zulassung behördlich geprüft wird. Die damals bereits im Verkehr umlaufenden mehr als 60.000 Substanzen, unter denen sich unbekannt viele gesundheitsschädliche Stoffe befinden (von Baumaterialien über Holzschutzmittel bis zu PCB's[95]) werden bis heute nur geprüft, sofern sich nachträglich „Anhaltspunkte" für ihre Gefährlichkeit ergeben. – Ein „wirklich durchgreifendes *Chemikaliengesetz*" habe sich von selbst verboten, weil „der Wachstumsmotor Chemie nicht gedrosselt" werden sollte (Eppler). – Ähnliches gilt für die *Energiepolitik*. – „Es gilt einzugestehen", könnte man mit den Worten des Bundesinnenministers Gerhard Baum (1978-82) zusammenfassen, daß manches Gesetz in „mühsamen Entscheidungs- und Abwägungsprozessen eine andere Gestalt angenommen" habe „als ursprünglich im Interesse des Umweltschutzes beabsichtigt war."

Einige umweltrelevante Projekte sind auch wegen unterschiedlicher Auffassungen oder Interessen der Koalitionsparteien nicht verwirklicht worden. So war für die SPD ein Kernstück ihrer Reformpolitik ein neues *Bodenrecht*. Davon wurde erwartet, daß ein verbessertes planungsrechtliches Instrumentarium eine bedarfsgerechte Wohnungsversorgung erleichtert, der Anstieg der Bodenpreise gedämpft würde, niemand glücksspielartige Millionengewinne einstecken könne, die Gemeindefinanzen nachhaltig verbessert würden und eine Dämpfung des Flächenverbrauchs eintrete. – Mit der FDP konnte die Abschöpfung der Spekulationsgewinne durch einen Planungswertausgleichs nicht verwirklicht werden. Ein nach mehreren Jahren erzielter Kompromiß zwischen den Sozial-Liberalen scheiterte im Gesetzgebungsverfahren an der Unionsmehrheit im Bundesrat.

*

Die SPD geriet in die Zerreißprobe zwischen einer umweltpoltischen Minderheit und der ökonomisch orientierten Mehrheit. Der umweltpoltische Flügel konnte auf die Sympatie des Parteivorsitzenden Willy Brandt rechnen und wurde repräsentiert etwa durch Erhard Eppler, einzelne Bundestagsabgeordnete wie Coppik und Hansen, den Bezirk Hessen-Süd, Joachim Steffen und eine Mehrheit im Landesverband Schleswig-Holstein sowie die Jungsozialisten. Die ökonomisch orientierte Mehrheit wurde geführt von Kanzler Schmidt, dem Fraktionsvorsitzenden Wehner, Holger Börner („Dachlatten-Django" – SPIEGEL-Zitat[128]) und der Mehrheit der SPD-Bundesminister.

Die Parteimehrheit sah, ebenso wie die Gewerkschaften, durch Umweltschutz Arbeitsplätze und durch den Ausstieg aus der Kernenergie den Wohlstand insgesamt gefährdet. Eine DGB-Veranstaltung zugunsten der Kernenergie im Dortmunder Westfalen-Stadion (Nov. 1977)[96] fand Sympathie in der SPD, und der dem rechten Flügel zugerechnete Berliner Politologieprofessor Richard Löwenthal erklärte wohl im Sinne der Parteimehrheit, es sei notwendig, „wieder und wieder ausufernde ökologische Forderungen im Interesse des Rechts auf Arbeit zu begrenzen"[97].

Die Kluft zwischen Regierungspolitik und aktiven Teilen der Basis wurde in aller Öffentlichkeit vorgeführt und durch erbitterte Auseinandersetzungen so vertieft, daß die Partei am Beginn der 80er Jahre als nicht mehr handlungsfähig erschien. Emotional besonders geladen war innerhalb der SPD die Auseinandersetzung über den weiteren Ausbau der Kernenergie. Parteiaustritte und sinkende Attraktivität der Partei vor allem in der jüngeren Generation verschärften die Stimmung. Weder Helmut Schmidt noch Willy Brandt konnten die auseinanderdriftenden Richtungen integrieren, weil beide Politiker für verschiedene Zukunftsperspektiven standen. Über das Spektrum der Partei wurde bald gespottet „Mit Schmidt und Eppler für und gegen Kernenergie". – Ob Helmut Schmidt den Umweltschutz förderte oder wegen des Vorrangs der Ökonomie eher behinderte ist m. E. im Augenblick nicht sicher zu beurteilen.

Erst Ende 1981 zeigte eine paritätisch mit Rechten und Linken besetzte Kommission der SPD „Ökologische Orientierungen" auf, die von grünlichen Bekenntnissen durchwirkt sind. „Nur ökologisch vernünftige Arbeitsplätze", heißt es da, seien auch „zukunftssicher". Ein „weiteres Anwachsen der Umweltbelastung durch den Individualverkehr" wird für „ökologisch nicht mehr vertretbar" gehalten. Und um umweltschützende Ziele durchzusetzen, empfehlen die Autoren eindeutige Lenkungs- und Kontrollbefugnisse des Staates – Instrumente, die FDP-Rechten als Marterwerkzeuge aus der sozialistischen Gruselkammer erschienen.

Der FDP erging es nicht viel besser als der SPD. Sie wurde von den gleichen politischen Strömungen gespalten. Noch 1977 hatte sie in ihren „Kieler Thesen zur Wirtschaft im sozialen Rechtsstaat" umweltschützende Anstrengungen ausdrücklich zu einer ökonomischen Notwendigkeit erklärt und sich zu einer „Beschränkung des Zuwachses beim Konsum zugunsten einer umweltfreundlicheren Produktion" bekannt. Als den Sozial-Liberalen Ende der 70er, Anfang der 80er Jahre die Wähler der Öko-Listen verlorengingen, mußte die Koalition bei den nächsten Bundestagswahlen den Verlust der Regierungsmehrheit befürchten. Durch diese Aussicht wurde die FDP in eine Existenzkrise gestürzt. Viele sahen eine Überlebenschance nur noch an der Seite der Union. Es kam regional, gemessen an den Mitgliederzahlen, zu Masseneintritten Konservativer und zur Verdrängung reform- oder linksliberaler Mitglieder, so daß sich der politische Standort der Partei zum Beginn der 80er Jahre zu verändern begann.

Die Auseinandersetzung zwischen „Ökonomie und Ökologie" ließ auch die Union nicht ungeschoren. Auch sie mußte sich, allerdings weniger heftig, mit dem künftigen Stellenwert des Umweltschutzes beschäftigen. Dabei geriet ihr profiliertester Umweltexperte und Befürworter einer aktiven Umweltpolitik, Herbert Gruhl, zunehmend in Konflikte mit der eigenen Fraktion. Gruhl war durch ein „sehr grünes" Buch über Umweltprobleme allgemein bekannt[98]. Im Juli 1978 trat er aus der CDU aus.

Damals war keine der sog. etablierten Parteien Vorreiter in der Umweltpolitik, und ihre Landespolitiker behinderten Umweltmaßnahmen im allgemeinen eher, als daß sie sie förderten. Zu „einer konsequenten ökologischen Fundierung der Politik" war keine imstande; Umweltschutz hielten Parteiführungen und Mitgliedermehrheiten für einen Merkposten, der „für die Mehrheitsfähigkeitserhaltung zunehmend unentbehrlich" wurde, nicht als „Chiffre des Überlebenswillens" (Guggenberger). Diese Einschätzung teilten vereinzelte SPD- und FDP-Mitglieder (nicht nur Eppler, sondern z.B. auch Innenstaatssekretär Hartkopf). Da es vor allem um Dekoration ging, durfte der Umweltweltbezug von Parteiaussagen unübertreffbar dünn sein: So zogen die Liberalen in Hamburg 1978 mit dem Slogan in den Wahlkampf: „Blau plus Gelb ist Grün."

16. Vollzugsdefizite[99]

Als sicheres Anzeichen für nachlassendes Engagement im Umweltschutz können auch Vollzugsdefizite verschiedener Art angesehen werden: Da wurden Umweltgesetze teilweise nicht angewendet; erforderliche Kontrollen aus Personal- oder Gerätemangel nicht durchgeführt; vor immissionsschutzrechtlichen Genehmigungsverfahren fanden zwischen Amt und Antragsteller „Vorverhandlungen" über Ausnahmeregelungen statt, „die das eigentliche Genehmigungsverfahren nicht selten nur noch als eine Art notarieller Beurkundung vorausgegangener Entscheidungen erscheinen" lassen (mit zahlreichen Beispielen in einem Gutachten für den Sachverständigenrat belegt); für die Begrenzung von Schadstoffen ist zwar der jeweilige „Stand der Technik" rechtlich vorgeschrieben, die tatsächlichen Auflagen für Luft- und Wasserverschmutzer blieben dahinter oft zurück, weil in den Verhandlungen vom Unternehmen der „wirtschaftlich vernünftige Stand der Technik" durchgesetzt wurde; Umweltkriminalität[100] wurde eher selten und nach Zufallsergebnissen verfolgt.

Dazu kommen noch die in Bundesgesetzen bestehenden legalen Lücken oder Umgehungsanregungen: Das *Abwasserabgabengesetz* (in Kraft seit 1978) gilt zwar zu Recht als zukunftsweisendes Instrument, weil es nicht mit Verboten, sondern mit finanziellen Anreizen zur Modernisierung arbeitet. Aber gerade in diesem Gesetz gibt es eine ganze Reihe schwer erklärbarer Eigentümlichkeiten: Die Abgabe bemißt sich nicht nach der Schadstoffmenge, die tatsächlich eingeleitet wird, sondern nach dem zulassenden Bescheid; eine „Härteklausel" verzichtet auf die Abgabe, wenn das Unternehmen sonst in die Verlustzone geraten würde (man muß also seine Schadstoffeinleitungen auf ein finanzschwaches Tochterunternehmen verlagern; Staatssekretär Hartkopf[101]: „Da hat ein Konzern neun hübsche gewinnbringende Töchter, und er führt uns die häßliche vor, um Abgaben zu sparen."). Abgabepflichtig sind auch nur Direkteinleiter in Gewässer, also nicht diejenigen, denen eine Stadt ihre Kanalisation für ihre Giftstoffe zur Verfügung stellt (landesrechtlich kann allerdings ein Rückgriff vorgesehen werden, den der Bund mangels Kompetenz nicht regeln durfte).

Ähnliche Eigentümlichkeiten gibt es auch in anderen Umweltgesetzen. So unterlaufen beim Immissionsschutzgesetz die Energiekonzerne die Bonner Luftreinhaltepläne. Veraltete Kohlekraftwerke werden in finanzschwachen Tochterunternehmen geführt, denen teure Umweltinvestitionen (z.B. Wirbelschichtverfahren oder andere aufwendige Luftreinigungsanlagen) als „wirtschaftlich nicht vertretbar" nicht zugemutet werden, obwohl der Konzern sie leicht bezahlen könnte.

Ein schwerwiegendes gesetzgeberisches Versagen und ein „Lehrbeispiel für nicht stattgefundene Neuorientierung" durch den Gesetzgeber bietet die „Leidensgeschichte" der *Umweltverträglichkeitsprüfung* (Liesel Hartenstein[102]). Vgl. unten S. 87.

Zurück zu den Vollzugsdefiziten im engeren Sinne: Es ist nicht Karrikatur, sondern Wirklichkeit der 70er und beginnenden 80er Jahre, daß Einleitungen in Flüsse auf ihren Schadstoffgehalt von wohlwollenden Behörden im Flußlauf oberhalb der Einleitung überprüft wurden.

Von alledem möchte man als unbefangener Betrachter nicht glauben, daß so etwas in der Bundesrepublik (und in vergleichbaren Ländern[103]) möglich ist. Aber die Fälle sind Legion, egal ob es um Mosthersteller geht oder um die baden-württembergische Giftmüllbeseitigung. Zahlreiche Fälle aus der gesammten Bundesrepublik sind dokumentiert[104]. Die verschiedenen Varianten der Vollzugsdefizite werden auch nicht geleugnet. In einer Expertise des Bundesfinanzministeriums von 1989 wird der Sachverhalt zutreffend so erläutert: Vollzugsdefizite bei bestehenden Regelungen können „ihren Grund darin haben, daß die örtlichen Behörden in der gebietsansässigen Wirtschaft nicht nur den Umweltverschmutzer, sondern auch den Arbeitgeber und Gewerbesteuerzahler sehen müssen. Wünschenswerte Verbesserungen können in einzelnen Umweltschutzbereichen an nationale Handlungsgrenzen stoßen."[105] Reinhard Merkel hat mit gewisser Berechtigung einen Teil unserer (ordnungsrechtlichen) Umweltschutzvorschriften *Placebo-Gesetzgebung* genannt: unwirksame Gesetzgebung nur zum Schein[106].

Außer der Fürsorge für Arbeitgeber wird man als weiteren Grund eine *Unmenge nur schwer anwendbarer Vorschriften* nennen müssen; da gibt es Regelungslücken oder miserable Formulierungen, beides mit der Folge endloser Streite zwischen Behörden und Unternehmen. Zur Auslegung umweltrechtlicher Vorschriften ist inzwischen eine unübersehbar große Zahl von Gerichtsurteilen ergangen. Dazu kommt eine *zögerliche personelle und sächliche Ausstattung der Umweltbehörden*; Mängel in deren Organisation sowie in der Informationsbeschaffung und Informationsverarbeitung. Es ist offenkundig, daß die politische Entscheidungsebene kein Interesse an der Durchsetzung des Umweltschutzes vor Ort hatte[107].

Auch *Handlungsdefizite des Gesetzgebers* gehören hierher; so vertritt Edda Müller (aaO S. 147 f.) zu Recht die Ansicht, daß der Gesetzgeber die Luftverschmutzung in Ballungsgebieten durch Nichthandeln mitverschuldet hat; beispielsweise wurden Katalysatoren erst ein Jahrzehnt später als in den USA eingeführt. Und sicherlich sind *Vollzugsdefizite auch eine Folge des mangelnden Konsenses über den Umweltschutz* (Freimut Duve).

17. Kernkraftdiskussion[108]

Zur Energie- und Kernkraftpolitik können hier lediglich einige Hinweise gegeben werden; ihre angemessene Darstellung würde ein eigenes Buch erfordern. In den 50er und 60er Jahren hatte man in der Kernernergie die ideale

Zukunftsenergie gesehen: sauber, preiswert und auf ewige Zeiten nutzbar. In den 70er Jahren wurde dieses Bild von Experten außerhalb der Energiewirtschaft in Zweifel gezogen: Es wurde insbesondere versucht, die Risiken einzuschätzen („menschliches" und technisches Versagen, Sabotage, Flugzeugabstürze, Erdbebengefährdung) und die Folgen einfacher bis größter anzunehmender Unfälle (GAU) vorherzusagen. Einige Autoren zogen die Folgerung, daß uns wegen der Anfälligkeit der Anlagen ein Sicherheitssystem auferlegt werden könnte, das nur als Polizeistaat zu beschreiben wäre. Das bekannteste Buch zu diesem Aspekt schrieb Robert Jungk, Der Atomstaat, 1977. – Wegen der Widerstände gegen die Kernkraft wurde der weitere Ausbau in der Bundesrepublik in der zweiten Hälfte der 80er Jahre aufgegeben; 1987 waren 7 Siedewasser-, 11 Druckwasser-, 2 Hochtemperaturreaktoren (davon eine Pilotanlage) und ein Pilot-Brutreaktor in Betrieb, 4 Kraftwerksblöcke waren im Bau; der Anteil an der Stromerzeugung lag bei etwa 35%. 1982 waren erst 14 Kernkraftwerke in Betrieb, aber 23 in der Planung oder im Bau.

Die Erwartung, Atomstrom werde billiger sein als Elektrizität aus Kohle oder Öl, hat sich nicht erfüllt, weil sie auf der (meist verschwiegenen) Voraussetzung beruhte, daß die gewaltigen Folgekosten der Kernkraft, etwa für Zwischenlagerung, Wiederaufarbeitung und (künftige) Endlagerung, auf den Strompreis nicht umgelegt würden.

In die Kernenergie wurden gewaltige Beträge staatlicher Forschungsgelder investiert. Daraus wird seit den 80er Jahren der Vorwurf abgeleitet, die Gelder hätten für die Erforschung alternativer Energien nicht zur Verfügung gestanden.

Der Ausbau der Kernenergie erfolgte möglicherweise durch die bedeutenste Irreführung der Politik in der deutschen Nachkriegsgeschichte: In den 70er Jahren wurden damalige Energieverbrauchsprognosen von der Energiewirtschaft immer wieder durch Wachstumsraten fortgeschrieben, die in der Rückschau als haarsträubend bezeichnet werden müssen und auch damals wohl nicht auf seriösen Grundlagen erarbeitet wurden. Die Politik übernahm diese Prognosen mangels eigener Daten und Kenntnisse. Während der Primärenergieverbrauch in der Bundesrepublik seit 1973 bis heute praktisch konstant blieb (etwa bei jährlich 400 Mio Tonnen Steinkohleeinheiten), sahen Prognosen von 1973 für 1985 über 600 Mio Tonnen vor, bis zum Jahr 2000 sollten die Steigerungen entsprechend weitergehen. Diese Prognosen erfüllten sich nicht, weil nach 1973 Spartechniken und ein Energiesparbewußtsein der Bürger den Verbrauch bis heute nicht mehr ansteigen ließ. Völlig unbeirrt von dieser Entwicklung legte die Energiewirtschaft bis in 80er Jahre hinein Fortschreibungen vor, in denen dieselben Wachstumsraten für die mit der Fortschreibung anbrechenden Jahre vorhergesagt wurden: 1974 sollten die Steigerungen beginnen, die 1973 nicht eingetreten waren; dann sollten die Steigerungen aber 1977 beginnen; schließlich war bis 1981 keine

Steigerung eingetreten, trotzdem wurden die alten Erwartungen nun für das nächste Jahrzehnt angekündigt[109]. Tatsächlich gab es nicht den geringsten Hinweis für die prognostizierte Verbrauchsentwicklung; denn das Einsparpotential ist von 1973 bis heute nur ansatzweise ausgeschöpft worden. Unter Energieexperten außerhalb der Energiekonzerne besteht Einigkeit, daß wir mit bereits vorhandener Spartechnik den Verbrauch in der (alten) Bundesrepublik um mindestens die Hälfte reduzieren könnten ohne irgendeinen Konsumverzicht. Die Kritiker wurden um 1980 herum ausgetrickst, indem die Bevölkerung mit der Angekündigung beunruhigt wurde, 1990 gingen in der Bundesrepublik und in Europa die Lichter aus, wenn das Programm zum Bau von Kernkraftwerken nicht realisiert werde.

Ein früher Einwand gegen die Kernenergie könnte uns bald schlaflose Nächte bereiten: Wir wissen heute, daß die Kernenergie nur für wenige Jahrzehnte nutzbar ist; ihre Abfälle müssen jedoch über Jahrtausende sicher gelagert werden. Von den Betreibern wurde immer wieder versichert, hier würden Scheinprobleme hochgespielt werden; die Endlagerung der Abfälle werde rechtzeitig möglich sein. Tatsächlich gibt es bis heute aber nirgends auf der Welt ein einziges Endlager; ja, es gibt nicht ein einziges Projekt für ein Endlager, daß unter Fachleuten als halbwegs akzeptabel gilt. Seit Anfang der 70er Jahre war ein „integriertes Entsorgungskonzept" mit Zwischenlagerung, Wiederaufbereitung und Endlagerung in einem einzigen System in Gorleben als Ideallösung der nuklearen Entsorgung verfolgt worden, bis 1979 der niedersächsische Ministerpräsident Ernst Albrecht (CDU) das Projekt auch wegen schwerwiegender geologischer Sicherheitsbedenken für „politisch nicht durchsetzbar" erklärte. – In der Bundesrepublik hat die Frage der Endlagerung zuletzt 1989/90 eine für die Öffentlichkeit sichtbare Kontroverse ausgelöst, als die Berliner Umweltsenatorin den Betrieb eines kleinen Forschungsreaktors nicht genehmigen wollte, weil es kein Endlager gebe, in dem die radioaktiven Abfälle später einmal endgelagert werden könnten. Die Kontroverse ist sicherlich am falschen Objekt geführt worden – aber tausende von Tonnen strahlender Materialien können weltweit nicht auf Dauer in Zwischenlagern aufbewahrt werden, deren Kapazität beschränkt ist. – Zu den offenen Fragen bei der zivilen Kernenergienutzung kommen noch die der militärischen Abfälle[110].

Die Sicherheitsdiskussion kann wegen der grenzüberschreitenden Folgen eines GAU's *nicht auf die Bundesrepublik beschränkt werden*; erinnert sei daran, daß in der ehemaligen *DDR bei Greifswald Mitte der 70er Jahre mindestens ein Tschernobyl-Unfall nur um Haaresbreite verhindert* werden konnte[111]. *Im bulgarischen Kosloduje*[112] (und überall in der ehemaligen Sowjetunion) werden z.Z. mehrere Kraftwerksblöcke gleicher Art betrieben: ohne Langzeitkühlsystem, ohne ausreichende Notstromversorgung, ohne räumlich getrennte Sicherheitssysteme, mit ermüdeten, überaltertem Material, ohne genügenden Brandschutz, mit veralteter Meßtechnik, mit unzuverlässigen Steuerungssystemen, ohne Schutzvorrichtungen vor Flugzeugabstürzen und vor Erdbeben – in einem Erdbebengebiet...

18. Gedanken zur sozial-liberalen Umweltpolitik

Die grundlegende und bleibende Bedeutung sozial-liberaler Umweltpolitik besteht darin, daß die thematischen und institutionellen Grundlagen für die Schaffung eines eigenständigen Politikbereichs gelegt wurden. Das Umweltprogramm von 1971 gilt allgemein als großer Wurf der deutschen Politik. Dieses Programm wurde auch zunächst trotz anwachsender Widerstände zügig umgesetzt, ab 1974 allerdings zögernder. Erhebliche Erfolge sind zu verzeichnen; so verschwanden 50.000 wilde Müllkippen aus der Landschaft, und einige Luftschadstoffe wurden reduziert, beispielsweise in Ballungsgebieten der Bleigehalt der Luft um mehr als die Hälfte oder in der gesamten Bundesrepublik (von 1973-87) der Staubausstoß der Industrie um 75 Prozent. Andere Luftschadstoffe blieben konstant oder stiegen an[113].

Die Umweltgesetze der 70er Jahre hatten in erheblichem Umfang eine Art *Feuerwehrfunktion* (Gerhard Baum), mußten also Versäumnisse der vorangegangenen Jahrzehnte ausgleichen. So kann es nicht verwundern, daß aus heutiger Sicht nur Teilerfolge errungen wurden. Es ist sogar noch weiter einzuschränken, „daß der von Bonn dekretierte Umweltschutz letztlich nur Abwehr-Siege an einzelnen Fronten errungen hat, eine umfassende Vorsorge lediglich Absichtserklärung geblieben ist: Schlote blasen nach wie vor Schadstoffe in die Luft, Flüsse führen giftige Fracht, die Nordsee verkommt zum Abfallbecken, fast jedes zweite Säugetier ist von Ausrottung bedroht, die Gesundheit der Menschen wird durch Umweltgifte geschädigt“[114].

Zu Lasten der damaligen Politik aller Bundestagsparteien, der Gewerkschaften und der Wirtschaft geht, daß der Umweltschutz seit etwa 1974 nicht mehr als eine der vorrangigen Aufgaben behandelt wurde. Er war weiterhin wichtig, trat aber hinter klassisch ökonomischen Fragen und Antworten zurück. *Die heutige Schelte können sich die Parteien allerdings mit den damaligen Wählern teilen; denn der Rückzug aus der Umweltpolitik entsprach der Mehrheitsstimmung der Bürger,* die von Arbeitsplatzsorgen umgetrieben wurden. Heute werden durch die Tatsache, daß die Umweltsituation sich weltweit verschlechtert hat, auch Wachstumsimpulse durch Umwelttechnik erwartet und nicht nur der Verlust von Arbeitsplätzen[115], und heute würde (vielleicht?) auch eher gefragt werden, welchen längerfristigen Wert Arbeitsplätze haben, die die Umwelt ruinieren und das Land oder eine Region langfristig unbewohnbar machen.

Die damals erstmals geforderte grundsätzliche Kehrtwendung der Wirtschaftspolitik zu ökologischer Orientierung wurde mehrheitlich von der Koalition nicht getragen. Die Kritik kann allerdings nicht auf die Sozial-Liberalen beschränkt werden; denn selbst wenn sie damals eine ökologische Umorientierung hätten durchsetzen wollen, wären sie an der Unions-Mehrheit im Bundesrat gescheitert, die weder eine umfassend konzipierte Umweltpolitik noch andere als die tatsächlichen Eingriffe in die Marktwirtschaft zugelassen hätte. In der Umweltpolitik war die sozial-liberale Koalition aber weitgehend auf die Unionsmehrheit im Bundesrat angewiesen. Die Forderung nach einem ökologischen Umbau der sozialen Marktwirtschaft hat die CDU 1989 in ihr Parteiprogramm aufgenommen, seitdem aber nicht mehr ernsthaft aufgegriffen.

Der Zustand der Luft, der Böden, der Gewässer und des Grundwassers hat sich trotz der Umweltbemühungen der Sozial-Liberalen fast durchweg verschlechtert, in einigen Bereichen schwerwiegend: der *Sommersmog* in Ballungsgebieten, die *Trinkwasserprobleme* und der bedenkliche Zustand mancher *Lebensmittel* (hohe Nitratbelastungen vieler Gemüse und Salate, Durchseuchung der Hühnereier mit Salmonellen u.v.a.m.), der *Müllinfarkt*, vor dem wir seit dem Ende der 80er Jahre stehen. Wir kommen auf diese Stichworte im Kapitel über die 80er Jahre zurück.

Wenn es um Einzelbeispiele geht, führen Kritiker der Sozial-Liberalen etwa an[116]: Der *Straßenbau* sei überdimensioniert gewesen, er habe dazu geführt, daß die letzten zusammenhängenden Naturräume zerschnitten wurden und fast die Hälfte aller Bundesbürger sich durch den vom Straßenverkehr ausgehenden *Lärm* beeinträchtigt fühlen. Der *Grundwasserspiegel* sinke in manchen Regionen bedenklich; dazu kämen als besonders alarmierend die steigende *Schwermetallbelastung* der Gewässer und Böden, vor allem mit Blei, Quecksilber und Cadmium sowie eine Anreicherung langlebiger Umweltgifte in der Nahrungskette, für die die hohe Schadstoffkonzentration in der *Muttermilch* das augenfälligste Beispiel sei; würde man psychische Aspekte nicht als wichtiger einschätzen, dürfte in manchen Regionen der alten Bundesrepublik seit den 70er Jahren keine Mutter ihr Kind stillen. Viele Bürger haben diese Wertung als Panikmache abgetan; darin drückt sich die falsche Erwartung aus, so kaputt könne unser Land doch noch nicht sein. Der Sachverständigenrat (Gutachten 1987) „hält es aufgrund der bisherigen Erkenntnisse für erforderlich, die Vor- und Nachteile sowie den Zeitraum des Stillens erneut zu bewerten."

Bundesinnenminister Baum (1978-82) faßte seine Erfahrungen dahin zusammen, daß „trotz aller Anstrengungen des Staates und der Wirtschaft", die im sozial-liberalen Jahrzehnt insgesamt 120 Milliarden Mark in Umweltschutzmaßnahmen investiert haben, die Schädigung der „unentbehrlichen Naturgrundlagen" weitergehe. Trotz aller Anstrengungen weitergehe! – Die Summe klingt beeindruckend und als bewege sie sich an der Grenze des Möglichen. Dem Sachverständigenrat lag für die Jahre 1970-1974 ein Wert von rund 67 Milliarden Mark oder 1,5% des Bruttosozialprodukts vor. Er urteilte: „Auch im internationalen Bereich gehört die Bundesrepublik Deutschland mit diesen Quoten nicht zu den am stärksten mit Umweltschutzausgaben belasteten Ländern." – Tatsächlich würden diese Aufwendungen nur ausreichen, um etwa ein Zehntel der jährlichen Schäden zu reparieren; denn das Umweltbundesamt hat die jährlichen Umweltschäden in der (alten) Bundesrepublik Mitte der 80er Jahre auf über hundert Milliarden Mark geschätzt (andere Schätzungen liegen noch höher). Da die Aufwendungen der Wirtschaft für den Umweltschutz aber kaum zur Reparatur von Schäden ausgegeben wurden, sondern überwiegend in Neuinvestitionen fließen (die allesamt unzureichend sind, weil der Zustand der Natur sich immer noch verschlechtert), bleiben für die Beseitigung der Schäden nur Kleinbeträge. *Wir können also davon ausgehen, daß zur Vermeidung und zur Reparatur von Umweltschäden noch nicht einmal das Notwendigste geschieht.*

Zwischen zerstörter oder beschädigter Natur und nachgeholter Reparatur bleibt eine gewaltige Lücke; mit jedem Jahr wird sie wie eine geöffnete Schere weiter. Also auch die eingesetzten Finanzmittel weisen in die bereits bekannte Richtung: Trotz großer Anstrengungen befindet sich die Umweltqualität in der Bundesrepublik in einem deutlichen Abwärtstrend. Diese Feststellung gilt auch für die 80er Jahre.

Für ein umweltarmes Land mit einer der dichtesten Besiedlungen aller Staaten sind dies keine optimalen Zukunftsaussichten. Mit einer derart strukturierten Politik wird die künftige Unbewohnbarkeit (wegen verseuchter Böden, vergifteten Grundwassers und schlechter Luft) geradezu angesteuert – dabei könnte man die befürchtete globale Klimakatastrophe sogar unbeachtet lassen.

Für den SPIEGEL ergab sich als Bewertung, daß die sozial-liberalen Umweltpolitiker zwar nicht zuwenig getan, wohl aber zuviel falsch gemacht haben und manches Richtige nur halbherzig[117].

M.E. muß die Erklärung für die mäßigen Ergebnisse der Umweltpolitik daran ansetzen, daß ein zu kleiner Teil der Sozial-Liberalen und zu wenige Länderregierungen die Entwicklung der Umweltprobleme richtig eingeschätzt haben; dies ist eine entscheidende Ursache, daß viele der erforderlichen Maßnahmen nicht durchsetzbar waren. So ist z.B. bis heute die Anwendung des Verursacherprinzips bestenfalls in Ansätzen verwirklicht worden, obwohl dieses Prinzip seit 1971 als ein unverzichtbarer Grundgedanke des Umweltrechts gilt. Das gleiche ist für das Vorsorgeprinzip festzustellen, das staatliches und gesellschaftliches Handeln verlangt, um Umweltschäden gar nicht erst entstehen zu lassen. Es war schon in den 70er Jahren klar, daß jede nachträgliche Reparatur teurer ist als eine vorbeugende Vermeidung[32]; dennoch wurde das Vorsorgeprinzip nicht ernsthaft angewendet. Im Ergebnis übte die sozial-liberale Bundesregierung unter dem Druck von Wirtschaftsverbänden, Gewerkschaften, Wählern, Parlamentsopposition der Union, schwachem Wirtschaftswachstum und vermehrter Arbeitslosigkeit Nachsicht mit allen Umweltverschmutzern, vor allem mit den großen.

*

Eine andere Richtung der Überlegungen betrifft das *Instrumentarium*, also die Frage, mit welchen Mitteln die Umweltpolitik ihre Ziele zu erreichen suchte. Sie bedient sich bis heute fast ausschließlich des Ordnungsrechts. Es gibt inzwischen viel Kritik an dieser juristischen Instrumentierung der Umweltpolitik. Einseitigkeit und Lücken werden beklagt: das Ordnungsrecht ist Anweisungs- und Verbotsrecht, gibt aber keine Anreize, aus Eigeninteresse den Umweltschutz zu fördern. – Einzelheiten unten Abschnitte 25, 26.

Der gesamte Ansatz der *Umweltpolitik war zu wenig ökologisch angelegt*; er war nicht genügend auf den inneren Zusammenhang zwischen Naturhaushalt und den menschlichen Einwirkungen ausgerichtet (oben Abschnitt 2). Der Sachverständigenrat hat in seinem Gutachten 1978 in diesem Mangel einen *Konstruktionsfehler der Umweltpolitik* gesehen[118]. Und weil dieser Mangel bis 1987 immer noch nicht aktiv angegangen war, hat er diesem Thema im Gutachten von 1987 ein eigenes Kapitel gewidmet (S. 38 ff., 54 ff.).

Die sozial-liberale Bundesregierung[119] urteilte 1980: „Das im vergangenen Jahrzehnt geschaffene Instrumentarium von Gesetzen, Rechtsverordnungen und allgemeinen Verwaltungsvorschriften hat sich bewährt. Es bildet eine gute Grundlage für eine noch stärker ökologisch ausgerichtete Umweltpolitik der achtziger Jahre.“ Diese Feststellung ist nicht von Grund auf falsch, aber sie nimmt zu Unrecht in Anspruch, bereits ökologisch angelegte Politik zu betreiben. Der Sachverständigenrat[120] urteilte 1978 sehr viel zurückhaltender, es sei ein „breiter gesetzlicher Sockel für den Umweltschutz“ geschaffen worden, der „in Teilbereichen auch bereits zu Stabilisierungserfolgen geführt hat“.

Sogar dieses zurückhaltende Urteil muß noch durch zwei Vorbehalte relativiert werden: Die Umweltgesetze der 70er Jahre mußten zunächst einmal Versäumnisse der vorangegangenen Jahrzehnte ausgleichen; *sie stabilisierten die Umwelt also nicht auf einem akzeptablen Niveau,* sondern verhinderten in Teilbereichen weitere Verschlechterungen – deshalb spricht der Sachverständigenrat ganz richtig von Stabilisierungserfolgen in Teilbereichen. Weiterhin muß beachtet werden, daß *manche Versäumnisse der 60er und 70er Jahre erst in den 80ern bewußt wurden,* so daß manche damalige positive Beurteilung heute korrigiert werden muß. Als Standardbeispiel mag das umkämpfte und viel gelobte Benzin-Bleigesetz dienen: Die Erfolge bei der Luftreinhaltung durch dieses Gesetz erscheinen inzwischen sehr viel unbedeutender als damals. Zwar konnte der Bleigehalt der Luft in Ballungsgebieten um mehr als 50% gesenkt werden. Nur: davon bekamen wir in den Städten keine saubere Luft, denn andere Schadstoffe stiegen mit dem wachsenden Kraftstoffverbrauch an, etwa Stickoxide und Kohlenmonoxid. Das war allen Insidern lange bekannt, aber erst nachdem im Herbst 1982 das Umweltbundesamt vor der zunehmenden Schadstoffbelastung warnte, kam wieder eine Diskussion in Gang, die dann Mitte der 80er Jahre die Katalysator-Kampagne und Steuerbegünstigungen für entsprechend ausgerüstete Fahrzeuge auslöste. – *Eine umfassend konzipierte Umweltpolitik hätte alle Schadstoffe ins Auge fassen müssen, die US-amerikanische Abgaspolitik beachten und über Verkehrspolitik insgesamt nachdenken müssen.*

Die *Umweltverträglichkeitsprüfung* (unten S. 87) hätte in vielen Bereichen ein geeignetes Instrument zum Einstieg in eine ganzheitliche Betrachtung und umfassend angelegte Reaktionen sein können.

In diesen Kritikbereich gehört auch die *Klage über die Orientierung an den einzelnen Umweltmedien.* Im Verlauf der siebziger Jahre zeigte sich immer deutlicher, daß eine auf einzelne Umweltmedien – Boden, Wasser und Luft – bezogene Politik Konflikte nur begrenzt lösen kann. Da wurde zwar eine Vielzahl von Regelungen für einzelne Bereiche getroffen und die Verwendung einzelner Stoffe, etwa DDT, Herbizide u.a., eingeschränkt. Ganzheitliche Betrachtungen und kumulierende Belastungen aber blieben ausgeklammert.

Eine Abkehr vom „medialen Prinzip" brachte das *Chemikaliengesetz* vom Herbst 1980 (seit Anfang 1982 in Kraft). Es soll über die Regelungen spezieller Gesetze hinaus (Pflanzenschutz-, Düngemittel-, Arzneimittel-, Atomgesetz usw.) Schutz (Vorsorgemaßnahmen) vor den komplexen Einwirkungen gefährlicher Stoffe ermöglichen (insbes. vor mittelbaren und langfristigen Wirkungen, etwa bei Akkumulation in Nahrungsketten). Das Gesetz stellt seiner ganzen Konstruktion nach ein Novum in der bundesrepublikanischen Umweltschutzgesetzgebung dar[121] und blieb ein Einzelfall. Es erlangte nur in abgemilderter Fassung Gesetzeskraft (oben S. 54).

Für die 70er Jahre sind in außerordentlichem Umfang *Vollzugsdefizite* zu beklagen. Sie gehen aber in erster Linie zu Lasten der Bundesländer und nicht der Bundesregierung.

19. Bürgerproteste: Bürgerinitiativen[122], Umweltverbände[61], alternative Parteien[123]

Aus verschiedenen Gründen entstanden in den 70er Jahren Bürgerinitiativen, die die politische Kultur der Bundesrepublik nachhaltig veränderten: Vielerorts waren Bürger unzufrieden mit den Entscheidungen der Stadt- oder Landesobrigkeit (oft die Verkehrspolitik betreffend), und gegen sie wollte man mehr Demokratie wagen mit einem größeren Maß an Bürgerbeteiligung. Die Gefährdungen durch Kernkraftwerke wurden allmählich bewußt und gaben dem Protest Breitenwirkung und Schubkraft. Die zahlreichen Umweltbelastungen und undurchsichtigen Risiken wurden zunehmend bewußt und die Reaktionen der Landes- oder Bundesorgane erschienen als offenkundig halbherzig, abwiegelnd, vertagend, unzureichend, unangemessen.

Dazu kam eine seit dem Ende der 70er Jahre wachsende Unzufriedenheit mit der gesamten Politik der sozial-liberalen Koalition. Unerfüllte Erwartungen mancher Bürger, aber auch etliche nicht eingelöste Absichtserklärungen der Parteien (z.B. zur Besteuerung von Bodenspekulationsgewinnen) waren die Hauptursachen. Ein Anlaß besonderer Unzufriedenheit wurde die Umweltpolitik; in kaum einem Politikbereich war die Diskrepanz zwischen perspektivischen Absichten (Umweltprogramm 1971 mit Vorsorge-, Verursacher-, Kooperationsprinzip) und einer realisierten Politik, die immer bescheidener wurde, so groß wie hier. Während bis zum Ende der 60er Jahre Fragen des Natur- und Gesundheitsschutzes allenfalls in stillen Zirkeln von Naturschutz- und Heimatvereinen erörtert wurden, vollzog sich während der 70er Jahre mit dem Entstehen der Umweltverbände eine deutliche Politisierung. Die Träger dieser Bewegungen stammten aus der Studentenprotestbewegung, aber auch aus SPD und FDP; es waren politisch aktive Kreise der Bevölkerung, die die Idee einer Demokratisierung der Gesellschaft verwirklichen wollten[124]. Unterstützt wurden sie insbesondere durch junge Wähler[125], was alle „Bundestagsparteien" zunehmend beunruhigte. Grün-Alternative Parteien erzielten 1978 in Niedersachen 3,9%, in Hamburg 4,5% der Stimmen. Ein Jahr später kamen sie in Bremen, 1980 in Baden-Württemberg, 1981 in Berlin, 1982 in Niedersachsen, Hamburg und Hessen in die Landesparlamente. 1980 wurden Die Grünen als Bundespartei gegründet; 1983 und 1987 wurden sie in den Bundestag gewählt.[126]

War die Umweltpolitik der Bundesregierung dem Umweltbewußtsein aller Bürger in der ersten Hälfte der 70er Jahre vorausgeeilt, so hinkte sie in der zweiten Hälfte der 70er Jahre hinter einem kleinen, aktiven Teil der Bürger nur noch her. Sozial-liberale Umweltpolitiker hatten diese Gruppen anfangs als Verbündete und nicht als Konkurrenten gesehen, ähnlich den Wahlkampfinitiativen zugunsten einer Partei. Die ersten Bürgerinitiativen für sauberes Wasser und saubere Luft hatte Innenstaatssekretär Hartkopf erfreut als „Multiplikatoren" der Bonner Umweltpläne begrüßt und unterstützt. Er sah eine unabgesprochene Arbeitsteilung: die Bürgerinitiativen griffen Umweltprobleme punktuell auf, während die Bundesregierung sie mehr programmatisch und lösungsorientiert aufarbeitete[127]. Damit wurde das Leistungsvermögen der Regierung natürlich maßlos übertrieben. Es zeigte sich auch bald, daß die vermeindlichen Verbündeten von den Aktivitäten der Sozial-Liberalen einen so verheerend miserablen Eindruck hatten, daß sie nur noch als deren Konkurrenten auftreten konnten. 1982 war die Stimmung bei der Mehrheit der SPD gegenüber den „grünen Chaoten" äußerst gereizt; Holger Börners Dachlatten-Äußerung gehört in diese Zeit[128].

Der 1972 gegründete Bundesverband Bürgerinitiativen Umweltschutz (BBU) organisierte 1977 bereits 950 Gruppen mit rund 300.000 Einzelmitgliedern. Der Verlust von Wählern wurde für die „Bundestagsparteien" zum Problem und zwang sie eine nach der anderen, sich zu „grünen Themen" zu bekennen, neue eigene Initiativen zum Umweltschutz zu beschließen oder solche wenigstens zur Ausschmückung in die Parteiprogramme aufzunehmen.

Während die Bundesregierung sich rühmte, „das beste Umweltrecht der Welt" geschaffen zu haben, beurteilten die Grünen die Regierung naturgemäß strenger: Zwar hätten die Sozial-Liberalen ungleich mehr als ihre Vorgänger geleistet, aber immer noch zu wenig. Die Umweltprobleme seien schneller gewachsen als die Bonner Lösungen. Schuld daran seien vor allem zwei grundlegende Mängel: die Bundesregierung habe keine geschlossene Konzeption der Umweltpolitik verwirklicht, und der von ihr geschaffene Wust von Wasser-, Wald- und Waschmittelgesetzen, von Rechtsverordnungen gegen Luftschadstoffe und gegen dies und gegen das sei in nachgeordneten Behörden, in den Ländern, den Landkreisen und den Gemeinden aus verschiedenen Gründen nicht vollzogen worden.

Unter dem Konkurrenzdruck grüner Gruppen und der Erwartung umweltorientierter parteiinterner Kreise formulierte die SPD-Kommission für Umweltfragen Anfang 1981: „Waren die siebziger Jahre im Ökologiebereich das Jahrzehnt des Aufspürens ökologischer Versäumnisse und des Versuchs, mit dem Verursacherprinzip die Hauptproblembereiche der Umweltverschmutzung einzudämmen, so müssen die achtziger Jahre das Jahrzehnt werden, in dem Ökologiefragen in die Kreisläufe unserer wirtschaftlichen Entwicklung von vornherein miteingebaut werden. Vorsorge statt Nachbehandlung im Ökologiebereich heißt seit langem die Herausforderung." – Nur am Rande sei angemerkt, daß wir davon auch heute noch weit entfernt sind; keine Bundes- und keine Landesregierung hat die Herausforderung angenommen. Vorsorge statt Nachbehandlung wird die Umweltpolitik vermutlich erst im nächsten Jahrzehnt ernsthaft versuchen.

Die von der SPD-Kommission aufgestellte Forderung erscheint auf den ersten Blick als weitgehende Übereinstimmung mit den Grünen (wenn man einmal davon absieht, daß große Teile der SPD bis 1989 nicht hinter der Forderung standen); tatsächlich gibt es aber von damals bis heute gravierende Unterschiede zu Einschätzungen der SPD: Die Grünen gehen in ihren Anforderungen an eine effektive Umweltpolitik von einem sehr streng verstandenen Vorsorgeprinzip aus: Um Gefahren und Schäden für Mensch und Natur gar nicht erst entstehen zu lassen, müsse nach den Dingen im Hintergrund gefragt werden: Wie können unsere gewachsenen gesellschaftlichen und verfassungsrechtlichen Strukturen in Einklang mit ökologischen Erfordernissen gebracht werden? Wie kann man die Wirtschaftswissenschaften veranlassen, die ökologischen Fragen in ihr Lehrgebäude einzubauen? Wie kann man Parteien und Politiker empfindsamer für die Belange des Umweltschutzes machen? Wie kann das Engagement von einzelnen Bürgern und Gruppen gefördert statt abgewürgt werden? Wie können die Durchsetzungschancen der Umweltschutzverwaltungen verbessert werden? – Aus diesen Überlegungen entsteht die Erkenntnis, daß man nicht gegen einzelne, isolierte Bedrohungen anzukämpfen habe; vielmehr müsse man, „weil die ganze Produktionsmaschinerie auf Verschmutzung, Verschwendung, Zerstörung angelegt ist“, eine Diskussion darüber beginnen, zu welchen Konsum- und Produktionsniveaus sich unsere Gesellschaft für die Zukunft entschließen wolle. Jo Leinen, damals Vorsitzender der BBU, später Umweltminister im Saarland, formulierte: „Ein wichtiger qualitativer Sprung war deshalb der Übergang von dem Symptome bekämpfenden Umweltschutz zur politischen Ökologiebewegung, die auch die gesellschaftlichen Zusammenhänge und die Ursachen der Umweltzerstörung diskutiert. Dieses Selbstverständnis der Ökologiebewegung hat es erlaubt, den Widerstand gegen ein einzelnes Kraftwerk in die Forderung nach einer alternativen Energiepolitik umzusetzen. Die Ablehnung einer Autobahn mündete in die Entwicklung eines menschenfreundlichen Verkehrskonzepts und der Protest gegen Abfalldeponien in die Vorstellung einer Recyclingwirtschaft.“[129] – Zu diesem letzten Punkt würden Grün-Alternative heute (ebenso wie CDU und SPD in ihren Parteiprogrammen) zuerst die Abfallvermeidung und erst danach, schon halb als Notlösung, das Recycling verlangen.

In seinen programmatischen Aussagen sucht der BBU, einen Weg zwischen grundlegender Kritik am „Industrialismus“ und einer verantwortlichen Politik zum Erhalt der Lebensverhältnisse der gegenwärtigen und der künftigen Generationen. Er will den Angriff der Gegenwart auf die Zukunft (Alexander Kluge) beenden. Zur Wahl stehe „entweder Wachstum bis zur Katastrophe oder Umkehr vor dem Abgrund durch Schaffung einer Gleichgewichtswirtschaft“. „Umweltzerstörung, wirtschaftliche Ungleichheit, soziale Ungerechtigkeit und wachsende Abhängigkeit des einzelnen von unerkannten und unbeherrschten gesellschaftlichen Mächten“ seien Grundstrukturen des Industrialismus; deshalb würden die Kräfte, die den Industrialismus tragen, gegen den Umweltschutz argumentieren mit der Gefährdung des Wirtschaftswachstums, des technisch industriellen Fortschritts, der Arbeitsplatzsicherheit und der Wettbewerbsfähigkeit auf dem Weltmarkt. Die Argumentation gehe aber an den Problemen vorbei und verschleiere sie. Zu fordern sei vielmehr eine grundlegende weltweite Veränderung der politischen und wirtschaftlichen Strukturen sowie der persönlichen Verhaltensweisen, zuerst übrigens in den Industriestaaten – eine Forderung, die 1992 auf dem Umweltgipfel in Rio Mehrheitsmeinung der versammelten Staats- und Regierungschefs war. Notwendig ist nach Ansicht des BBU, umweltgerecht, einfacher, solidarisch und gesprächsbereit zu leben. „Überparteilichkeit, Gewaltlosigkeit, demokratische und dezentrale Organisationsstruktur“ seien als Form der neuen Umweltpolitik anzustreben.

Im Laufe der Jahre haben BBU, BUND und andere Organisationen eine Fülle von Gedanken zu vielen Umweltthemen formuliert. Eine Bewertung in wenigen Zeilen kann all diesen Bemühungen selbstverständlich nicht gerecht werden. Aber tendentiell scheint mir, daß viele programmatische Überlegungen in der Bundesrepublik nur beschränkt umsetzbar sind und damit zu vieles im „Leerformelbereich“ (Wey) bleibt. In Teilen scheinen sie mir auch apolitisch, weil sie in schlechter deutscher Tradition nicht von der Streitkultur einer pluralistischen Gesellschaft ausgehen, sondern von einem Konsensmodell nach dem Motto: Was erforderlich ist, werden alle Menschen guten Willens sehen und tun. Gerade das kann nicht erwartet werden. Typisch für viele künftige Umweltentscheidungen dürfte vielmehr das folgende Problemmuster sein: Wer darf/kann künftig noch mit dem eigenen Pkw fahren, und wer muß den Bus nehmen? Das läßt sich nicht überparteilich entscheiden. Sozial ausgewogene Beschlüsse werden gefragt sein, wenn wir eines vielleicht nicht mehr fernen Tages wichtige und bisher selbstverständliche Leistungen unter Notbewirtschaftungsrecht stellen müssen.

4. Teil: Die 80er Jahre bis zur Gegenwart[130]

20. Die Umweltkrise ist stärker – Übersicht

Die Umweltpolitik hat sich m.E. vom Beginn der 80er Jahre bis zum Beginn der 90er Jahre ohne Zäsur kontinuierlich entwickelt. Für eine deutlich härtere Gangart gibt es in der Bundesrepublik trotz ausgeprägtem Umweltbewußtsein weder Parlaments- noch Bevölkerungsmehrheiten.

Seit dem Beginn der 80er Jahre zeigte sich in immer neuen Beispielen, daß die Umweltkrise stärker ist als Wirtschaftsargumente. Viele Ereignisse, der SPIEGEL sprach im Rückblick 1983 (Nr 52/1983, S. 55 ff.) von den „neuartigen Schadbildern" in der Natur, förderten intensiv (wenn auch nur vorübergehend) das Umweltbewußtsein: Waldsterben; Entdeckung eines nur vermuteten (und von Industrieseite lange bestrittenen) Ozonabbaues in der oberen Atmosphäre insbesondere durch FCKW's („Ozonloch" in der Antarktis)[131]; Chemieunfälle und Giftmüllschiebereien etwa im Zusammenhang mit Dioxin[132]; Giftstoffe im Alltag (Asbest, Holzschutzmittel usw.); der Zustand unserer Lebensmittel (Anreicherung mit Nitrat, Schwermetallen usw.; Hormonskandale, Salmonellenvergiftungen, britische Rinderseuche u.v.a.); Tschernobyl; die wachsenden Probleme der Bundesrepublik mit dem (Grund- und Trink-) Wasser[133]; die Verseuchung der Nordsee durch Giftmüll[134] (die noch stärker belastete Ostsee löste weniger Schlagzeilen, weniger Besorgnis und weniger Aktivitäten aus); andere regionale Unfälle von Sandoz/Basel bis zur Ölpest an Alaskas Küste.

Und gegen Ende der 80er Jahre hören wir von der weitgehenden Einigkeit der Klimaforscher, daß wir durch Luftschadstoffe (sog. Treibhausgase) eine Erwärmung der Erde ausgelöst haben, die vielleicht nicht mehr beherrschbar ist: Durch die Verbrennung fossiler Energieträger (Öl, Kohle, Gas) setzen wir Jahr für Jahr Milliarden Tonnen Kohlenstoff frei, der als Kohlendioxid (CO_2) die Rückstrahlung von Wärmeenergie in den Weltraum behindert und insoweit wie ein globales Treibhaus wirkt. Wir müssen befürchten, daß die Erde sich dadurch in ein neues thermisches und biologisches Gleichgewicht einpendeln wird, dessen Auswirkung für den Menschen und die Säugetiere nur als Klimakatastrophe beschrieben werden kann[135]. Darüber besteht unter Naturwissenschaftler kaum noch Streit. Kontrovers diskutiert werden nur noch der Zeitrahmen (denn es ist gänzlich unklar, wann Klimaänderungen sich spürbar auswirken werden), der konkrete Ablauf (denn niemand weiß oder kann vorherberechnen, wie ein neues Weltklima beschaffen sein wird). Und kontrovers diskutiert werden auch die regionalen Auswirkungen; hier geht es um die Frage, ob es außer Verlierern auch Gewinner im Klimaroulette gibt; einige Staaten scheinen sich nämlich klammheimlich auch Vorteile von den Veränderungen zu versprechen – es muß befürchtet werden, daß dies irrige Hoffnungen sind.

Vor allem die Nachrichten über das Waldsterben[136] lösten 1981 in der Bundesrepublik ein Jahr lang tiefe Betroffenheit aus und ließen nur wenige Jahre nach der Ölkrise vom Herbst 1973 erneut eine Ahnung aufkommen, daß die Zukunft anders werden könnte, als man gemeinhin dachte.

1987 urteilte der Sachverständigenrat über Kritik und Problembewußtsein zusammenfassend[137]: „Die Sorge um den Zustand und die Zukunft der natürlichen Umwelt ist in der Bevölkerung der Bundesrepublik Deutschland weit verbreitet; die Einschätzung ist heute sogar noch pessimistischer, als sie im Umweltgutachten des Rates von 1978 dargestellt war. Im Gegensatz zu diesem weitgehenden Konsens über die Bedeutung der Umweltprobleme gehen in der Bevölkerung die Auffassungen über mögliche Bewältigungsstrategien und die Fähigkeiten der gesellschaftlichen Akteure zur Lösung von Umweltproblemen deutlich auseinander. *Politik, Wirtschaft und Wissenschaft werden hinsichtlich ihrer Problemlösungskompetenz zunehmend skeptisch betrachtet.*“

Unter dem Einfluß all dieser Meldungen und Stimmungen rückte die Umweltpolitik bei allen politischen Parteien und den meisten gesellschaftlichen Gruppen wieder in eine hohe Priorität, verbunden mit der Einsicht, daß die bisherigen Anstrengungen wohl unzureichend waren.

Mit diesem neuerlichen Prioritätenwechsel ging seit dem Beginn der 80er Jahre eine Neubewertung des Arbeitsplatzargumentes einher. Daß Umweltschutz Arbeitsplätze vernichte oder ein Wachstumshemmnis bedeute, wird immer seltener vertreten, und dies trotz weiter steigender Arbeitslosenzahlen in der ersten Hälfte der 80er Jahre. Die Politik hat sich der strengen Auffassung des Sachverständigenrates im Umweltgutachten 1987 (S. 90) bisher nicht angeschlossen, wonach „Umweltpolitik und Beschäftigungspolitik verschiedenen Politikbereichen angehören; sie sind an unterschiedlichen Zielen orientiert und folgen jeweils eigenen Kriterien. Weder bedarf die Umweltpolitik einer beschäftigungspolitischen noch umgekehrt die Beschäftigungspolitik einer umweltpolitischen Begründung.“ Allerdings neigt auch die Wirtschaftspolitik inzwischen zu den Ansicht, daß nur umweltschonende Technologien und umweltfreundliche Produkte (z.B. energiesparende) sich auf dem (Welt-) Markt behaupten und sich Wachstums- und Beschäftigungseffekte nur bei verstärkten Umweltschutzinvestitionen ergeben werden[138]. Vor allem Japan dient als Argument, daß eine verschärfte Umweltpolitik das Wirtschaftswachstum nicht bremst, sondern nach einer Investitions- und Modernisierungsphase zusätzliche Wachstumsimpulse liefert[139].

Diese Neueinschätzungen veranlaßten Bund und Länder zu diversen Förderprogrammen (etwa durch Abschreibungsanreize oder Zuschüsse[69]) mit dem Ziel, durch Innovationen und Investitionen Beschäftigungs- und Wachstumseffekte sowie einen Innovationsvorsprung der deutschen Wirtschaft zu erzielen. – Als grundsätzlicher Einwand gegen Umweltmaßnahmen ist allerdings das Argument geblieben, die Wettbewerbsfähigkeit der deutschen Wirtschaft unter allen Umständen zu erhalten. Bundeswirtschaftsminister Möllemann verweigert mit diesem Argument z.B. die von Umweltminister Töpfer gewünschte CO_2-Abgabe. Möllemann verlangt eine EG-weite Regelung, und die läßt auf sich warten.

Auch bisher als unantastbar geltende Prinzien wurden aufgegeben oder mindestens aufgeweicht. Noch in den 70er Jahren konnten Unternehmen sich auf die Eigentumsgarantie des Grundgesetzes berufen, um zu verhindern, daß genehmigte Industrieanlagen nachträglich auf moderne Standards nachgerüstet werden mußten. Dieser Bestandsschutz für umweltbelastende Altanlagen wurde z.B. durch die 2. Novelle des BImSchG vom Oktober 1985 oder für den wichtigen Bereich der Kraftwerke mit der Großfeuerungsanlagen-Verordnung von 1983 aufgeweicht. Daß erteilte Genehmigungen nun nur noch verminderte Bestandskraft haben und verschärft werden können, bedeutet eine wichtige Weiterentwicklung umweltrechtlicher Regelungsstrukturen.

Auch über neue umweltpolitische Instrumente ist weiter und gelegentlich ohne ideologische oder parteipolitische Scheuklappen nachgedacht worden. Dies hat 1989 z.B. bei der CDU zu Parteitagsbeschlüssen geführt, die aus Programmen der „Grünen“ abgeschrieben sein könnten; dazu wurden von Umweltminister Töpfer (CDU) seit dem Beginn der 90er Jahre Einzelmaßnahmen realisiert, die bei der Union noch wenige Jahre zuvor sogar als Denkmodelle tabu waren (Zwangspfand auf Einwegflaschen, Rücknahmepflicht für Verpackungen usw.). *Alle im Bundestag vertretenen Parteien bekennen sich inzwischen in ihren Programmen zu intensiver Umweltpolitik und legen größten Wert darauf, vom Wähler bei dieser Zukunftsaufgabe für kompetent gehalten zu werden.* Grüne, SPD, CDU, CSU, FDP (in dieser zeitlichen Reihenfolge) haben sich *für den Umbau unserer Wirtschaft in eine öko-soziale Marktwirtschaft ausgesprochen,* ebenso wie in den neuen Bundesländern Bündnis 90 und die PDS. Einschränkend muß allerdings festgestellt werden, daß ein grundlegender Wandel der Regelungsstrukturen sich trotz progressiver Programmaussagen bisher nicht ergeben hat.

Mit dem Bundesministerium für Umwelt ist auf Bundesebene 1986 ein spezielles Umweltschutzressort eingerichtet worden, das die bisher zerstreuten Umweltschutzkompetenzen weitgehend zusammenfaßt. Es wird nach einem fruchtlosen Intermezzo durch Walter Wallmann von dem Umweltexperten Klaus Töpfer[140] geleitet, der zwar bisher die Umweltpolitik nicht revolutionierte, aber recht beharrlich und geschickt die (immer noch engen) realen Handlungsmöglichkeiten nutzt, die ihm andere Ministerien, Wirtschaftinteressen und die internationale Politik lassen.

21. Skizze des Problemumfanges und neues Umweltprogramm der sozial-liberalen Bundesregierung

Am 1. September 1982, wenige Wochen vor dem Regierungswechsel, faßte die Bundesregierung gegen anfängliche Widerstände von Bundeskanzler Schmidt und Wirtschaftsminister Graf Lambsdorff zur künftigen Umweltpolitik neue Beschlüsse[141], die teilweise weit über das bis dahin geltende Umweltprogramm von 1971 und seine Fortschreibung 1976 hinausgingen. Über einzelne Bereiche wurde beschlossen:

Zur Luftreinhaltung: Die Luftreinhaltepolitik entwickelte sich seit Ende der 70er Jahre zum zentralen Thema; es zeichnete sich immer deutlicher ab, daß es die Luftschadstoffe sind, die mehr als alle anderen Probleme in den nächsten Jahrzehnten über die Zukunft unserer Welt entscheiden. Seit dem Beginn der 70er Jahre (schon auf der Stockholmer UN-Konferenz 1972) war den Fachleuten bewußt, daß Fortschritte nur mit gesamteuropäischen und weltweiten Bemühungen zu erreichen sind. Deshalb beschloß die Bundesregierung am 1. September 1982, bei den internationalen Gremien (EG, OECD usw.) initiativ zu werden mit dem Ziel, mindestens die deutschen Emissionsgrenzwerte und Produktstandards zur Richtschnur internationaler Umweltpolitik zu machen.

Exkurs:
Warum ist die internationale Umweltpolitik so erfolglos?

1. Hintergedanke solcher Initiativen ist immer wieder der Versuch, gleiche Wettbewerbsbedingungen zu schaffen. Das klingt so überzeugend, daß man meint, niemand könne sich diesem Anliegen verschließen. Tatsächlich versperrt man sich aber mit solch einer Einschätzung den Blick für die Probleme auf der internationalen Ebene: Die Bundesrepublik macht Vorschläge, die aus ihrer Interessenlage erforderlich sind; sie hat z.B. (!) eine der größten Chemieproduktionen der Welt und demzufolge auch entsprechende Mengen an giftigen Abfallstoffen. Leben ist in der Bundesrepublik nur möglich, wenn diese Abfälle nicht in die Luft, das Wasser, die Erde gelangen; eine aufwendige Entsorgung erhöht aber die Produktionkosten im Vergleich zu ausländischen Konkurrenten; folglich schlägt die Bundesregierung vor, die Umwelt nicht nur bei uns, sondern überall zu schützen und dazu die Produktionsbedingungen überall zu vereinheitlichen. Dabei weiß die Regierung natürlich, daß eine (umfassende) Vereinheitlichung nicht realisierbar und im übrigen auch nicht ernsthaft beabsichtigt ist. Denn eine wirkliche Gleichheit im Wettbewerb gibt es nicht. In Südostasien sind die Löhne niedrig, bei uns hoch; eine Angleichung wird durch die Regie-

rungen nicht angestrebt – damit müssen wir und die Asiaten fertig werden. Es gibt Länder mit großen Flächen und wenig Menschen; in der Bundesrepublik ist das umgekehrt – damit müssen wir fertig werden. Und falls der Industrieriese Bundesrepublik eines Tages seine kleine Produktionsfläche verseucht hat, wird das niemanden außer uns interessieren. Dann wird woanders investiert – falls die Klimaveränderungen solche Überlegungen nicht vollständig überflüssig machen. Eine Vereinheitlichung der Produktionsbedingungen wird grundsätzlich nicht angestrebt; die Bundesrepublik ist mit ihrem Vorsprung im wesentlichen sehr zufrieden. Die Chemieproduktion (z.B.) ist in der Bundesrepublik aus einer Vielzahl von Produktionsbedingungen umfangreicher als im Ausland (gutes Management, kundige Wissenschaftler, sorgfältige Produktion, moderne Technik, günstiger Standort, Ruf des „Made in Germany" u.v.a.); und dabei soll es ja auch nach bleiben. Nur bei der Umwelt, da hat die Bundesrepublik Probleme. Deshalb werden den Ausländern Umweltgesetze empfohlen, die die Umweltkosten vereinheitlichen. Anders formuliert: die Bundesrepublik verfügt über eine Vielzahl von Standortvorteilen, und die sollen natürlich nicht eingeebnet werden (können vielleicht auch nicht); die Bundesrepublik hat nur einen Mangel, der jetzt nach einem Jahrhundert intensiver Industrialisierung zum Tragen kommt: sie ist umweltarm, und diesen Nachteil muß sie durch gleiche Umweltschutzvorschriften im Ausland ausgleichen.

Wie wird das Ausland auf den Vorschlag einer Vereinheitlichung von Umweltnormen reagieren? Man wird darauf verweisen, daß man im ganzen Land nur zwei kleine Fabriken habe, deren Abfälle von den heimischen Flüssen gut verkraftet werden; daß man zunächst an das Wohlergehen der eigenen Industrie, ihr Wachstum und die Arbeitsplätze denken müsse; daß man noch keine schwerwiegenden Umweltprobleme habe (außer vielleicht in einigen Regionen, aber dafür würden sich Lösungen schon finden), tatsächlich habe man ganz andere Sorgen. Aber die Deutschen seien genau auf dem richtigen Weg, wenn sie ihre eigenen gewaltigen Produktionen etwas sauberer gestalten wollen.

Nach diesem Argumentationsmuster lehnten die EG-Staaten Bemühungen der Bundesregierung Mitte der 80er Jahre ab, strengere Grenzwerte für *Großfeuerungsanlagen* zu erlassen. In der Bundesrepublik muß die Energiewirtschaft bestimmte Kohlemengen abnehmen, um (als indirekte Subvention) Arbeitsplätze im Bergbau zu erhalten. Die strengen deutschen Emissionsbegrenzungen dienen dem Schutz der Lebensgrundlagen in der Bundesrepublik, sie verteuern aber angesichts zahlreicher Kohlekraftwerke die deutschen Energiekosten. Eine Verteuerung auch im Ausland wäre gut für die Umwelt und für die deutsche Wirtschaft. Den deutschen Bemühungen wurde entgegengehalten, daß die Bundesrepublik als größter Emittent den anderen Staaten ruhig mit strengeren Vorschriften vorangehen solle.

2. Die geschilderten Konstellationen und Überlegungen spiegeln selbstverständlich nur ein vereinfachtes Modell von Strukturen der internationalen Umweltpolitik. Es läuft aber in zahllosen Fällen erfolgreich gegen den Umweltschutz. Ein anderes, reales Beispiel zeigt die gleiche Struktur der Schwierigkeiten internationaler Umweltpolitik: Unter dem Titel „Algenpest durch Umweltschutz?" berichtete DER SPIEGEL (Nr 25/1991, S. 214): *An der ausgedehnten Algenpest, die Hollands Badeküsten derzeit mit einem Schaumteppich verklebt, ist nach Ansicht niederländischer Experten vom Institut für Fischereiforschung (Rivo) vor allem „das Umweltbewußtsein der Deutschen" verantwortlich: Weil Deutschlands Hausfrauen fast nur noch phosphatfreie Waschmittel verwenden, ist laut Rivo-Ermittlungen das künstliche Nitrat-Phosphat-Gleichgewicht in den Küstengewässern gestört; der dabei entstandene Nitratüberschuß habe das Algenwachstum mächtig beschleunigt und zu empfindlichen Verlusten bei Fischen, Muscheln und Krabben geführt. Am liebsten wäre es den Holländern, wenn die Deutschen ihre Anti-Phosphat-Kampagnen einstellen würden. Der Gegenvorschlag, statt dessen die Nitratschwemme einzudämmen, stößt in den Niederlanden auf wenig Gegenliebe, obwohl dort Ökokritiker fordern, die Güllestrőme (und damit Nitrate) erzeugende Massentierhaltung drastisch einzuschränken. Der niederländische Regierungschef Ruud Lubbers erklärte seinen Viehbestand jedoch für sakrosankt: „Die Deutschen produzieren ja auch schrankenlos Autos, obwohl sie wissen, daß die umweltschädlich sind."*
3. Als Schulbeispiel für die Schwierigkeiten, aber auch für das teilweise Gelingen internationaler Politik können die Bemühungen um die Reinhaltung der Nordsee gelten. In den 80er Jahren stieg in den Anrainerstaaten die Besorgnis über die Schadstoffbelastungen durch Abfallverbrennungen, Dünnsäureverklappungen, durch das Fluten der Öltanks zum Zwecke der Reinigung, durch die Nitrat- und Schwermetallfrachten der Flüsse, die in die Nordsee münden usw. Würde sich nur ein Staat im Alleingang zu einschränkenden Maßnahmen entschließen, dann würde er eigene Wirtschaftszweige behindern; ausländische Unternehmen könnten die Giftladungen aus dem betreffenden Land übernehmen und auf ihren Schiffen in der Nordsee beseitigen. Für die Verbesserung der Gewässerqualität wäre nicht viel gewonnen. Die Bundesrepublik hatte, obwohl einer der Großverschmutzer, angesichts des üblichen nationalen Egoismus auch noch zu bedenken, daß ihre Küstenlinie relativ kurz ist und die Vorteile einer sauberen Nordsee für sie nur gering sind. In den anderen Staaten wurden ganz ähnliche Überlegungen angestellt. Unter solchen Bedingungen konnten viele Jahre lang keine Maßnahmen erwartet werden, so lange bis die Mehrzahl der Anrainerstaaten überzeugt war, daß Anstrengungen zum Schutz der Nordsee wirklich erforderlich sind, bezahlt werden können, sich lohnen und wirksam sein werden. Auf dieser Grundlage ist es dann gelungen, die

Verschmutzung der Nordsee gegen Ende der 80er Jahre entscheidend zu verringern.
Für die wesentlich stärker belastete Ostsee kann – als Gegenbeispiel – von solchen Erfolgen nicht berichtet werden. Hier sind einige Anrainerstaaten weder finanziell noch technisch zu entlastenden Maßnahmen in der Lage. Dabei hat sich die Situation in der Ostsee dadurch dramatisch verschlechtert, daß die am Ende des Zweiten Weltkrieges von den Alliierten in der Ostsee versenkten deutschen Giftgasgranaten inzwischen verrottet sind und immer häufiger ihren hochgiftigen Inhalt in die See entlassen.

*

Für ihre künftige Umweltpolitik im Bereich der Luftreinhaltung beschloß die Bundesregierung am 1. September 1982 weiterhin, Emissionsminderungen auch im Alleingang durchzusetzen, um ein Beispiel zu geben und andere Länder zur Nachahmung anzuregen. – Die TA Luft sollte mit strengeren Grenzwerten novelliert werden und eine Sanierungsklausel soll stark belasteten Gebieten geringere Immissionen bringen. – Die oben bereits erwähnte und von der neuen Bundesregierung 1983 realisierte Großfeuerungsanlagen-Verordnung wird angekündigt, ebenfalls mit strengen Emissionsgrenzwerten für die wichtigsten Schadstoffe (Schwefeldioxid, Stickstoffoxide, Staub) und mit einer Modernisierungsverpflichtung entsprechend dem jeweiligen Stand der Technik.

Wasser: Der Gewässerschutz soll verbessert werden, vor allem zur Sicherung des Trinkwassers[133]. Der Schutz der Nordsee[134] vor Verschmutzung wird als dringend bezeichnet; so sollen alle Anstrengungen unternommen werden, um die Dünnsäure-Verklappung aus der deutschen Titanoxidproduktion zu beenden (gelingt durch Recyclinganlagen bis 1989); die Verbrennungen auf See sollen reduziert werden (die Hälfte der verbrannten Abfälle stammt bis zum Ende der 80er Jahre aus der Bundesrepublik, es sind insbesondere halogenhaltige Lösemittel mit hochgiftigen Verbrennungsrückständen). Die Bundesregierung setzt sich für eine internationale Nordseekonferenz ein, die alle Anrainer auf eine Schadstoffsenkung festlegen soll.

Naturschutz: Der Naturschutz soll intensiviert und die Landwirtschaftspolitik umweltfreundlicher gestaltet werden. Die sog. Landwirtschaftsklauseln sollen im BNatSchG gestrichen werden; es soll also Schluß gemacht werden mit der gesetzlichen Fiktion, „ordnungsgemäße Land- und Forstwirtschaft" diene dem Umweltschutz und stelle keinen Eingriff in die Natur dar (siehe oben S. 53).

Chemikalien: Die Prüfung von sogenannten alten Stoffen auf ihre Umweltverträglichkeit soll verstärkt werden. Die Vorschriften über Lebensmittel sollen ergänzt werden hinsichtlich zulässiger Höchstmengen von Stoffen, die die Lebensmittel belasten dürfen.

Im übrigen unterstützt die Bundesregierung die Entwicklung von Strategien zum *Schutz vor globalen Umweltproblemen* und will ein Programm zur *Klimaforschung* finanzieren. Der Bundesforschungsminister soll mit besonderem Nachdruck Techniken fördern, die energie-, ressourcen- und umweltschonend sind.

Die neuen Beschlüsse legten durchweg strengere Ziele fest mit einer eindeutigen Priorität für Maßnahmen zur Luftreinhaltung. Das Programm, dem immer noch kein Gesamtkonzept zugrunde lag, wurde in seinen wesentlichen Teilen nach dem Regierungswechsel vom Herbst 1982 von der konservativ-liberalen Regierung übernommen und realisiert, weshalb m.E. die 80er und beginnenden 90er Jahre als Einheit beurteilt werden sollten.

22. Die Umweltpolitik der Regierung Kohl/Genscher

Der neuen Bonner Regierung gingen düstere Öko-Signale voraus. Es bestand ein kaum zu überbietender Kontrast zwischen Ansichten führender Unionspolitiker und dem Umweltprogramm der Sozial-Liberalen von 1971. Allein die Ernennungen von Friedrich Zimmermann zum Innenminister (nach Genscher, Maihofer, Baum) und Carl-Dieter Spranger zum Parlamentarischen Staatssekretär schienen Gewähr für eine Reduzierung auf das „Notwendige" zu bedeuten[142]; denn von Zimmermann und Spranger hatte man zuvor kaum eine positive Äußerung zur Umweltpolitik gehört. Dem Bundesverband Bürgerinitiativen Umweltschutz (BBU) und dem Bund für Umwelt und Naturschutz Deutschland (BUND) erschien der Tag des Regierungswechsels als „Schwarzer Freitag der Umweltpolitik". Hatte man der bisherigen Umweltpolitik schwerwiegende Defizite vorgeworfen, so schien vielen nun die Ära der ganz großen Versäumnisse erst noch bevorzustehen (Pötzl). Die neue Bundesregierung schien auch alle Erwartungen erfüllen zu wollen, denn sie kündigte sogleich die Ausweitung des Atomprogramms und des Straßenbaus an sowie den Weiterbau des umstrittenen Rhein-Main-Donau-Kanals; das Projekt war wegen seines landschaftszerstörenden Charakters und wegen zahlloser Widerstände von den Sozial-Liberalen nur noch halbherzig betrieben worden. Der alte und neue Landwirtschaftsminister Josef Ertl (FDP) erklärte, mit der angekündigten, den Umweltschutz verschärfenden Novellierung des Naturschutzgesetzes (einschließlich der Revision der Landwirtschaftsklauseln) sei vorerst nicht zu rechnen; tatsächlich sind diese Klauseln auch bis heute unverändert in Kraft.

Trotz alledem kam es zu keiner Zäsur in der Umweltpolitik. Am 14. Oktober, zwei Wochen nach dem Regierungswechsel, formulierte Zimmermann zur allgemeinen Überraschung das später geflügelte Wort: „Umweltschutz ist neben der Vermeidung kriegerischer Konflikte die wichtigste Aufgabe der

Menschheit in den nächsten Jahren."[143] Drei Wochen nach dem Regierungswechsel bekannte Zimmermann sich in einem SPIEGEL-Gespräch zur Kontinuität in der bisherigen Umweltpolitik und fügte hinzu: „Wer glaubt, Umweltpolitik werde zurückgedreht, der irrt. Umweltpolitik ist kein überflüssiges Investitionshemmnis, das jetzt zur Disposition stünde." Er teile die Ansicht seines Vorgängers, daß Umweltschutz Arbeitsplätze schaffe und nicht vernichte[144].

Diesen überraschenden Bekenntnissen folgten relativ einschneidende Maßnahmen: So wurden vom Bundesinnenminister beispielsweise der Kraftfahrzeugindustrie erheblich verschärfte Luftreinhalteanforderungen angekündigt[145] und die bis dahin heftig umstrittene Großfeuerungsanlagen-Verordnung, mit der sich die sozial-liberale Bundesregierung fünf Jahre gegen Widerstände aus den Ministerien, der Energiewirtschaft und aus unionsregierten Ländern abgemüht hatte, wurde am 1.7.1983 in Kraft gesetzt. Zimmermann vergaß sein dummes Gerede von gestern – so möchte man sagen – und erklärte, daß die Schadstoffemissionen der Kraftwerke wegen der Waldschäden deutlich gesenkt werden müßten, und zwar auch dann, wenn die Ursachen dieser Schäden wissenschaftlich noch nicht eindeutig erwiesen seien (!); dies war bis dahin der erfolgreichste und immer wieder vorgebrachte Einwand gegen Initiativen aus dem (sozial-) liberalen Innenministerium[146].

So kam es dazu, daß die Umweltbeschlüsse der sozial-liberalen Regierung vom 1. September 1982 sowie bereits ausgearbeitete Entwürfe strengerer Umweltgesetze und Verordnungen vom neuen Innenminister weitgehend realisiert wurden. Ob Zimmermann, ein Politiker mit extrem konservativer Reputation (Weidner), der sich allerdings selber als „bayrischer Liberaler" beschrieb[147], aus plötzlicher Einsicht in die Probleme der Umwelt für den Umweltschutz engagierte oder weil er schneller als Strauß[148], Spranger u.a. erkannte, wie populär und wählerwirksam Maßnahmen zugunsten der Umwelt sind, wird sich nicht objektiv klären lassen; ich neige zur zweiten Variante. Eine schwerwiegende Einschränkung der positiven Beurteilung ergibt sich daraus, daß *alle Maßnahmen in erster Linie der Eingrenzung bereits eingetretener Schäden dienten,* also einer reaktiven Umweltpolitik entsprachen und keiner präventiven, die aber als Realisierung des Vorsorgeprinzips dringend geboten ist.

So übernahm eine konservative Regierung, die unter dem Schlagwort der „Wende bisheriger Fehlentwicklungen in der Bundespolitik" angetreten war, zur allgemeinen Überraschung ein, am politischen Spektrum gemessen, progressives Umweltprogramm, verschärfte sogar geplante Maßnahmen und realisierte einzelne Vorhaben schneller, als von der alten Regierung geplant. Die Maßnahmen verbesserten bald einige Umweltdaten und führten zu Kostenbelastungen der Wirtschaft, insbesondere im Energiebereich.

Es war geradezu ein Trend der 80er Jahre, daß SPD, Union und FDP gegen ihre eigenen eingefahrenen Ansichten dem Umweltschutz hinterherlaufen mußten. Besonders deutlich zeigte sich dies bei der Union, deren Spitzenpolitiker oft genug markige Worte gegen einen übertriebenen Umweltschutz sprachen, während Parteikollegen bereits das Gegenteil vorbereiteten. Ein Teil der heutigen Parteienverdrossenheit dürfte hier seine Ursache haben.[149]

Noch ein anderer Aspekt ist bemerkenswert: Die Umweltmaßnahmen der neuen Bundesregierung sind auch deshalb überraschend, weil die Regierung angetreten war, auf allen Politikfeldern marktwirtschaftliche Elemente einzuführen und „Dirigismus“ abzubauen; in der Umweltpolitik hat sie jedoch bis zum Ende der 80er Jahre eine fast ausschließlich regulative Politik mit den Mitteln des Ordungsrechts (Auflagen, Verbote, Grenzwerte u.ä.) betrieben. Marktwirtschaftliche Instrumente wurden etwa bei der steuerlichen Förderung von Fahrzeugen mit Katalysator und verschiedenen Mineralölsteuersätzen auf verbleites und unverbleites Benzin eingesetzt – allerdings viel zu spät[150]. Die positiven Wirkungen dieser Instrumente haben die Bundesregierung leider nicht zur Nachahmung in anderen Bereichen veranlaßt. Auch die Anregungen aus der umfassenden Diskussion 1989/90 hat sie bisher im wesentlichen nicht aufgegriffen, nicht einmal die Parteitagsbeschlüsse der CDU vom Herbst 1989.

Die hier ebenso anerkennend wie mit Überraschung hervorgehobene „Kontinuität statt Wende“ wird von manchen Politikwissenschaftlern ohne Überraschung registriert. Sie sehen darin allgemeine Ergebnisse politikwissenschaftlicher Forschungen bestätigt, daß parteipolitische Faktoren von eher geringer Bedeutung für umweltpolitische Leistungen sind (These: Parties don't matter). Politikwissenschaftliche Untersuchungen zeigen generell, daß parteipolitische Änderungen in der Regierungszusammensetzung in stark dezentralisierten oder föderalistischen Staaten die Inhalte staatlicher Steuerung kaum ändern.[151]

23. Einzelne Umweltthemen in den 80er Jahren

a. Luftreinhaltepolitik: In wichtigen Bereichen der Luftreinhaltepolitik hat die Regierung Kohl/Genscher durch Initiativen im Bereich internationaler Politik, in der EG und mit ihrer nationalen Umweltpolitik eine „Vorreiterrolle“ gespielt.

Die Luftreinhaltepolitik hat mit präzisen, meßbaren Zielen und zeitlich gestuften Vollzugsprogrammen zu beachtlichen Schadstoffminderungen geführt und außerdem zum Einsatz höherwertiger Technik: In der Bundesrepublik sind europaweit die meisten Rauchgasentschwefelungs- und Entstickungsanlagen in Betrieb, der Verbrauch bleifreien Benzins überwiegt, und der Anteil von Personenkraftwagen mit geregeltem Drei-Wege-Katalysator ist in der Bundesrepublik im EG-Vergleich am höchsten. – Verfehlt war dagegen die allgemeine Förderung von Dieselfahrzeugen[152].

Bei der inländischen Luftreinhaltepolitik fand tatsächlich eine „Wende" in der Umweltpolitik statt, aber nicht in die von manchen erwartete und von anderen befürchtete Richtung. Der wesentliche Grund für die Verschärfung der Umweltschutzvorschriften muß in den aufschreckenden Meldungen zum Waldsterben und den anhaltenden Umweltkatastrophenmeldungen gesehen werden, die inzwischen monatlich für Schlagzeilen sorgen.

Ebenso aktiv wie in der nationalen war die Bundesregierung in der internationalen Politik[153], allerdings waren ihre Bemühungen hier weniger erfolgreich. Bis heute zeichnen sich keine Durchbrüche ab.

In den 70er Jahren hatte die Bundesrepublik noch zur Allianz der Länder gehört, die bei internationalen Verhandlungen zur Verminderung grenzüberschreitender Luftschadstofftransporte darauf drängten, Ziele abzuschwächen; denn von der Bundesrepublik wären die größten „Opfer" erwartet worden – eine Rolle, die bei den Klimakonferenzen seit dem Ende der 80er Jahre vor allem die USA spielen (sie sind z.B. der weltweit größte CO_2-Emittent und müßten ihre gesamte Energiepolitik, von der Produktion bis zu neuen Spartechnologien beim Verbrauch, grundlegend umgestalten). – So war es beispielsweise der Zusammenarbeit der Bundesrepublik mit Großbritannien zu danken, daß die Ziele des Genfer Übereinkommens über weiträumige grenzüberschreitende Luftverunreinigung vom November 1979 vage formuliert wurden; die Signatarstaaten verpflichteten sich nur dazu, bei Maßnahmen zur Emissionssenkung den Stand der Technik anzuwenden, sofern er wirtschaftlich vertretbar sei.

Im Gegensatz zu Großbritannien hat die Bundesrepublik große Waldgebiete, deren Existenz seit dem Beginn der 80er Jahre gefährdet erscheint, und so änderte die Bundesregierung etwa zu dieser Zeit ihre Haltung gegenüber internationalen Maßnahmen zur Eindämmung grenzüberschreitender Luftschadstoffe grundlegend. Mit ihrer neuen Orientierung überraschte Bonn die Stockholmer Konferenz im Juni 1982, die sich beispielsweise die Verminderung des sauren Regens zum Ziel gesetzt hatte. Die Bundesregierung unterstützte die Initiativen mehrerer Staaten, verbindliche Verpflichtungserklärungen für klare, überprüfbare Emissionsminderungen abzugeben. Diese Staaten bildeten den Kern des sog. 30-Prozent-Clubs, der die jährlichen Schwefeldioxid- (SO_2-) Gesamtemissionen oder deren grenzüberschreitende Ströme, gemessen an dem Wert von 1980, bis 1993 in der Regel um 30% senken will. Beim Schwefel fiel der Bundesregierung diese Vereinbarung vermutlich besonders leicht, weil die „Importe" in die Bundesrepublik größer sind als unsere „Exporte"[154]. – Bezüglich der Maßnahmen gegen Stickstoffoxide (NO_x) herrschte dagegen so wenig Einigkeit unter den Teilnehmerstaaten, daß dieser Bereich erst einmal ausgeklammert wurde. Die Bundesrepublik gehörte auch hier zu den wenigen Staaten, die auf strenge Emissionsbegrenzungen drängten.

In der Absicht, international koordinierte Maßnahmen gegen den sauren

Regen weiter voranzutreiben und hierbei auch osteuropäische Staaten einzubeziehen, organisierte die Bundesregierung im Juni 1984 in München eine Umweltkonferenz mit Teilnehmern aus 31 Staaten aus Ost und West sowie vier zwischenstaatlichen Umweltorganisationen. Die Konferenz trug dazu bei, daß im Juli 1985 im Rahmen der Genfer Luftreinhalte-Konvention 21 Staaten sich verpflichteten, ihre nationalen SO_2-Gesamtemissionen von 1980 bis spätestens 1993 um mindestens 30% zu senken. Einzelne dieser Staaten, auch die Bundesrepublik, verpflichteten sich zu noch größeren Minderungen (60% bis 1993). Nach dem augenblicklichen Stand ist allerdings zu befürchten, daß dieses Ziel für das Gebiet der alten Bundesrepublik nicht erreicht werden wird.

Zur Verringerung der Emissionen von Stickstoffoxiden (NO_x) wurde erst am 1.11.1988 im Rahmen des Genfer Luftreinhalteabkommens eine internationale Vereinbarung („NO_x-Protokoll") getroffen, die allerdings wesentlich schwächer ausfiel als die zu den SO_2-Emissionen. Von den Unterzeichnerstaaten wird im wesentlichen nur verlangt, bis zum Jahr 1994 die nationalen NO_x-Gesamtemissionen auf dem Stand von 1987 einzufrieren. Die Bundesregierung und weitere Staaten hatten eine Minderung bis 1998 um 30% angestrebt. Da dieser Vorschlag nicht konsensfähig war, gründeten zwölf europäische Länder, darunter die Bundesrepublik, eine eigene Initiative und unterzeichneten bereits am 31.10.1988 in Sofia eine gemeinsame Deklaration mit der Verpflichtung, ihre NO_x-Gesamtemissionen bis spätestens 1998 um 30% zu reduzieren, wobei das Bezugsjahr zwischen 1980 und 1986 liegen kann[155]. Die NO_x-Emissionen der Bundesrepublik betrugen im gewählten Bezugsjahr 1985 2,9 Mio Tonnen; sie hat sich also verpflichtet, bis spätestens 1998 900.000 Tonnen weniger zu emittieren[156]. Dieses Ziel kann wahrscheinlich nur durch drastische emissionssenkende Maßnahmen beim Pkw- und Lkw-Verkehr erreicht werden.

Auch auf der EG-Ebene versuchte die Bundesregierung, zur Luftreinhaltung Emissionen zu reduzieren. So trat sie etwa für die Senkung des Schwefelgehalts in leichtem Heizöl und Dieselkraftstoff und für das Verbot von bleihaltigem Normalbenzin ein. Ihr Versuch, die US-Abgasgrenzwerte für Personenkraftwagen auch als EG-Norm festzulegen, blieb allerdings erfolglos wegen der französichen, italienischen und britischen Ablehnung. Hier hat auch die ungeschickte Präsentation der Vorschläge erheblich zu dem Mißerfolg beigetragen; bei böswilliger Beurteilung könnte man sagen, Innenminister Zimmermann wollte die Ablehnung, weil die deutsche Autoindustrie die geforderten Grenzwerte nicht erreichte (z.B. war bei Ford noch 1987 kein 3-Wege-Kat erhältlich). Ein wichtiges Ablehnungsargument der anderen Staaten war die Bonner Weigerung, in der Bundesrepublik Höchstgeschwindigkeiten vorzuschreiben, wie sie in allen anderen EG-Staaten bestehen. An sich wäre ja nichts naheliegender, als daß ein kleinflächiges Land wie Westdeutschland, das ein dichtes Autobahnnetz besitzt und eins der meistbenutzten

Transitländer für den europäischen Verkehr ist, jede Möglichkeit zu Schadstoffminderungen wahrnimmt, also auch Tempolimits – wäre da nicht die Sorge, die deutschen Hochleistungs-Pkw würden international an Ansehen verlieren, wenn sie in einem Land gebaut würden, in dem man auch nur 130 fahren darf. Die deutsche Verweigerung der Tempolimits wurde auf ein Gutachten des TÜV Rheinland gestützt, in dem behauptet wurde, ein allgemeines Tempolimit bewirke keine signifikanten Emissionsrückgänge. Da das Gutachten methodisch zweifelhaft war, geriet die deutsche Position in den (nicht widerlegten) Verdacht, ausschließlich Interessen der eigenen Automobilindustrie zu schützen. Es ist heute unter Wissenschaftlern (fast) unstrittig, daß Tempolimits auf Autobahnen und Landstraßen die Schadstoffemissionen deutlich senken würden[157].

Zusammenfassend läßt sich sagen, daß die Luftreinhaltepolitik in Bewegung gekommen ist – erste Schritte auf einem langen Weg sind getan. – Im einzelnen gab es auch immer wieder Rückschritte; so wurden z.B. sehr großzügige Betriebsgenehmigungen für die Kohlekraftwerke Buschhaus und Ibbenbühren (oben S.50) erteilt. – Der Sachverständigenrat (Gutachten 1987, S. 25, 255) vermißt bisher ebenso wie Kritiker der Bundesregierung, daß für die privaten Haushalte, für Anlagen des Kleingewerbes und für den Verkehr keine vergleichbaren Aktivitäten vorliegen.

Ganz unbefriedigend sind alle Versuche seit dem Ende der 80er Jahre geblieben, auf internationalen Konferenzen und Kongressen die befürchtete *Klimakatastrophe* insbesondere durch einschneidende Korrekturen der bisherigen Energienutzung abzuwenden.

b. Auf den **übrigen Gebieten des Umweltschutzes** war die neue Regierungskoalition deutlich weniger aktiv[158], womit entsprechende Umweltqualitätsverluste oder geringere Qualitätsverbesserungen korrespondieren. Dieses pauschale Urteil kann hier nur knapp begründet werden; dabei werde ich mich vor allem auf das 670-Seiten-Gutachten (Din A 4, Spaltendruck) des Sachverständigenrates von 1987 beziehen.

Eine der Schwachstellen in der Umweltpolitik ist nach wie vor der **Bodenschutz**. Im Februar 1985 wurde zwar von der Bundesregierung eine umfassende „Bodenschutzkonzeption" beschlossen. Der Sachverständigenrat hält den konzeptionellen Ansatz für verfehlt und damit Teile der gesamten Politikrichtung für falsch, etwa in den Auswirkungen auf die Massentierhaltung, auf eine falsche Forstwirtschaft und bei der Verwendung der Böden für Überbauungen, Abgrabungen und Ablagerungen. Bodenbelastungen aller Art nehmen weiter zu, die Schadstoffeinfügungen als „schleichende" Belastungen ebenso wie der Bodenverbrauch.[159]

Die **Naturschutz- und Landschaftspflegepolitik** sind nach Ansicht des Sachverständigenrates (S. 21, 121 ff.), „durch einen immer noch größer werdenden Gegensatz zwischen den in § 1 Abs. 1 Bundesnaturschutzgesetz festgelegten allgemeinen Zielen und dem tatsächlichen ökologischen Zustand von Natur und Landschaft gekennzeichnet." Die bisherige Politik „bedarf einer grundsätzlichen Verstärkung und teilweisen Neuorientierung".

Zum **Gewässerschutz** formuliert der Rat (S. 25 f., 262 ff., Original ohne Hervorhebungen): „Nicht nur spektakuläre Unfälle, die zu Belastungen von Gewässern führen, sondern insbesondere die allgemeine Belastungssituation der deutschen Fließgewässer, Ästuarien, des Schelfes und der Wattengebiete erfordern nach Auffassung des Rates *umgehend eine stärker ökologisch orientierte Gewässerbeurteilung* und Definition der Gewässergüte, eine Verschärfung der Gewässerschutzziele und eine Verbesserung der Vermeidungsstrategien. – Die ungenügende Berücksichtigung der Tatsache, daß Gewässer Teilsysteme von Landschaften sind, ... führte dazu, daß Wasserschutzmaßnahmen überwiegend auf den eigentlichen Wasserkörper beschränkt wurden. Eine solche Einengung kann dazu führen, daß *ökologische Beeinträchtigungen systematisch übersehen werden.* ... Die heute geltenden Gewässerschutzziele können nicht allein durch technische Wasserreinigungsverfahren erreicht werden. Sie müssen durch planerische Strategien sowie durch Beschränkungen für Produktion und Verwendung gefährlicher Stoffe ergänzt werden." Die „derzeitigen Anforderungen für das Einleiten von Abwässern ... (sind) zu überarbeiten und zu verschärfen." – Würde die Politik das Vorsorgeprinzip ernst nehmen, müßte sie strengere Grenzwerte erlassen; würde sie das Verursacherprinzip verwirklichen wollen, könnte sie die Abwasserabgabe deutlich erhöhen. Denn es geht hier auch darum, die wirklichen Kosten einer Produktion zu erfassen, also externe Kosten in die betriebliche Kalkulation einzubeziehen, die Subventionierung von Produktionen durch die Allgemeinheit zu beenden und mit einem marktwirtschaftlichen Mittel Umweltbelastungen zu vermindern.

In Teilen der alten Bundesrepublik (an die neuen Länder darf man überhaupt nicht denken) wird **Trinkwasser** in einer bedenklichen Qualität angeboten. 1991 ist die Bundesrepublik zweimal vom Europäischen Gerichtshof der EG verurteilt worden, EG-Normen über die Trinkwasserqualität und dessen Kontrolle im Inland zu realisieren[160]. Das Zögern der Bundesrepublik hat einen praktischen Hintergrund: sind die EG-Maßstäbe bei uns anwendbar, dann muß eine große Zahl kommunaler Wasserwerke geschlossen werden. Man kann diesen Sachverhalt auch so formulieren: *Teile der alten Bundesrepublik sind bereits so verseucht, daß eins der wasserreichsten Länder der Welt nicht mehr überall Trinkwasser herstellen kann*[133] .

Mit großer Sorge beobachtet der Sachverständigenrat den Zustand unserer **Lebensmittel**. Eine der Ursachen des Problems liegt in der kumulierenden Konzentration von Schadstoffen bei Nahrungsketten; in ihnen summieren sich Schadstoffmengen, und am Ende dieser Anreicherungskette steht der Mensch. Der Informations- und Forschungsstand sei zwar unbefriedend, dies verschleiere aber nur das ganze Ausmaß der Risiken (so könnte man in einem Satz die fast fünfzig Seiten zum Thema zusammenfassen). Zu Risikogruppen gehören z.B. Personen mit besonderen Eßgewohnheiten, weil sie Schadstoffe eventuell konzentriert zu sich nehmen.

Bei folgenden Stoffen sieht der Rat z.B. „die Grenzen zumutbarer Belastungen erreicht oder überschritten: – Polychlorierte Dibenzodioxine und -furane (..), polychlorierte Biphenyle (...) und einige chlororganische Pestizide in der Frauenmilch. – Der Rat hält es aufgrund der bisherigen Erkenntnisse für erforderlich, die Vor- und Nachteile sowie den Zeitraum des Stillens erneut zu bewerten." „Blei und Cadmium. – ... Eine besondere Risikogruppe bezüglich des Bleigehalts im Trinkwasser stellen Kleinkinder dar..." „Nitrat. – Der Rat ... hält die Verwendung von Nitrit allein zum Zweck des Umrötens von Fleischerzeugnissen nicht länger für vertretbar. Er fordert, durch umweltschonenden Umgang mit Düngemitteln den Nitrateintrag in die Umwelt entscheidend zu senken." Beim Gemüse empfiehlt er zur Nitratsenkung „veränderte Sortenwahl sowie geeignete Anbau- und Düngetechniken."

Schwierigkeiten können sich auch aus der Art und Weise ergeben, in der wir Lebensmittel herstellen. Als Musterbeispiel kann die Durchseuchung der Hühnereier mit Salmonellen gelten. Durch die heutige Art der Massentierhaltung ist ein großer Teil der Legehennen mit Salmonellen infiziert, allerdings in einem für die Tiere selber unbeachtlichen Maß. Die Bekämpfung der Infektionen unterbleibt bisher aus Kostengründen. Hühnereier können dadurch von vornherein infiziert sein. Frische Eier enthalten nur so wenige Bakterien, daß ihr Genuß unbedenklich ist. In älteren Eiern sind die Salmonellen bereits so vermehrt, daß man diese Eier in rohem Zustand nicht mehr zu sich nehmen darf.[161]

Im **Lärm** hatte man in den 60er und beginnenden 70er Jahre eins der schwerwiegendsten Probleme gesehen. Die Lärmbelästigungen sind nicht geringer geworden, in der Prioritätenliste der Umweltpolitik stehen sie inzwischen aber fast am Ende. Der Rat verweist darauf (S. 28 f., 383 ff.), daß Lärm einen Risikofaktor für die Gesundheit vieler Menschen darstelle, etwa bei Herz-Kreislauf-Erkrankungen, und daß es Forschungsdefizite gebe, die aufgearbeitet werden müßten. Die Novellierung des Baugesetzbuches wird kritisiert, weil sie den Lärmschutz weiter verschlechtere.

Zur Sanierung der „**Altlasten**" ist bis zum Ende der 80er Jahre praktisch nichts geschehen, obwohl alle Fachleute z.B. davon ausgehen, daß hochgiftige Schadstoffe aus den wilden Müllkippen der 50er und 60er Jahre nun allmählich die Böden kontaminieren und ins Grundwasser gelangen, ein ernstes Problem auch in Ostdeutschland.

Gegen das kontinuierliche **Ansteigen des Mülls** ist in den 80er Jahren praktisch nichts unternommen worden[162]. Lange Zeit wurden beträchtliche Mengen in die Dritte Welt, in die DDR, Hausmüll nach Frankreich usw.

„exportiert“ oder auf der Nordsee verbrannt oder verklappt; die Politik konnte Entscheidungen vertagen, und vor allem Wirtschaftspolitiker konnten abgewiegeln. Zu Beginn des Jahres 1990 geriet die Müllproblematik in die Tagesnachrichten: Die DDR wollte nicht mehr die Müllkippe der Bundesrepublik sein, DDR-Bürger blockierten Zufahrtsstraßen zu den ungesicherten Deponien am Rande ihrer Gemeinden, auf denen westdeutsche Transportunternehmen auch Sondermüll abluden. Wir saßen unversehens gefangen in der Abfallklemme (Fritz Vorholz[163]), unserem Wohlstand drohte der Müllinfarkt; der Deutsche Städtetag forderte die Bundesregierung zu sofortigem Handeln auf. Die CDU beschloß auf ihrem Bundesparteitag im Herbst 1989[164]: „Die Dritte Welt und die Länder Osteuropas dürfen nicht als Abfalleimer der Wohlstandsgesellschaft der Industriestaaten mißbraucht werden. Ein Exportverbot in die Länder der Dritten Welt ist festzuschreiben.“

Nach den Feststellungen des Umweltbundesamtes[165] hat das Gesamtabfallaufkommen steigende Tendenz. Von 1980 bis 1984 stieg es um 10% (das entspricht der Entwicklung der vorangegangenen Jahre); es betrug 1984: 137,5 Millionen m^3. In Gewicht: 29 Millionen Tonnen Hausmüll und 197 Millionen Tonnen Industriemüll (einschließlich Krankenhäuser usw.). Wenn man das auf 20-Tonner-Lkw's verladen wollte, die jeweils 8 m lang sind... – 1984 fielen 2,8 Millionen Tonnen Sondermüll an, der aufgrund seiner Gefährlichkeit nachweispflichtig ist und in speziell eingerichteten Anlagen entsorgt werden muß. *Unsere auf Wachstum programmierte Wirtschaftsmaschinerie droht an dem zu ersticken, was sie früher produziert hat.* Nicht Rohstoffmangel ist der Engpaß für künftiges Wachstum, wie Meadows 1972 glaubte, sondern der Müllreichtum.

Theoretisch bekennt sich die Politik zur Prioritätenfolge: vermeiden, verwerten, beseitigen. Damit müßte endlich ernst gemacht werden, indem beispielsweise Mehrwegsysteme aktiv gefördert werden. Das Gegenteil geschieht aber. *Das im Aufbau befindliche Duale System unterläuft psychisch raffiniert die Bereitschaft der Bürger, die Unbequemlichkeit von Mehrwegsystemen wieder zu akzeptieren.* Umweltminister Töpfer hatte nach längeren Diskussionen in einer Verordnung den Handel verpflichtet, alles Verpackungsmaterial zurückzunehmen. Der Hintergedanke war, auf diese Weise Druck über die Händler auf Hersteller auszuüben, ihre Verpackungen zu reduzieren und wo möglich Mehrwegverpackungen einzusetzen. Tatsächlich unterläuft die Wirtschaft dieses Ziel nun, indem sie ein eigenes Beseitigungssystem für Verpackungen aufbaut. Sie holt alle vom Verbraucher vorsortierten Materialien ab, von denen Mindestquoten recycelt und wiederverwertet werden müssen. Der Aufbau dieses Systems wird sieben Milliarden DM kosten, der jährliche Betrieb zwei Milliarden, alles vom Verbraucher zu bezahlen. Das wäre noch akzeptabel. Es ist aber mit hoher Wahrscheinlichkeit vorhersagbar, daß dieses Recycling-System nicht im angekündigten Umfang funktionieren wird: Die Verpackungsmaterialien sind so verschieden, daß sie nicht miteinander verbunden werden können; zahlreiche vor allem Plastikmaterialien sind bisher nicht recycelbar; aus den tatsächlich recycelten Verpackungsabfällen lassen sich i.d.R. nur minderwertige neue Materialien herstellen, für die es bisher nicht genügend Interessenten gibt. Im Sommer 1992 landeten dann auch prompt größere Mengen, für die die Verbraucher die Recyclingkosten schon im Voraus bezahlt hatten, auf französischen Mülldeponien. Fritz Vorholz schrieb in der ZEIT[166]: *Verlogener geht es nicht: „Geregelt und gut organisiert" sei die Abfallentsorgung in Deutschland, ließ die Bonner Regierung selbstgefällig noch vor wenigen Monaten verlauten. ... Damit die Verpackungsproduktion auf Touren bleibt, steht nicht die Vermeidung, sondern die Verwertung ganz oben auf der Industrieagenda. Deshalb müssen die Deutschen zu einem Volk von Müllsortierern werden ... Es konnte nur die Ignoranten überraschen, daß seinen Lenkern das Duale System in der vergangenen Woche aus dem Ruder lief.*

Der Ansatz des Dualen Systems zum Recyceln ist nicht grundsätzlich falsch. Das Duale System suggeriert aber ein Optimum an Umweltfreundlichkeit, was nur durch Müllvermeidung und nicht durch Verwertung gegeben wäre, und führt den Verbraucher in die Irre. Wir müssen Müll vermeiden, um jeden Preis! Den großen Verpackungskonzernen mit ihren EG-weiten Milliardenumsätzen muß ein eindeutiges Nein entgegengesetzt werden. *Recyceln darf nur eine Notlösung für alle Abfälle sein, die gänzlich unvermeidlich sind.* So wie die Dinge heute geregelt sind, kann man davon ausgehen, daß die Abfallmengen weiter steigen, daß Rohstoffe und Energie nicht geschont werden, daß weitere Mehrwegsysteme abgebaut werden.[167]

Zur Entschärfung der Probleme hatten sich die Parteien in dem großen Diskussionsjahr 1989 mehrheitlich für eine **Deponieabgabe** auf Industriemüll ausgesprochen; diese Verteuerung sollte die Unternehmen zur Reduzierung ihrer Abfälle veranlassen (das entspricht der Idee des Ökosteuer-Konzeptes: umweltschädliches Verhalten verteuern, umweltfreundliches begünstigen). In einer Expertise des Bundeswirtschaftsministerium wurde die Abgabe 1989 befürwortet[168]; denn „Deponieraum wird zunehmend knapper, während gleichzeitig die erzeugte Menge an Abfall steigt. Zur Begrenzung der Abfälle ist eine Deponiesteuer denkbar. Sie könnte nach Menge und Gefährlichkeit erhoben werden. ... Es entsteht ein Anreiz zur Vermeidung von Abfällen." – Im Spätherbst 1991 ist innerhalb der Regierungskoalition erneut über eine Deponieabgabe diskutiert, aber nicht entschieden worden. Berlin, das als größte deutsche Industriestadt seine Industrieabfälle kaum noch beherrscht, will (seit einem Jahr, geschehen ist nichts) eine eigene Abgabe auf Sondermüll erheben, um die Industrie zur Müllvermeidung zu zwingen[169]. München und andere bayerische Städte hatten 1990/91 versucht, Getränkedosen und Milchtüten zu verbieten; Umweltminister Gauweiler (CSU) duldete den Vorstoß[170]. Auf Klagen betroffener Industriezweige wurden den Kommunen derartige Verbote untersagt mangels kommunaler Zuständigkeit: je nach Maßnahme handelt es sich um Landes- oder Bundeskompetenzen – die werden aber nicht ausgeübt. Detmold hatte schon 1990 eine kommunale Abgabe auf Dosen und Einwegflaschen erheben wollen; die Beschlüsse waren von der SPD-Landesregierung aufgehoben worden (trotz gegenteiliger Beschlüsse des SPD-Bundesparteitages 1989)[171]. Begründung der Landesregierung: Detmold fehle die Kompetenz für diese Abgabe. Selber hat die Landesregierung nichts unternommen. – Möglicherweise haben die Kommunen demnächst im zweiten Anlauf mehr Erfolg: Das Bundeskabinett hat am 27. August 1992 den Entwurf der Technischen Anleitung für Siedlungsabfälle beschlossen; sie tritt in Kraft, wenn der Bundesrat zustimmt. Darin werden die entsorgungspflichtigen Körperschaften zu Maßnahmen der Abfallvermeidung ermächtigt[172].

In diesen ratlos stimmenden Beispielen zeigt sich *das grundsätzliche Dilemma der Wirtschafts- und der Umweltpolitik*, die auch für die Zukunft die gewohnten Lebensumstände und unseren Wohlstand sichern sollen, falls dies möglich sein sollte. Es ist offenkundig, daß wir nicht (mehr lange) weiterwirtschaften können wie bisher. Aber das „Aus" für Arbeitsplätze in entsprechenden Branchen (z.B. der weitgehend automatisierten Verpackungsindustrie) mag niemand sprechen. *Wir stehen vor gewaltigen Umstrukturierungen unserer Wirtschaft, vielleicht vergleichbar mit dem Ausmaß zum Beginn der Industrialisierung – wir wissen das, aber niemand beginnt mit konkreten Umsetzungen:* Die Bürger zögern, weil sich ja vielleicht doch noch die gesamte Umweltproblematik ganz harmlos weiterentwickelt und weil im Alltag keine Krise zu spüren ist; die Parteien zögern, weil sie fürchten, daß der Bürger sie für strenge Umweltpolitik bei den nächsten Wahlen strafen wird; die Bundesregierung wartet aus den gleichen Gründen ab, hofft auf irgendein zwischenzeitiges Gutachten, das eine Krise mit guten Gründen verneint, und fordert internationale Lösungen, für die sie selber kein Konzept, sondern nur einen Zettelkasten voller ungeordneter Vorschläge hat. Die einzige Volkspartei, die mindestens zeitweise laut den Umbau unserer Wirtschaft fordert, die Bonner SPD-Opposition, ist dort, wo sie Bundesländer selber regiert, so inaktiv wie die Bundesregierung, und das aus den gleichen Gründen. *Bürger, Parteien, Regierungen – alle warten ab und genießen in bester epikureischer Tradition den Tag. Die Sintflut wird kommen, aber nicht sofort.*

*

Ein zentraler Mangel der Umweltpolitik ist ihre zu geringe ökologische Ausrichtung; die Politik denkt nicht in einem Systemganzen und achtet nicht genügend auf den inneren Zusammenhang zwischen Natur und menschlichen Umwelteinwirkungen. Eine Chance zu einem Einstieg in eine solche Politik hätte möglicherweise die **Umweltverträglichkeitsprüfung** geboten. Die sozial-liberale Bundesregierung hatte 1975 „Grundsätze über die Prüfung der Umweltverträglichkeit öffentlicher Maßnahmen des Bundes" beschlossen.

Bei öffentlichen Großprojekten wie geplanten Flughäfen, Fernstraßen, Kraftwerken oder Eisenbahnlinien sollten vorab alle für die Umwelt bedeutsamen Faktoren erfaßt und bewertet werden. Es sollte zur vorbeugenden Vermeidung von Schäden eine Querschnittsprüfung der ökologischen, wirtschaftlichen und sozialen Verträglichkeit durchgeführt werden. Es handelte sich um eine bloße behördeninterne Prüfungsanordnung, die keine praktische Bedeutung erlangte, weil weder die Bundesministerien noch die Bundesländer sie beachteten. Sie blieb unzeitgemäße Absichtserklärung der Regierung.

In den 80er Jahren nahm sich die EG dieses Prüfungsinstrumentes an. Innenminister Zimmermann gab sich öffentlich hocherfreut: In der 4. Auflage (1984) der Publikation des Bundesinnenministeriums „Was Sie schon immer über den Umweltschutz wissen wollten“, S. 21, wird die baldige Verabschiedung einer EG-Richtlinie „nachdrücklich“ angemahnt – als sei man in der Bundesrepublik gehindert, selber eine UVP einzuführen. Man darf vermuten, daß die Bundesregierung eher am Showeffekt als an der EG-Richtlinie Interesse hatte und auch von ihrem Scheitern wegen Desinteresses mehrerer EG-Staaten ausging. Die Richtlinie kam dann aber doch noch zustande und wurde im Juli 1985 veröffentlicht; sie verpflichtete die Mitgliedstaaten zur Umsetzung in innerstaatliches Recht bis zum Juli 1988. Der Gesetzentwurf (BT-Drucks. 11/3919) zu dieser „nachdrücklich“ angemahnten europäischen Aktivität wurde von der Bundesregierung erst im Juni 1988 beschlossen, also knapp vor Ablauf der dreijährigen Anpassungsfrist, und passierte das Parlament erst am 16. November 1989. Dieser zeitliche Ablauf und die Tatsache, daß das deutsche Umsetzungsgesetz im wesentlichen bei den Mindesterfordernissen der EG-Richtlinie stehen bleibt, beweisen das mangelnde Interesse der deutschen Politik. Umweltminister Töpfer, seit 1987 im Amt, zeigte sich ohne überzeugendes Durchsetzungsvermögen. Das Gesetz ist von vielen Experten als unzulänglich und vertane Chance kritisiert worden[173].

24. Reaktionen nach Tschernobyl; Umweltministerium

Von allen Umweltmeldungen der 80er Jahre war der Unfall von Tschernobyl im April 1986 das spektakulärste Ereignis; das schwerwiegendste dürfte allerdings die Entdeckung des Abbaus von Stratosphärenozon über der Antarktis gewesen sein (sog. Ozonloch). Der Sachverständigenrat hat den Unfall von Tschernobyl als im Rahmen der vorausberechneten Restrisiken beurteilt[174]. Der Unfall blieb sogar weit hinter dem Katastrophenszenario zurück, so der Rat auf S. 528, das er in seinem Sondergutachten „Energie und Umwelt, 1981“ für einen bundesrepublikanischen Unfall unter ungünstigen (Wetter- usw.) Bedingungen dargestellt hatte. „Trotzdem waren die Auswirkungen des Unfalles verheerend“. – Das ganze Ausmaß der Katastrophe ist bis heute öffentlich nicht bekannt[175]. In der Bundesrepublik werden gesundheitliche Langzeitschäden nicht erwartet, weil die hier niedergegangenen Partikel langfristig neben der natürlichen Radioaktivität keine Bedeutung haben.

Auf die Umweltpolitik in der Bundesrepublik hat sich der Unfall recht erheblich ausgewirkt: Zunächst verstärkte sich die schon große Unzufriedenheit über die Umweltpolitik der Bundesregierung; denn der Unfall hatte die Behörden „offensichtlich völlig unvorbereitet getroffen. Es gab eine Notfallschutzplanung für deutsche Kernkraftwerke, nicht aber für Unfälle im Ausland. Angesichts des sich einstellenden Wirrwarrs widersprüchlicher Aussagen und Kompetenzen war für den einzelnen Bürger nicht erkennbar, welche Instanz fachkundig war und ihm seriöse Ratschläge geben konnte“ (Sachverständigenrat S. 528). Die Kritik an der chaotischen Hilflosigkeit der Behörden und zuständigen Politiker ist einhellig in der Literatur. Vor allem Innenminister Zimmermann disqualifierte sich durch verharmlosende Äußerungen, die vermuten lassen, er habe den gesamten Vorgang nicht richtig verstanden[176]. – Der Unfall verstärkte die Forderung nach einem sofortigen oder baldigen Ausstieg aus der Kernernergie. – Der Bundeskanzler reagierte auf die intensive Kritik mit der Einrichtung eines neuen Bundesministeriums für Umwelt, Naturschutz und Reaktorsicherheit (BMU); das bot sich nicht nur als Flucht nach vorn gegenüber Kritikern an, sondern auch mit Blick auf die bevorstehende Bundestagswahl (25.1.1987) gegenüber den Wählern.

Die Einrichtung eines Umweltministeriums war schon lange diskutiert worden, wobei Sinn und Erfolgschancen verschieden beurteilt wurden[177]. Mit der Einrichtung eines Ministeriums allein ist nichts gewonnen; ein solches Ressort braucht die wesentlichen Kompetenzen und im Konfliktfall die Unterstützung des Kanzlers. Fehlt es daran, dann sind bei einer Schwerpunktkompetenz im Innenministerium bessere Erfolge zu erwarten.

Das Umweltministerium wurde für die folgenden Bereiche zuständig[178]: Wasserwirtschaft und Gewässerschutz, Abfallwirtschaft, Immissionsschutz (mit Luftreinhaltung und Lärmbekämpfung), gesundheitliche Belange des Umweltschutzes, Schutz vor Gefahrstoffen wie Chemikalien, Naturschutz und Landschaftspflege, Bodenschutz, Sicherheit kerntechnischer Anlagen sowie Strahlenschutz und Entsorgung. Einige weitere für eine umfassende, präventive Umweltpolitik wichtige Kompetenzen verblieben in den bisher zuständigen Ministerien. – Der gelegentlich geäußerte Vorschlag, dem Umweltminister ein Vetorecht gegenüber umweltrelevanten Entscheidungen der Bundesregierung einzuräumen[179], wurde nicht (und wird wohl auch nicht) aufgegriffen. Eine solch starke Position ist schwer in das Entscheidungsschema des Art. 65 Grundgesetz einzufügen.

Zugeordnet wurden dem BMU das Umweltbundesamt in Berlin, die Bundesforschungsanstalt für Naturschutz und Landschaftsökologie in Bonn sowie das 1989 gegründete Bundesamt für Strahlenschutz in Salzgitter als Bundesoberbehörden mit rund 800/125/440 Mitarbeitern (Stand 1991). Dazu kommen als unabhängige Beratungsgremien des Ministeriums der Rat von Sachverständigen für Umweltfragen (SRU), der Beirat für Naturschutz und Landschaftspflege, die Strahlenschutzkommission und die Reaktorsicherheitskommission – Gremien, die schon lange bestehen, aber so unauffällig im Hintergrund arbeiten, daß z.B. Studenten davon in der Regel noch nie gehört haben.

Mit der Bildung des Umweltministeriums wurde auch erstmals ein Umweltausschuß des Bundestages eingerichtet. Er kann den Stellenwert der Umweltpolitik fördern, weil sich Politiker aller Parteien künftig als umweltpolitische Experten profilieren können.

Zum ersten Umweltminister der Bundesrepublik wurde mit dem früheren Frankfurter Oberbürgermeister Walter Wallmann (CDU) kein im Umweltschutz ausgewiesener oder engagierter Politiker ernannt[180]. Sein Arbeitsschwerpunkt lag aus aktuellen Gründen zunächst im Bereich der Kernenergie, vorrangig beim Strahlenschutz. Ein Strahlenschutzvorsorgegesetz wurde erarbeitet und zum Jahresende 1986 in Kraft gesetzt. Das Gesetz ist von den Oppositionsparteien, von Wissenschaftlern und den Umweltschutzorganisationen kritisiert worden[181].

Auf andere 1986/87 auftretende Probleme reagierte Wallmann ungeschickt oder unsachgemäß: Etwa bei der Aufdeckung unkorrekter Genehmigungsverfahren zugunsten der Hanauer Brennelemente-Fabrik ALKEM; während des Brandunglücks bei der Firma Sandoz in Basel, als westdeutsche Chemieunternehmen sogleich die Chance nutzten, ihre Abfälle preiswert und fast unauffällig im Rhein zu entsorgen; der ahnungslos-hilflose Umgang mit radioaktiv kontaminiertem Molkepulver. In der öffentlichen Meinung galt Wallmann bald als personelle Fehlentscheidung des Bundeskanzlers.

Sein Nachfolger wurde im Mai 1987 der Ökonomieprofessor Klaus Töpfer, Umweltminister von Rheinland-Pfalz, 1978/79 ein Jahr lang Mitglied des Sachverständigenrates und als Umweltexperte anerkannt[182]. Töpfer hat in Reden bis in die jüngste Zeit immer wieder auf die Dramatik der Probleme und auf die Handlungsdefite der Politik aufmerksam gemacht, zugleich aber auch einen unerschütterlichen Optimismus zur Schau gestellt, daß alles sich doch noch positiv entwickeln werde – was mit seinen Ausführungen über das Maß an Schwierigkeiten nur schwer zusammenpaßt. Er versucht, den schmalen Pfad zu gehen, den ihm die Gegeninteressen lassen. Diese sind zahlreich und stark: In der Union steht die CSU gegen die meisten von Töpfer für erforderlich gehaltenen Maßnahmen. Gegeninteressen werden auch in Teilen der FDP vertreten; so hat etwa Wirtschaftsminister Möllemann Ende Oktober 1991 Töpfers Abgaben-, Energie- und andere Vorschläge schroff abgelehnt und das Argument aus der zweiten Hälfte der 70er Jahre wiederbelebt: Kein Umweltschutz gegen die Wirtschaft[183].

25. Kritik an der Verrechtlichung

Die Umweltpolitik etablierte sich seit 1970 schnell im Gewand des Umweltrechts. Für diese Verrechtlichung gibt es eine Reihe von Gründen: Die Ministerialbürokratie, die den politischen Willen zum Umweltschutz umsetzen mußte, besteht überwiegend aus Juristen, zu deren Alltagsarbeit es gehört, politische Entscheidungen in Rechtsnormen zu übersetzen, damit die öffentliche Verwaltung das vom Parlament Gewünschte ausführen kann. Umweltpolitik mußte also zwangsläufig zu Umweltrecht werden. Weiterhin war für die konkrete Entwicklung von Bedeutung, daß die Ministerialbürokratie bei der Ausarbeitung der entsprechenden Gesetze nichts völlig Neues zu konzipieren brauchte, sie konnte vielmehr auf eine große Zahl vorhandener Gesetze – insbesondere des Gewerbe-, des Gesundheits- und des Naturschutzrechts – zurückgreifen. Neue Zusammenhänge, andere Schwerpunkte waren erforderlich; die neuen Vorschriften mußten in einen „umweltpolitischen Bezugsrahmen" gestellt werden.

Weil die Politik keine anderen Vorgaben an die Ministerialbürokratie formulierte, entstand das riesige Normengeflecht des geltenden Umweltrechts: Vorschriften ganz überwiegend des Ordnungsrechts mit Geboten und Verboten, Auflagen und Vorbehaltsgenehmigungen. Ein spezielles auf den Umweltschutz zugeschnittenes Instrumentarium wurde von der Politik nicht in Auftrag gegeben und daher auch nicht entwickelt. An Umweltverträglichkeitsprüfungen, an Verbandsklage, an ökonomische Instrumente dachte niemand, und so wurden sie auch nicht geschaffen, obwohl solche Instrumente vereinzelt in anderen Ländern eingesetzt wurden, etwa in den USA, die für die umweltpolitische Insider-Diskussion in der Bundesrepublik zunächst eine wichtige Orientierungsfunktion hatten.

Besonders schwerwiegend und vielleicht auch überraschend dürfte der Mangel an ökonomischen Instrumenten sein; Instrumenten, die die Rahmenbedingungen des Marktes beeinflussen. Zu denken wäre an Verteuerungen mit (Öko-) Steuern und Abgaben, an Anreize mit steuerlichen Vorteilen, an die Begünstigung umweltfreundlicher Produkte, an Umweltlizenzen und ähnliches. Die Kölner Wirtschaftsordinarien Hansmeyer[184] und Schneider haben in einem Forschungsbericht für das Bundesumweltministerium die Bedeutungslosigkeit ökonomischen Gedankengutes für die deutsche Umweltpolitik damit erklärt, daß die Ökonomen zum Beginn der 70er Jahre und später keine Umweltkonzepte hatten, sie also den Politikern auch nicht anbieten konnten; da politischer Handlungsdruck aber zu instrumentellen Entscheidungen zwang, konnte nur die Rechtswissenschaft mit ihren ordnungsrechtlichen Instrumenten eingreifen. In all diesen Jahren beteiligten sich Wirtschaftwissenschaftler eher an internen Theoriediskussionen, die keinerlei Bezug zu den konkreten Anforderungen des Umweltschutzes gehabt hätten.

Daß ökonomische Instrumente bis heute nicht eingesetzt wurden, erklären

Hansmeyer und Schneider damit, daß bei zunehmendem Ausbau des Ordnungsrechts ökonomisch orientierte Vorschläge „von der juristisch-technisch dominierten Praxis geradezu tabuisiert" wurden. Mir scheint das aber nur die halbe Wahrheit zu sein. *Es ist nicht nur die „juristisch-technische Praxis", die neue Ansätze behindert; eine größere Verantwortung trägt eine intellektuell unbewegliche Gruppe maßgebender Politiker in Union, FDP und SPD.* Ich bin sicher, daß die Politik in den 70er Jahren ökonomische Instrumente auch dann nicht eingesetzt hätte, wenn sie ihr von den Wirtschaftswissenschaften überzeugend konzipiert worden wären. Die Querelen um die Abwasserabgabe sind hinreichender Beweis für die Richtigkeit dieser Annahme. Dazu muß man mit großem Erstaunen für die 80er und vor allem für die letzten drei Jahre feststellen, daß zwar alle an der Umweltdiskussion Beteiligten – Wissenschaftler, Politiker, Verbände – einen stärkeren Einsatz ökonomischer Instrumente verlangen, aber dennoch in dieser Hinsicht nichts geschieht. Es ist nicht die „juristisch-technische Praxis", die hier behindert, sondern die Politik will diese Instrumente gar nicht. Die konservativ-liberale Koalition verlangte zwar schon vor ihrem Amtsantritt 1982 mehr ökonomische Instrumente. Sie hat sich aber ihre eigene Forderung in zehn langen Jahren nicht erfüllt. *Es gibt nur wenige Politikbereiche, in denen Worte und Taten so eklatant auseinanderfallen wie bei der Umweltpolitik.*

Künftig müssen im Umweltschutz verstärkt ökonomische Instrumente zum Zuge kommen. Ob die Umweltpolitik diesen Weg aber mittelfristig konsequent gehen wird, ist heute nicht sicher vorherzusagen.

Das juristisch orientierte Instrumentarium gilt nach einhelliger Ansicht als zu einseitig und letztlich ungeeignet für einen dauerhaften Umweltschutz. Dafür lassen sich insbesondere drei Überlegungen anführen:

1. Ordnungsrechtliche Instrumente schaffen keine Anreize, nach neuen technischen Lösungen zu suchen. Als Beispiel mag die TA Luft dienen. In ihr definiert der Staat den Stand der Technik (z.B. die Art der Filteranlagen), und die Unternehmen haben diesen Stand anzuwenden. Das hört sich durchaus effektiv an, ist es aber nicht. Die Unternehmen, die sonst dynamisch zu neuen Investitionen drängen, werden zum Beharrungselement: Sie haben nicht das geringste Interesse, bloß wegen der Umwelt und ohne Vorteil für ihren Betrieb technischen Fortschritt zu fördern und Verfahren zu entwickeln. Denn wenn neue Verfahren technisch möglich sind, wird der Staat sie vorschreiben, und die Unternehmen müssen sie einsetzen; das kostet Geld und schmälert den Gewinn. Also werden die Unternehmen versuchen, einen erreichten Stand der Technik auf lange Zeiten festzuschreiben.

Diese kritische Einschätzung gegenüber dem Ordnungsrecht entspringt weder einer „Verschwörungstheorie" noch „linker Systemkritik", sondern darüber besteht ein breiter Konsens von den Grünen über den Bundesumweltminister[185] bis zum Bundesverband der Deutschen Industrie.

2. Das Ordnungsrecht ist meist auch der teuerste Weg, die Umwelt zu schützen. Wirtschaftswissenschaftler verweisen darauf, daß ordnungsrechtliche Instrumente in der Regel höhere Kosten verursachen, als wenn man versucht das gleiche Ziel mit marktwirtschaftlichen Mitteln zu erreichen. Modellrechnungen zeigen, daß marktwirtschaftliche Instrumente rund doppelt so effizient als Grenzwerte sind; muß ein Unternehmen hunderttausend Mark aufwenden, um einen Grenzwert zu erreichen, so könnte der gleiche Umweltschutz bei Anwendung marktwirtschaftlicher Mittel schon mit fünfzigtausend Mark erreicht werden.[186]

Der angestrebte Umweltschutz wird also bei Auflagen, Grenzwerten und den anderen ordnungsrechtlichen Instrumenten nicht mit dem geringstmöglichen Ressourceneinsatz und damit nicht mit minimalen gesamtwirtschaftlichen Kosten erzielt. Solche Erkenntnisse erzwingen geradezu, über neue Wege nachzudenken.

3. Ein weiterer Mangel des Ordnungsrechts liegt darin, daß es nicht alle Umweltbelastungen erfaßt.

Die Einführung weiterer Instrumente ist für die Zukunft der Umweltpolitik entscheidend. Ich möchte dies unterstreichen, indem ich einen überzeugten Marktwirtschaftler zitiere, Tyll Necker (aaO S. 434), den vorletzten und jetzt wieder amtierenden Präsidenten des BDI: „Bisher wurde Umweltschutz ... überwiegend mit staatlichen Auflagen, Vorschriften und Grenzwerten betrieben. Staatliches Ordnungsrecht hat in den letzten zwei Jahrzehnten erhebliche Erfolge erzielt. ... Für die Abwehr akuter Gefahren und eine umweltpolitische 'Grundsicherheit' bleibt staatliches Ordnungsrecht auch in Zukunft unverzichtbar. ... Eine administrative Befehlswirtschaft muß jedoch um so stärker an Grenzen stoßen, je differenzierter der Umweltschutz wird. Ein Übermaß von Gesetzen und Verordnungen führt zu Intransparenz, Vollzugsdefiziten und unvertretbar hohen Kosten. Für weitere Verbesserungen unserer Umweltqualität[187] müssen immer stärker das Eigeninteresse und die Eigeninitiative von Unternehmen und Bürgern eingespannt und der Erfindungsreichtum bei Produkten und Produktionsverfahren mobilisiert werden. Dies ist besonders wichtig, da es in Zukunft verstärkt darauf ankommt, Schadstoffe weniger am 'end of the pipe' auszufiltern, sondern ihren Anfall insgesamt zurückzudrängen."

26. Die steckengebliebene Wende von 1989/90[188]

Zum Ende der 80er Jahre ist das Umweltbewußtsein der Bevölkerung angesichts der sich tendentiell verschlechternden Daten intensiv ausgeprägt; zugleich ist ihr Vertrauen in die Problemlösungskapazität der zuständigen Institutionen auf einen vorläufigen Tiefpunkt gesunken[189]. Die schwierige Situation der Politik verschärft sich durch einen fast vollständigen Vertrauensverlust der naturwissenschaftlich-technischen Experten. Zu lange und zu oft haben interessengebundene Wissenschaftler der Öffentlichkeit eine nicht vorhandene Neutralität vorgegaukelt. Dazu hat sich auch noch der von ihnen in Anspruch genommene Sachverstand angesichts der Komplexität von Naturvorgängen als Illusion erwiesen.

Zur Vervollständigung des Bildes gehört, daß die Medien der Umweltdiskussion breiten Raum geben und durch eigene Aktivitäten manchen Skandal aufgedeckt haben – zurück bleibt häufig ein Bild ebenso hilf- wie ahnungsloser Politiker. Umweltverbände und Medien profitierten in den 80er Jahren häufig vom „Gegenwissen" umweltengagierter Fachleute und Forschungsinstitute. Darüber hinaus verfügen Greenpeace und andere Gruppen inzwischen über eigenes modernes Gerät, so daß sie Untersuchungsergebnisse auch dort liefern können, wo Behörden untätig bleiben. So hat Greenpeace bereits im Frühjahr 1990 mit einem eigenen Laborschiff auf Flüssen der DDR katastrophale Schadstoffeinleitungen nachgewiesen und mit dem 2. DDR-Fernsehen filmisch dokumentiert, lange bevor amtliche Stellen Erhebungen durchführten.

Der generelle Widerstand von Unternehmen und Gewerkschaften gegen Umweltschutzregelungen ist in den 80er Jahre versandet. Die Wachstums- und Beschäftigungseffekte einer umweltschutzorientierten Wirtschaftspolitik werden nicht mehr ernsthaft bestritten[190].

Vor diesem Hintergrund beschloß die SPD im Frühjahr 1989 unter dem maßgeblichen Einfluß ihres späteren Kanzlerkandidaten Oskar Lafontaine (Arbeitsgruppe Fortschritt '90), den Umweltschutz zum zentralen Thema des Bundestagswahlkampfes bis zur Wahl im Dezember 1990 zu machen. Die Partei verlangte eine Weiterentwicklung in zwei Richtungen: Das bestehende Ordnungsrecht sollte verschärft werden, und zu seiner Ergänzung sollten marktwirtschaftliche Instrumente in der Form von Steuern und Abgaben eingeführt werden, sog. Ökosteuern. „Ökosteuer" ist ein politisches Schlagwort, das der Präzisierung in geeigneten Anwendungsfällen bedarf; unter den Begriff fällt jede Verteuerung eines umweltschädlichen Verhaltens. Die SPD wollte vor allem den Energiebereich mit Steuern oder Abgaben (eine verfassungsrechtlich wichtige Unterscheidung) belegen und zum Ausgleich Einkommensteuervergünstigungen einführen, weil sie mit Ökosteuern keine zusätzlichen Staatseinnahmen erzielen wollte. – *Das Programm hätte bei Realisierung eine entscheidende Verbreiterung des umweltpolitischen Instrumentariums gebracht.* Die Grünen hatten ähnliche Beschlüsse bereits zum Beginn der 80er Jahre gefaßt.

Die öffentliche Aufmerksamkeit für das SPD-Programm war außerordentlich groß. Vor allem die CDU geriet unter Druck, diesem Vorstoß eine Alternative entgegenzusetzen. Alternative konnte dabei nur bedeuten, sich ebenfalls zu einem grundlegend neuen Umweltprogramm mit marktwirtschaftlichen Instrumenten zu bekennen, allenfalls mit anderen Schwerpunkt- und anderen Lösungsvarianten. Ein derartiges, in einigen Teilen fast revolutionäres Programm beschloß die CDU auf ihrem Bundesparteitag im Herbst 1989 in Bremen unter dem Motto „Die Schöpfung bewahren". Zahlreiche Tabus der CDU, die bisher wie abendländische Fundamentalprinzipien verteidigt worden waren, gingen über Bord. Allerdings blieb das gesamte Programm ohne genaue Festlegungen.

Die soziale Marktwirtschaft in eine ökologisch-soziale weiterzuentwickeln, sei das Ziel; Umweltschäden nicht erst entstehen zu lassen, sondern einen Wandel von der Reparatur zur Vorsorge zu schaffen. Leistungsfähigkeit und Innovationskraft der Marktwirtschaft müßten in den Dienst der Umwelt gestellt werden. Dafür müsse der Staat den rechtlichen Rahmen schaffen. Die Partei bekennt sich ausdrücklich dazu, die externen Kosten dem Verursacher zuzuordnen. „Jeder muß die Kosten tragen, die aus seinem Verhalten als Produzent oder Konsument resultieren. Wir wollen die Vollkostenkalkulation unseres Wohlstandes." – Das Umweltdumping (!) müsse aufhören, erklärte Umweltminister Töpfer. Abgaben und Steuern und Verschärfungen des bisher geltenden Ordnungsrechts wurden beschlossen. In die Städte müßten mehr Grün, mehr Verkehrsberuhigung, mehr Tempo-30-Zonen. – „Weg von der Wegwerfgesellschaft." Deshalb seien Wiederverwertungen zu fördern, Pflichtpfand und Rücknahmeverpflichtungen einzuführen (trotz aller Widerstände aus Brüssel). Und am Ende der 32 Seiten erklärt die CDU mit einer an Luther erinnernden Deutlichkeit: „Fremde Länder dürfen nicht als Abfalleimer der Wohlstandsgesellschaft der Industriestaaten mißbraucht werden." – Der Einfluß Klaus Töpfers auf das Programm ist unverkennbar.

Die CDU sieht durch den Umweltschutz keine Nachteile für die deutsche Wirtschaft. Die Zukunft gehöre umweltfreundlichen Produkten; deshalb müsse Umweltschutz als Herausforderung verstanden werden und im eigenen Interesse der Unternehmen verwirklicht werden. Klaus Töpfer erklärte:[191] „Dazu soll noch deutlich hinzugefügt werden: Wer wirklich noch glauben sollte, man könne seine internationale Wettbewerbsfähigkeit durch ein Umweltdumping, also durch eine Überwälzung einiger Produktionskosten auf die Umwelt, verbessern, der wird sehen, daß er mittelfristig allein in die Sanierung der damit verbundenen Altlasten mehr zu investieren hat und damit seine Zukunft stärker in Frage stellt als der, der vorsorgende Umweltspolitik direkt durchgesetzt hat."

Den Wahlkampfschwerpunkt ebenfalls in der Umweltpolitik zu setzen, fiel der CDU möglicherweise auch deshalb leicht, weil die Partei zu dieser Zeit allgemein in einer schweren Krise steckte: Das Ansehen des Kanzlers war innerhalb und außerhalb der Partei auf den denkbar tiefsten Punkt gesunken; Landtagswahlen gingen z.T. mit „Erdrutsch"-Ergebnissen für die CDU verloren; in der Partei wurde über die Ablösung Kohls laut nachgedacht[192]. Mit dem Umweltschwerpunkt hatte die CDU noch einmal eine Perspektive für die Politik in den 90er Jahren gefunden.

CSU und FDP zögerten anfangs, zogen dann aber 1990 ebenfalls mit ähnlichen Programmen nach. – BDI und DIHT unterstützten all diese Ansätze zumindest vom Grundsatz her.

Die Jahre 1989/90 schienen eine tiefgreifende Zäsur in der bundesrepublikanischen Umweltpolitik zu markieren mit stärkeren Eingriffen als je zuvor und vor allem mit neuen Instrumenten. Aber dieser vielversprechende Ansatz blieb schlicht stecken, kaum daß er formuliert war und noch ehe man sich mit Fragen seiner Umsetzung befassen konnte. Er wurde durch die Entwicklungen in Osteuropa und in Ostdeutschland einfach verdrängt, und dabei ist es bis heute geblieben.

27. Bewertung der Umweltpolitik der 80er und beginnenden 90er Jahre

Allgemeine Überlegung

Entgegen verbreiteter Befürchtungen brachte der Regierungswechsel von 1982 keine umweltpolitische Trendwende; es wurden keine Umweltvorschriften „industrie-freundlich" gelockert, und bestehende Partizipationsmöglichkeiten von Bürgern und Umweltorganisationen wurden nicht beschnitten.

Obwohl in Einzelbereichen Erfolge erzielt wurden, nahm die Kritik an der Umweltpolitik der Bundesregierung bis zum Ende der 80er Jahre ständig zu. *In allen Bereichen der Umweltpolitik ist es zu neuen Problemsituationen gekommen, und bereits bestehende Problemlagen wurden nicht mit dem erforderlichen Engagement bekämpft.* Eine nicht endende Kette von Umweltskandalen zeigte die Politik nicht als Gestalter der öffentlichen Angelegenheiten. *Dazu kamen zahlreiche Unsicherheiten der Politik, die in ihrer Summe disqualifizierend wirken.* Gravierende Inkompetenz bewies vor allem Innenminister Zimmermann in der Tschernobyl-Krise. Aber es gibt auch zahllose kleine Einzelfälle. Weidner hat am Beispiel der Nordsee darauf hingewiesen, wie falsch die Bundesregierung gelegentlich den Zustand der Umwelt eingeschätzt hat. So stellte sie noch 1986 fest: „Nach den gegenwärtigen wissenschaftlichen Erkenntnissen ist eine plötzliche Veränderung des Zustands der Nordsee, die den sofortigen biologischen Tod weiter Gebiete zur Folge hätte, nicht zu befürchten."[193] Solche Aussagen sind schlicht leichtfertig. Sie zeigen, daß die Autoren dieser Zeilen von den Grundstrukturen der Natur nicht viel verstehen. Im Mai 1988 entstand dann auch in der Nordsee ein explosionsartiges Algen- und Bakterienwachstum, das zur Ausrottung fast des geamten Robbenbestandes führte[194] (der Tierbestand ist inzwischen wieder auf etwa zwei Drittel des ursprünglichen angewachsen).

Die Leistungen der konservativ-liberalen Koalition zusammenfassend zu bewerten, ist aus mehreren Gründen schwierig. Der Umfang der Erfolge und der Defizite läßt sich nur schwer ermitteln, und eine objektive Aufrechnung gegeneinander ist nicht möglich. Die Koalition ist einige Probleme engagiert angegangen. Ihr fehlt aber ein breit angelegtes Konzept. Dies ist kein bloßer „akademischer Schönheitsfehler", sondern ein Mangel, der dazu führt, daß insgesamt nur eine reaktive Politik betrieben werden kann: *Die Koalition reagiert, sie gestaltet nicht; dadurch bekämpft sie Symptome* (in dem günstigten Fall, daß sie überhaupt etwas tut); sie geht aber nicht die Ursachen an. *Im Grunde läßt sie alles laufen und versucht nur, übermäßige Schäden einzudämmen. Damit können die zunehmenden Krisenerscheinungen aber nicht aufgelöst werden.* Dazu kommt, daß die Bundesregierung die zentralen Probleme in der internationalen Politik nicht nennenswert bewegen konnte.

Erforderlich ist eine konzeptionell neue Umweltpolitik, die vorsorgend Umweltbelastungen vermeidet (erste Handlungsebene). Die bisherige Politik ist immer noch ein mehr oder weniger aktueller Aktionismus und mehr oder weniger zufällig: Es wird versucht, irgendwelche Schäden zu begrenzen (zweite Handlungsebene) oder man nimmt Schäden weiterhin in Kauf und strebt nur Schutz vor ihnen an (dritte Handlungsebene; z.B. werden lärmdämpfende Fenster empfohlen, statt den Lärm zu bekämpfen; Schadstoffe werden aus dem Trinkwasser erst von Filteranlagen im kommunalen Wasserwerk beseitigt, statt einer Schadstoffvermeidung schon bei der Produktion usw.). – Die Bundesregierung und die Landesregierungen fordern ja ganz richtig, Umweltpolitik müsse darauf gerichtet sein, schädliche Emissionen gar nicht erst auftreten zu lassen – ihnen scheint nicht klar zu sein, daß sie selbst es sind, die handeln müßten.

Zu der Kritik an der mangelhaften Konzeption kommt die an konkreten Einzelentscheidungen (vgl. Abschnitt 23). Legt man die Programmpunkte der Regierungserklärung vom 18. März 1987 zur Umweltpolitik[195] einer Bewertung zugrunde, so ergibt sich, daß bisher die wesentlichen angekündigten Vorhaben der Bundesregierung nicht realisiert wurden. Hierzu gehören: die Einführung marktwirtschaftlicher Instrumente in die Umweltpolitik, die Entwicklung und Durchsetzung eines umfassenden Konzeptes zum Schutz des Grundwassers, die Sanierung von Altlasten, die Einführung einer obligatorischen Umwelthaftpflichtversicherung und einer verschuldensunabhängigen Gefährdungshaftung, die es bisher nur Wasser- und Atomrecht gibt. Alles Programmpunkte, deren Realisierung einen wirklichen Willen zu einer aktiven Umweltpolitik voraussetzt und eine nicht nur symbolische Politik.

Vermindert wurden die organisationsbedingten *Reibungsverluste im politisch-administrativen System*: Die weitgehende Kompetenzzersplitterung auf der Bundesebene wurde durch ein Umweltministerium reduziert. Es bleibt genügend Konfliktpotential durch Kompetenzen anderer Ministerien, durch Länderkompetenzen und dadurch, daß es der Umweltpolitik bisher nicht gelungen ist, sich als eine Querschnittaufgabe durchzusetzen. So ist es immer noch möglich, daß beispielsweise das Verkehrsministerium seine Politik fast ohne Rücksicht auf Umweltbelange betreibt (allerdings stets mit der verbalen Zusicherung, die Umwelt habe bei der Planung hohe Priorität gehabt). – Problematisch ist immer noch die *Kompetenzverteilung zwischen Bund und Ländern*: An sich beruht sie auf der rechtsstaatlichen Überlegung, Staatsgewalt zu streuen, um Machtmißbräuche zu verhindern. In der Umweltpolitik ist aber eher eine Lähmung der Staatsgewalt zu beobachten; trösten kann man sich nur damit, daß der Bund vermutlich auch bei umfassenden Kompetenzen keine aktivere Politik betrieben hätte. Ein oft gerühmter Vorteil föderaler Kompetenzaufteilung – die Experimentierfreude und die Konkurrenz zu beleben – scheint in der Umweltpolitik überhaupt nicht zu funktionieren. Nur wenn einem Bundesland das Wasser bis zum Kragen steigt, kann man erwarten, daß seine Landesregierung initiativ wird. Es wurde bereits darauf hingewiesen, daß keine SPD-Landesregierung versucht hat, das Öko-Parteiprogramm von 1989 zu realisieren. Das gleiche gilt bei Bundesregierung und CDU-Landesregierungen mit ihrem Parteiprogramm von 1989.

Parteien- und Regierungsschelte sind jedoch nur teilweise berechtigt. Mir scheint, in der Bundesrepublik ist im großen und ganzen die Politik durchgeführt worden, die die Bürger wollten. Die Wähler honorieren oder bestrafen sehr sensibel die wirtschaftliche Entwicklung. Sie hat oberste Priorität. Für die Umweltpolitik bleibt dann oft nicht mehr, als strenge künftige Maßnahmen anzukündigen. Es ist unser Pech, daß es zur Stabilisierung der Umwelt schärferer Eingriffe bedurft hätte. Nun stellt sich leider immer deutlicher heraus, daß es mit unserer Umwelt auch in Westdeutschland bergab geht. Die Öffentlichkeit registriert dies aufmerksam und lastet die Mißerfolge einer inkompetenten Politik und Wissenschaft an – zum Teil ohne Zweifel berechtigt; aber zum Teil haben die Wähler der Politik die Ineffizienz selber diktiert. Solange die Probleme nicht drängender und für den einzelnen direkter werden, ist von den Bürgern mit ihrem nur diffusen Umweltbewußtsein keine Zustimmung zu einschneidenden Neuorientierungen zu erwarten. Da haben wir zum Beispiel schwer lösbare Abfallprobleme mit alten Autoreifen – hätten wir Tempolimits, gäbe es das Problem vermutlich nicht, weil die meisten Fahrzeuge mit runderneuerten Reifen rollten.

In den 80er Jahren erfolgen die Reaktionen auf Problementwicklungen gelegentlich zügiger als in den 70er Jahren und vor allem unter dem Verzicht, auch noch die allerletzte wissenschaftliche Äußerung abzuwarten. Als Beispiel für diese Annahme lassen sich die verschiedenen Reaktiongeschwindigkeiten bei den Problemen Waldsterben und Nordseeschutz anführen[196]: Über das Waldsterben wurden der sozial-liberalen Koaliton endlose Ursachendiskussionen aufgezwungen, weil für einschneidende Maßnahmen ohne „wissenschaftliche Absicherung“ vom ADAC bis zur CDU/CSU keine Unterstützung zu erhalten war. Mit dieser „Ursachenerforschung“ wurden Entscheidungen systematisch behindert; erst als er Innenminister war, hat Friedrich Zimmermann für die Unionsparteien diese Verzögerungstaktik aufgegeben. – Bei den Maßnahmen zum Nordseeschutz hat sich das BMU von vornherein auf diese „wissenschaftliche Absicherung“ nicht eingelassen; Klaus Töpfer ließ die (hier allerdings schwächeren) Gegeninteressen unbeachtet, forderte keine zeitverzögernden Gutachten an, sondern wurde initiativ. Daß die Ergebnisse dieser Politik gleichwohl recht dürftig sind, hängt diesmal eher mit der unterschiedlichen Interessenlage der Nordseestaaten zusammen.

Nach welchen weiteren Kriterien bewertet man eine Umweltpolitik? In der Wirtschaftspolitik schaut man auf das Bruttosozialprodukt, die Inflation, die Arbeitslosenzahlen, die Zinsentwicklung, die Auftragseingänge, die Zahl der Konkurse, die Entwicklung der Weltwirtschaft, und mit diesen Daten hat man einige wichtige objektive Kriterien, um sich der Bewertung von Erfolg oder Mißerfolg einer Regierung zu nähern. Für weitergehende Fragen nach den Ursachen einer Entwicklung, nach Folgen eines Handels oder Unterlassens gibt es keine exakten Antworten, sondern auch nur Mutmaßungen und Interpretationen. Für die Bewertung einer Umweltpolitik stehen vergleichbare objektive Kriterien (bisher) kaum zur Verfügung: Wir können nicht die Summe aller in einer Periode entstandenen Schadstoffe messen; wir können nicht messen, wie die Gesundheit der Menschen und der Zustand der „Umwelt“ belastet werden; wir können noch viel weniger vorhersagen, wie sich eine heutige Aktivität oder ein Unterlassen in der als Regelkreis funktionierenden Natur künftig auswirken wird. – In der Literatur versucht man mit einem Bündel von Bewertungskriterien dem Problem beizukommen[197]; man beurteilt einzelne Umweltverbesserungen, soweit sie feststellbar sind, die Effizienz und Effektivität von Maßnahmen, Innovationsanreize, administrative Praktikabilität, soziale Ausgewogenheit, Problemverschiebungen (z.B. bewirken erfolgreiche Luftreinhaltung und realisierter Gewässerschutz vermehrten Anfall problematischer Abfälle). Man vergleicht das Programm einer Regierung mit den durchgeführten Maßnahmen; dafür bieten sich die drei umweltpolitischen Grundprinzipien an, auch wenn sie keine konkreten Maßstäbe liefern, weil sie zu allgemein und hinsichtlich ihres Inhaltes zu interpretationsoffen, also nicht allgemeinverbindlich operationalisiert sind (Weidner).

Beurteilungsmaßstab: Die umweltpolitischen Grundprinzipien

Die konservativ-liberale Bundesregierung behielt Grundgedanken und Grundprinzipien (Vorsorge-, Verursacher-, Kooperationsprinzip) sozial-liberaler Umweltpolitik bei. Dies ergibt sich aus ihren eigenen Erklärungen[198].

(1) *Das Vorsorgeprinzip* hat die Bundesregierung in ihren „Leitlinien“ nicht mehr nur in Rechtsbegriffen, sondern umfassender als politisches Handlungs-

prinzip formuliert: „Die Bundesregierung legt ihrer Umweltpolitik einen weiten Vorsorgebegriff zugrunde. ... Vorsorge für die Umwelt bedeutet ... vorausschauende Gestaltung der menschlichen Lebensformen, um unsere natürlichen Lebensgrundlagen zu schützen und zu entwickeln und um dadurch auch Freiräume für die Entfaltung zukünftiger Generationen zu erhalten. Verantwortliche Umweltpolitik darf nicht nur auf Gefahren und Risiken für die Umwelt reagieren ..."

Umweltpolitik müsse darauf gerichtet sein, schädliche Emissionen gar nicht erst auftreten zu lassen – eine äußerst anspruchsvolle Aufgabenstellung! Nimmt man sie wörtlich, wurde sie nirgendwo realisiert. Weidner (aaO S. 32 f.) beurteilt die Regierungsleistungen geduldiger und empfiehlt, in der Bewertung eher vorsichtig-abwägend als fundamentalistisch-rigide zu sein, solange es über den Bedeutungsgehalt und die aus ihm abzuleitenden praktisch-politischen Handlungsmaßstäbe noch keinen wissenschaftlichen Konsens gebe.

Auch wenn man diese Zurückhaltung teilt, muß dennoch festgestellt werden, daß das Vorsorgeprinzip bis heute ein blutleerer Leitgedanke geblieben ist. Es gibt gewisse Bemühungen um eine Risiko- bzw. Gefahrenvorsorge, es gibt auch Ansätze zu einer Ressourcenvorsorge. Aber daß eine Reihenfolge Vermeidung von Umweltbelastungen, hilfsweise ihre Minderung und nur zweithilfsweise der passive Umweltschutz (Schutz vor bereits bestehenden Schäden) eine Beschreibung realer Politik sein soll, vermag ich nicht zu erkennen. Würde das Vorsorgeprinzip tatsächlich ernst genommen werden, dann hätten wir seit zwanzig Jahren ganz andere Umweltschutzmaßnahmen: Dann würde der Lärmschutz nicht mit Spezialfenstern, sondern (als ein Beispiel) mit leiseren Motoren betrieben – statt auf der dritten Handlungsstufe also auf der ersten; dann wären das Verbot von FCKW oder die Vermeidung von Sonderabfällen energischer angegangen worden; dann wäre die Umweltverträglichkeitsprüfung (oben S.87f.) schon seit der Mitte der 70er Jahre ein anzuwendendes Planungsinstrument; zur Verbesserung des Umweltinformationssystems auch für den Verbraucher wäre weniger geredet (vgl. Beschlüsse der CDU von 1989 oder die der anderen Parteien) und mehr realisiert worden; Haftungsrisiken für Umweltverschmutzer wären schon vor langem beschlossen und nicht nur diskutiert worden. Wäre das Vorsorgeprinzip wirksam, dann besäße die Umweltpolitik schon lange im Planungsprozeß anderer Politikbereiche Einfluß[199].

(2) *Das Verursacherprinzip* ist nach 1982 zur Luftreinhaltung stärker als früher durchgesetzt worden. So wurden die großen Emittenten (Kraftwerke, Industriefeuerungsanlagen), aber auch kleinere und mittelgroße luftverschmutzende Anlagen (aufgrund der Bestimmungen der TA Luft sowie weiterer Verordnungen zum BImSchG) verpflichtet, die Schadstoffemissionen ihrer Anlagen durch Nachrüstungen zu reduzieren. In anderen Umweltschutzbereichen blieben die Verursacher auch größerer Umweltprobleme unbehelligt.

Das ist etwas überraschend, denn es gehört seit 1982 zu den ausdrücklich erklärten Zielen der konservativ-liberalen Bundesregierung, marktwirtschaftliche Instrumente verstärkt einsetzen zu wollen. Charakteristisch für diese Instrumente ist die Anknüpfung an den Verursacher. Seit dem Beginn der 80er Jahre ist über Abgaben, Gebühren, Zertifikate, Kompensationslösungen, Investitionsanreize[200] u.ä. diskutiert worden. Bis zum Ende der 80er Jahre sind von diesen Lösungen im wesentlichen nur die (wegen starker Widerstände gemilderte) Abwasserabgabe der sozial-liberalen Regierung, steuerliche Vergünstigungen und 1986 eine sog. Kompensationsregelung (zeitlich begrenzt, mit Experimentiercharakter) im BImSchG[201] realisiert worden. Von den „fünf Weisen" zur Begutachtung der gesamtwirtschaftlichen Lage haben sich mindestens zwei (der Kölner Hansmeyer und der Kieler Siebert[202]) wiederholt intensiv für marktwirtschaftliche Ergänzungen ausgesprochen. Der Sachverständigenrat bedauert auch in seinem Gutachten 1987 wieder, „daß die praktische Umweltpolitik im Gegensatz zur wissenschaftlichen Diskussion stärker ökonomisch ausgerichteten Lösungen vergleichsweise wenig Gewicht beilegt. ... Der Rat fordert die Bundesregierung daher auf, im Rahmen der künftigen Umweltpolitik stärker als bisher auf ökonomische und flexible Instrumente zurückzugreifen."[203] – Kritisch hat sich auch Umweltminister Töpfer über die nicht ernsthafte Anwendung des Verursacherprinzips und ökonomischer Anreizsysteme und der Kostenabwälzung auf die Allgemeinheit geäußert[204]: „Die volkswirtschaftlichen Kosten der Umweltschäden betragen jedes Jahr viele Milliarden DMark. Sie fallen im wesentlichen der Allgemeinheit, nicht dem Verursacher zur Last."

Erst seit 1990 hat Umweltminister Töpfer einige dieser Instrumente eingesetzt (einsetzen können?): Zwangspfand auf Getränkeflaschen (mit dem Ziel, den Markt wieder zu Mehrwegsystemen zu führen und weg von der Wegwerfgesellschaft) sowie Rücknahmepflichten des Handels (insbes. für Verpackungsmaterial).

(3) Die in den „Leitlinien" der Bundesregierung formulierten Ziele zum *Kooperationsprinzip* gehen nicht über frühere Interpretationen hinaus. Verbandsklage oder umfassende Rechte zur Akteneinsicht sind nicht eingeführt worden, auch das Umweltberichterstattungssystem hat wenig Fortschritte gemacht – trotz vollmundiger Bekenntnisse auch der CDU (Bundesparteitag 1989). Kooperation wird bei uns oft dahin mißverstanden, daß die Umweltbehörden mit Umweltverschmutzern irgendwelche Vereinbarungen schließen sollen[205]. Das kann aber nicht der wesentliche Inhalt dieses Prinzips sein.

Hier werden Chancen zur weiteren Verwurzelung demokratischer Haltungen, konkret die Demokratisierung umweltpolitischer Entscheidungsprozesse, versäumt. Fortschritte zu mehr Kooperation sind mit den Unionsparteien aber kaum zu erwarten. Die CDU/CSU vertritt einen sehr einschränkenden Demokratiebegriff. Sie hat Willy Brandts „Wir wollen mehr Demokratie wagen" (Regierungserklärung 1969) und die Bekenntnisse der FDP im Freiburger

Programm von 1971 zu demokratischen Strukturen auch in der Gesellschaft stets zurückgewiesen. Für die CDU/CSU beschränkt sich Demokratie auf die staatlich-parlamentarische Ebene und damit auf das Wahlrecht der Bürger. Mit dieser Grundhaltung wird die Union weder Emanzipation noch Partizipation nennenswert fördern.

Gelegentlich wird, vor allem aus Kreisen der Wirtschaft, auf Erfolge mit *freiwilligen Vereinbarungen* verwiesen und argumentiert, daß dem Umweltschutz mit diesem marktwirtschaftlichen Instrument am besten gedient sei[206]. Vor allem Erfolge im Energiebereich werden dann angeführt. Es ist unbestreitbar, daß tatsächlich einiges erreicht wurde; aber meist erzwangen wohl Markterfordernisse die „freiwillige Einsicht“ oder drohende staatliche Vorgaben. Beispiele, die regelmäßig angeführt werden, sind: Das wirtschaftliche Wachstum und der Energieverbrauch sind inzwischen in der Bundesrepublik entkoppelt: In den 15 Jahren von 1973 bis 1988 stieg das Bruttosozialprodukt um mehr als 30%, der Primärenergieverbrauch aber nur um 2%, dazu sollen ganz wesentlich freiwillige Vereinbarungen mit der Wirtschaft beigetragen haben.[207] – Die Zusage des Verbands der Automobilindustrie, den Verbrauch neuer Pkw und Kombifahrzeuge bis 1985 um 10 bis 15% abzusenken, wurde mit einer tatsächlichen Senkung des Verbrauchs von mehr als 20% deutlich übertroffen. – Die freiwillige Verpflichtung der Hersteller von Elektrohaushaltsgeräten von Anfang 1980, die Energieverbrauchswerte je nach Geräteart um 3 bis 20% zu verringern, wurde mit tatsächlichen Verringerungen von 15 bis 35% weit übertroffen. – Vereinbarungen zur Entsorgung von Altbatterien, zur Verbesserung der Umweltverträglichkeit von Wasch- und Reinigungsmitteln sowie zum Ersatz von Asbest in der Bauindustrie.

Vereinbarungen dieser Art gehören sicherlich zum Repertoire einer erfolgreichen Umweltpolitik, auch wenn man m.E. mit guten Gründen die Ansicht vertreten kann, daß manche dieser Absprachen nicht das tatsächlich Erforderliche erreichten und mit anderen Instrumenten optimalere Ergebnisse hätten erreicht werden können (etwa mit einer Verteuerung der Energie, wie sie seit 1973 diskutiert wird)[208]. – Aus den USA und Japan wird allerdings von einer Vielzahl positiver Ergebnisse berichtet[209]; dabei sind in den USA (entsprechend ihrem Demokratie-, aber auch ihrem Verbändeverständnis) bei „freiwilligen Vereinbarungen“ Umweltgruppen und -verbände in der Regel als gleichberechtigte Partner beteiligt, während in der Bundesrepublik die zweiseitige Kooperation zwischen Bürokratie und Industrie die Regel ist. Unsere eigenen, grundsätzlich positiven Erfahrungen mit der „konzertierten Aktion“ sind bisher nicht hinreichend bedacht worden.

Einzelne Stellungnahmen: Sachverständigenrat, Klaus Töpfer, Günter Hartkopf, eine Radikalkritik

(1) Die umfassendste Bewertung der Umweltpolitik in der Bundesrepublik ist gegenwärtig im Gutachten des Sachverständigenrates von 1987 zu finden.

Der Rat versteht seine Aufgabe allerdings nicht als Kritiker der Regierungsaktivitäten, sondern als Mahner. Deshalb findet sich in seinen Gutachten keine zusammenfassende Bewertung; er schildert vielmehr am Einzelthema Leistungen und Versäumnisse sowie Erfolge, Rückschritte und neue überraschende Probleme. Dabei überwiegt seine Kritik so deutlich, daß man über ihren Umfang streiten kann, nicht aber über die Tatsache selber[210]. Der Rat kritisiert die Betonung des Ordnungsrechts, er sieht erhebliche Defizite bei der Erhebung, Verarbeitung und Veröffentlichung von umweltbezogenen Informationen, er verweist auf ungelöste Probleme im Naturschutz und in der Landschaftsplanung, im Bereich Bodenschutz, Gewässerschutz, beim Lärmschutz; er beklagt das Ausmaß der Schadstoffbelastungen bei Lebensmitteln. In der Energiepolitik empfiehlt er, das Einsparpotential zu nutzen, auf effektive Energiegewinnung zu achten und umweltverträgliche Energieerzeugung (etwa Sonnen-, Wind-, Bioenergie) stärker zu fördern. – Der Landwirtschaftspolitik hält er vor, daß sie Umweltschutzbelange höchst unzureichend berücksichtigt und damit in steigendem Maße die Umwelt belastet.

Der Rat fordert mit Nachdruck (es handelt sich um die einzige Aussage in Fettdruck!) eine stärkere Transparenz der umweltpolitischen Entscheidungsprozesse; bei der Festlegung von Grenzwerten und anderen Umweltstandards sollten „auch die jeweiligen Bewertungsphilosophien, die ihnen zugrunde liegen, transparenter gemacht werden.“[22]

Positiv bewertet der Sachverständigenrat beispielsweise die Maßnahmen zur Luftreinhaltung, den Bau von Kläranlagen, das Verbot von bleihaltigem Benzin, das seit den 80er Jahren stärkere internationale Engagement sowie die vereinzelten ökonomischen Anreizprogramme (z.B. zeitweilige Kfz-Steuerbefreiung für Kat-Fahrzeuge).

Der Sachverständigenrat scheint in vorsichtigem Optimismus von der Lösbarkeit der Umweltprobleme auszugehen. Diese Einschätzung bestätigt eine Befragung der Ratsmitglieder (Timm aaO S. 245 ff.).

(2) Von großem Interesse bei der Bewertung dürften die Urteile des amtierenden Umweltministers sein und des Staatssekretärs, der vom Beginn bis 1983 als einer der Motoren der Bonner Umweltpolitik galt.

Klaus Töpfer kommentiert die Umweltpolitik der eigenen Regierung eher kritisch als zustimmend. In einem Vortrag im August 1988 konnte man von ihm hören[211]: „Dramatische Waldschäden, Tschernobyl, Sandoz, Robbensterben und übermäßiges Algenwachstum in der Nordsee: das sind spektakuläre Indizien für die ökologische Krise, in der wir uns befinden. Aber auch weniger spektakulär muten wir Tag für Tag der Natur viel zu – häufig mehr, als sie verkraften kann... Ja, auf manchen Gebieten – wie im Natur- oder im Bodenschutz, bei der Reinhaltung der Meere oder bei Fragen des Klimas – stehen wir eigentlich erst am Anfang“ einer angemessenen Umweltpolitik. – Im gleichen Jahr äußerte er sich auch über die Krisensituation bei der Abfallentsorgung und über immer noch vorhandene Vollzugsdefizite: „Die augenblickliche Krise der Abfallentsorgung erstreckt sich nicht nur auf den Bereich des Sonderabfalls. Krisenhafte Entwicklungen zeichnen sich auch bei der Hausmüllentsorgung und bei der Entsorgung sonstiger Massenabfälle, wie etwa beim Klärschlamm, ab... Der zunehmende Abfallexport verschleiert den Krisenzustand."[212] – „Schließlich besteht gegenwärtig ein erhebliches und auch künftig nie völlig zu vermeidendes 'Vollzugsdefizit' im öffentlichen Umweltrecht..."[213]

Als Kritik muß man auch Töpfers Rede auf dem Bundesparteitag der CDU 1989 lesen[214]; vordergründig verteilt der Minister (natürlich) viel Lob für die Regierung, tatsächlich aber listet er mit seinen Forderungen zu dem, was geschehen muß, die Versäumnisse der Vergangenheit und die Anforderungen an die Zukunft auf, so daß dieser Rede m.E. eine recht skeptische Beurteilung der bisherigen Umweltpolitik zu entnehmen ist.

Günter Hartkopf sieht schwerwiegende Defizite und kritisiert, daß Umweltschutz noch nicht gleichrangig neben anderen wichtigen Staatsaufgaben anerkannt sei[215]: „Das Gleichheitsprinzip, also die Abschaffung von Schädigungsprivilegien, muß ausgebaut, das Minimierungsprinzip durchgängig verankert werden. ... Das Gemeinwohlprinzip ist schwach ausgebildet ... und das Ressourcenschonungsprinzip ist schon gar nicht in praktische Politik umgesetzt worden... Insgesamt gesehen, wird unsere Umweltpolitik trotz vieler Teilerfolge auch in den nächsten Jahren in der politischen Praxis noch nicht den gleichgewichtigen Stellenwert erreichen können, wie sie Wachstums- und Sozialpolitik bereits errungen haben."

(3) Eine an Karl Poppers Erkenntnistheorie sich orientierende grundlegende Kritik hat Gerhard Maier-Rigaud vorgelegt. Seine Position läßt sich so umschreiben: *Wirtschaftliche Interessen und politische Verhältnisse mögen den Umweltschutz behindern; aber es sind unsere Theorien und unsere Anmaßung von vermeintlichem Wissen, die ihn scheitern lassen.* Maier-Rigaud bemüht sich, die hinter den leitenden Argumenten der Umweltpolitik stehende Axiomatik und die naturwissenschaftlichen, ökologischen, ökonomischen und produktionstechnischen Orientierungen sichtbar zu machen. Es wird deutlich, daß mehr oder weniger willkürliche Annahmen und blankes Nichtwissen Grundlagen der Umweltpolitik sind. „Umweltökonomen stehen im Prinzip vor dem gleichen Informationsproblem wie die Akteure des Marktes. Auch sie können die Interdependenz ökonomischer Vorgänge nicht im ganzen erfassen." Ich halte die Studie für eins der wichtigsten Bücher zur Umweltpolitik; sie enthält sorgfältig begründet den Appell, die gesamte Wirtschafts- und Umweltpolitik zu revidieren.

Exkurs: Umweltschutz und Demokratieprobleme

Die vermutlich notwendige Umweltpolitik, wie sie in diesem Buch dargestellt wird, kollidiert in verschiedener Hinsicht mit dem Rechtsstaatsprinzip und dem Demokratiegebot des Grundgesetzes. Die Umweltpolitik und andere Politikbereiche stellen Anforderungen an den Staat, die die Grenzen der historisch gewachsenen Strukturen in Frage stellen. Es handelt sich nicht um eine spezielle Umweltproblematik, sondern um allgemeine Legitimationsfragen der modernen westlichen Industriestaaten. In der bundesrepublikanischen Staatsrechtswissenschaft wird darüber eine sich langsam belebende Diskussion geführt; es geht um Fragen nach der Zukunft der demokratischen Regierungssysteme[216].

Im Zusammenhang mit künftigen Umweltentwicklungen und mit künftiger Umweltpolitik bestehen eine Reihe offener Fragen: Die Struktur von Umweltvorschriften ist bedenklich; die Rolle der Umweltverwaltung paßt nicht mehr in das Gewaltenteilungssystem der Verfassung; das für den Umweltschutz besonders wichtige Vorsorgeprinzip höhlt Verfassungsgrundsätze aus; Staatsplanungen unterlaufen Grundgedanken demokratischer Legitimation des staatlichen Handelns; als künftiges Krisenbild wird die Entstehung diktatorischer Regierungssysteme an die Wand gemalt.

1. Die Struktur von Umweltvorschriften ist bedenklich: Es reißt im Umweltrecht, aber auch in anderen Rechtsmaterien immer mehr ein, daß im Gesetz nur noch ein allgemeiner Rahmen und nicht mehr die wesentlichen Regelungsmerkmale formuliert werden. Das Gesetz wird erst bei seiner Anwendung von der Administration konkretisiert. Eine solche Gesetzgebung entspricht weder dem Erfordernis der Vorhersehbarkeit staatlichen Handels noch dem Prinzip der Gewaltenteilung. Nach dem Grundgesetz hat das Parlament alle erforderlichen Regelungen selber präzise zu formulieren, und die Verwaltung in ihrer dienenden Funktion hat sie auszuführen. Diese Anforderung an die Gesetzgebung folgt auch aus dem Demokratieprinzip: Nach unserer Verfassungsordnung ist nur das Parlament und nicht die öffentliche Verwaltung zur Rechtsetzung legitimiert.

Verfassungsrechtlich korrekt ist die Festlegung der Obergrenze von Blei im Benzin zum Schutz der Gesundheit im § 2 Abs. 1 Benzin-Bleigesetz. Ein bedenkliches Gegenbeispiel bietet das wichtige BImSchG: Es will vor schädlichen Umwelteinwirkungen durch seinen § 1 schützen. Die wesentlichen Merkmale der Vorschrift sind unbestimmte Rechtsbegriffe, die vor ihrer Anwendung durch die Verwaltung erst noch konkretisiert werden müssen. Dies kann in der Praxis durch Verwaltungsvorschriften geschehen (etwa durch Immissionswerte in der TA Luft), durch Umweltpläne (Luftreinhaltepläne nach §§ 44, 47 BImSchG) sowie durch Verwaltungsanweisungen oder Verwaltungverträge im Einzelfall. Der Gesetzgeber überläßt damit der Verwaltung die konkrete Anwendung seiner Gesetze. Das ist grundsätzlich nicht akzeptabel. – Kommt es zum gerichtlichen Streit über eine Verwaltungsmaßnahme, dann wiederholt sich das Problem; da das Gericht dem Gesetz keine eindeutige Lösung entnehmen kann, muß es die Präzisierung der Rechtsnorm nachholen und dazu selber in die Rolle des Gesetzgebers schlüpfen. – Es gibt zahlreiche Umweltgesetze dieser Art; den stärksten verfassungsrechtlichen Bedenken wegen der zahlreichen und vagen Verordnungsermächtigungen unterliegt vermutlich das Chemikaliengesetz.

Bevor wir ein endgültiges Verdikt über die Gesetzgebungspraxis sprechen, gilt es noch einen Gedanken zu berücksichtigen: Es besteht weitgehende Einigkeit darüber, daß der Gesetzgeber oft keine andere Gestaltungsmöglichkeit als die geschilderte hat. Hartkopf und Bohne (aaO S. 331 f.) haben darauf hingewiesen, daß dann die *Geltendmachung von Verfassungsbedenken bedeutet, die wirtschaftlichen Interessen von Umweltschädigern vor Umweltschutzmaßnahmen zu schützen.* Dieser Hinweis ist zweifellos richtig; er kann aber die verfassungsrechtlichen Bedenken nicht ausräumen. Wir stehen im Bereich des Umweltschutzes also wieder einmal vor einem bisher nicht zufriedenstellend gelösten Problem.

2. Die Rolle der Umweltverwaltung paßt aus einem weiteren Grund nicht mehr in das Gewaltenteilungssystem der Verfassung: Da die Umweltgesetze mit unbestimmten Tatbestandsvoraussetzungen und mit Handlungsermessen der Behörde arbeiten, ist der Interpretationsspielraum groß und damit auch der Handlungsspielraum. Wo die Handlungsermächtigungen unklar sind, geraten die Behörde und der Adressat einer behördlichen Anweisung faktisch in eine Verhandlungssituation. Ein Beispiel: Die Behörde will gegen ein Unternehmen vorgehen; weil das Gesetz vage formuliert ist, kann man Zweifel haben, wie eine gerichtliche Überprüfung, die vielleicht fünf Jahre dauern wird, ausgeht; Behörde und Unternehmen werden im allgemeinen einen Kompromiß suchen, also ein Verhandlungergebnis.

Diese Praxis ist nicht nur auf der Verwaltungsebene zu beobachten, sondern auch politische Entscheidungen durch Regierung oder Gesetzgeber waren im Umweltbereich seit jeher Gegenstand von Aushandlungen.

Die Sozialwissenschaften haben mit ihrer *Implementations- und Evaluationsforschung*[217] zahlreiche Beispiele dafür aufgedeckt. Diese Forschungsansätze gingen von der Überlegung aus, daß Politik ein zielgerichteter Prozeß ist, mindestens sein sollte. Es gibt zwar keine allgemein anerkannte Definition des Begriffs „Politik“, aber es besteht wohl Konsens darüber, daß es um die Einflußnahme auf gesellschaftsrelevante Vorgänge und ihre Gestaltung geht. Bei der *Evaluation* wird versucht, die ursprünglichen Ziele und das tatsächlich Erreichte zu ermitteln; dann werden die Soll-Ist-Abweichungen festgestellt. Man könnte auch von einer Erfolgskontolle sprechen. Untersucht wurden beispielsweise die Reformprojekte der sozial-liberalen Koalition (als

Soll) und die erstaunlich geringen gesellschaftlichen Veränderungen (als Ist). – Die *Implementationsforschung* untersucht, *wie* ein politisches Ziel, z.B. ein Regierungsprogramm, ein Gesetzentwurf oder das Interesse einer Lobby, umgesetzt und durchgesetzt wird. Als wichtige Untersuchungsziele sind die Störfaktoren, der Aufbau von Bündnissen, die Entstehung von Hemmnissen zu ermitteln. – Die Forschungen haben eine Fülle von Einsichten gebracht und uns zahlreiche Fallstudien auch zur Umweltpolitik beschert. Die Erwartung, dabei Gesetzmäßigkeiten für Vorhersagen festzustellen, hat sich jedoch nicht im ursprünglich erhofften Umfang erfüllt[218]. Damit hätte man wohl von Anfang an stärker rechnen müssen, weil konkrete Vorhersagen über das Verhalten in einem politischen Gemeinwesen, also über ein dynamisches System, nicht möglich sind.

Verhandlungen zwischen öffentlichen und privaten Entscheidungsträgern sind weder im Umweltschutz noch in anderen Politikbereichen eine Ausnahmeerscheinung, vielmehr gehört diese Art der Entscheidungsfindung zur Alltagsroutine des Verfassungstyps „westliche Demokratie“. In der Wissenschaft wird diese Entwicklung als Neokorporatismus diskutiert[219].

Noch ein anderer Gesichtpunkt über die Verfassungspraxis gibt zu denken: Das Bedürfnis der Politik und der öffentlichen Verwaltung nach wissenschaftlicher Beratung hat sich erhöht. Deutlich wird dies etwa an der Entwicklung von Staatsplanungen (dazu unten 4.). Aber auch ganz allgemein beteiligt die politische Entscheidungsebene Berater aus der Wissenschaft. Manchmal geschieht dies aus rein dekorativen Gründen; die Berater sollen lediglich das von der Politik – meist der Bundesregierung – Gewünschte absegnen. In diesen Fällen werden zwar die demokratisch Legitimierten tätig, über den Willensbildungsprozeß täuschen sie jedoch die Bürger. Es gibt aber auch die umgekehrte Variante: Im Vorfeld von politischen Entscheidungen werden Experten beteiligt, deren „Vorschlag“ die politische Entscheidungsebene übernimmt. Hier kann das Demokratieprinzip der Verfassung verletzt werden, weil die zur Entscheidung Berufenen nur noch formal für die Öffentlichkeit vollziehen, was nicht demokratisch Legitimierte entschieden haben. Bedenklich sind solche Konstellationen vor allem dann, wenn die Auswahlkriterien für die Experten nicht offengelegt werden[220].

3. Das für den Umweltschutz besonders wichtige **Vorsorgeprinzip höhlt Verfassungsgrundsätze aus:** Es ist inzwischen Gemeingut, daß die modernen Technologien schwer beherrschbare Gefahren darstellen – Kernkraftwerke, die Genforschung, unzählige tägliche Giftstofftransporte quer durch die Bundesrepublik und vieles andere. Der Staat hat zwei Möglichkeiten zur Reaktion; er könnte versuchen, die Risikoquellen zu beseitigen. Das tut er nicht, und so weicht er auf Hilfslösungen aus und versucht nur noch, die Risiken vorbeugend zu minimieren. Prävention war zwar schon immer eine Staatsaufgabe; im klassischen Ordnungsrecht diente sie aber nur der Verhinderung eines konkret bevorstehenden unerlaubten Verhaltens, während sie inzwischen die Früherkennung aller möglichen Störungen und Gefahrenquellen anstrebt. Bei unbefangener Betrachtung kann man dagegen zunächst nichts einwenden. Der Staat kann aber die großen Risiken kaum beeinflussen und kümmert sich deshalb, nur um aktiv zu erscheinen, präventiv um jedes denkbare Gefahrpotential. Als Folge dieses mißverstandenen Schutzes der Gesellschaft sammeln staatliche Stellen aller Art vorsorglich Informationen aller Art. Vor allem sensible Informationen. Präventives staatliches Verhalten dient nicht mehr nur der Abwehr konkreter Gefahren, sondern richtet sich „sicherheitshalber" auf jedes gesellschaftliche Verhalten. Es wird also „zur Vermeidung unerwünschter Lagen aller Art eingesetzt", und der Bürger „kann den Staat nicht mehr durch legales Betragen auf Distanz halten" (Bundesverfassungsrichter Dieter Grimm). – Würde diese neue Form intensiver Prävention zum Kampf gegen große Umweltsünder oder gegen das organisierte Verbrechen eingesetzt werden, würden sich Bedenken sicherlich reduzieren. Man gewinnt aber mehr und mehr den Eindruck, daß die Strukturen dieser Bereiche den Behörden zu kompliziert sind; jedenfalls ist festzustellen, z.B. an Hand der Jahresberichte der Datenschutzbeauftragten, daß der staatliche Informationsbedarf sich vor allem an der Überwachung normaler Bürger befriedigt. Im Zusammenhang etwa mit den Datenschutzgesetzen und den Polizeigesetzen der Bundesländer werden diese Fragen in der Rechtswissenschaft kontrovers diskutiert.

4. Staatsplanungen gefährden das Demokratieprinzip: Umweltpolitik überschneidet sich mit der Thematik der Staatsplanungen[221]. Die Sozialwissenschaften haben mehr und mehr Gesetzlichkeiten in der Entwicklung von Gesellschaften ermittelt. Dies ermöglicht, Prognosen über die künftige kurzfristige oder längerfristige Entwicklung einer Gesellschaft aufzustellen. Es läßt umgekehrt Rückschlüsse darauf zu, mit welchen Eingriffen die Gesellschaft vielleicht in eine andere Richtung gelenkt werden könnte. Diese Entwicklung traf mit einer zweiten zusammen: Ende der 60er und Anfang der 70er Jahre setzte sich zunehmend die Ansicht durch, daß es für nahezu alle Bereiche der Politik erforderlich sei, die auseinanderstrebenden, sich spezialisierenden Staatstätigkeiten planend zu koordinieren. Mit der Reformpolitik der sozialliberalen Koalition wurden diese Überlegungen in der Bundesrepublik umgesetzt[222]. Die Raumordnungs-, Landesentwicklungs-, Wirtschaftsförderungs-, Bildungs-, Sportentwicklungs-, Energie- usw. -planungen führten zu einem Strukturwandel politischer Entscheidungen und werfen Probleme mit dem Demokratiegebot und dem Prinzip der Gewaltenteilung auf.

Eine Rolle spielt hier der Informationsvorsprung von Verwaltungsbehörden und Verbänden, teilweise vermittelt durch wissenschaftliche Beratungsgremien und Gutachter. Dadurch können sich politische Entscheidungen vom demokratisch legitimierten Politiker auf Behörden, Verbände, Wissenschaftler verlagern. Wir hatten diesen Aspekt bereits angesprochen. – Eine weitere Rolle spielt die Annahme, daß lebenswichtiges Element einer Demokratie die

Beteiligung des Volkes am politischen Meinungsbildungsprozeß ist. Heute besteht in vielen Politikbereichen die Gefahr, daß ein sich in kompliziertesten Planungen äußernder Staat den Bürger von der politischen Meinungsbildung eher ausschließen als einbeziehen wird.

Jede die Zukunft gestaltende Planung veranlaßt zu der verfassungstheoretischen Frage nach ihrer demokratischen Legitimation. Darf beispielsweise eine Generation in eine Technologie einsteigen, wenn sie deren Folgen nicht beurteilen, aber künftige Generationen mit schwerwiegenden Nachwirkungen belasten kann?

Wenn das Vorsorgeprinzip in der Umweltpolitik verwirklicht werden soll, erfordert dies planende staatliche Maßnahmen in großem Umfang, etwa Raumordnung und Landesplanung, forstwirtschaftliche Rahmenpläne nach dem Bundeswaldgesetz, wasserwirtschaftliche Rahmen-, Bewirtschaftungs- und Abwasserbeseitigungspläne nach dem Wasserhaushaltsgesetz, Luftreinhaltepläne nach dem BImSchG, überörtliche Abfallbeseitigungspläne nach dem Abfallbeseitigungsgesetz. Umweltziele müssen dann auch in einzelnen Fachplanungen berücksichtigt werden und mit anderen als umweltpolitischen Zielen abgewogen werden, wie es beispielhaft § 50 BImSchG vorschreibt[223]. Bisher haben Staatsplanungen besonders die Wirtschafts- und Gesellschaftspolitik betroffen. In der Umweltpolitik sind Ansätze zu einer langfristigen, inhaltlich und räumlich umfassenden Planung des Bundes und der Länder vorhanden.

5. Totaler Umweltstaat und Öko-Diktatur: An den Staat wird heute die Forderung gestellt, er müsse die vielfach bedrohte Zukunft sichern. Damit ist der Staat wahrscheinlich überfordert. Zunächst: Woher kommt diese Forderung? In der Bevölkerung hat seit den 70er Jahren ein Wandel in der Haltung zum wissenschaftlich-technischen Fortschritt eingesetzt. Die Entwicklung begann mit den Zukunftsszenarien der Meadows-Studie „Grenzen des Wachstums“ und wurde seit der Ölpreiskrise von 1973 greifbar durch die Zunahme immer zahlreicher werdender Risiken, vor denen der einzelne sich immer weniger schützen kann. Bürger und Politiker bemühten sich vergebens, vor den Risiken unserer Zeit die Augen zu schließen; kaum hatte man sich nach einer Hiobsbotschaft erholt und war in den Stimmungsalltag zurückgekehrt, da kam schon die nächste schlechte Nachricht. Die Zukunftsängste verstärken sich und parallel dazu löst die Politik immer weniger Probleme, weil deren Komplexität sie überfordert (Drogen, organisiertes Verbrechen, Arbeitslosigkeit, Finanzierung des Gesundheitswesens, Erhalt der Umwelt...). Die Wissenschaft, die rettende Erkenntnisse liefern müßte, findet sie nicht, sondern produziert eher neue Risiken und Bedrohungen, indem sie in sensiblen Bereichen ohne Selbstbegrenzung und ohne Folgenverantwortung forscht. Auch das Wirtschaftssystem liefert für kaum eins der Probleme, vor allem nicht für die Umweltschwierigkeiten, Impulse; ganz im Gegenteil muß ihm jeder Umweltfortschritt mühsam abgerungen werden. Die Marktwirtschaft erweist sich erwartungsgemäß nur für Fragen der Rentabilität als sensibel.

Bei einem derart eklatanten Versagen wichtiger Subsysteme bleibt dem Bürger nur noch die Erwartung, der Staat müsse in die Rahmenbedingungen der Gesellschaft, die sich selber fehlsteuert, eingreifen. Wer als der Staat bleibt übrig, um der grenzenlosen Risikoproduktion Grenzen der Sozialverträglichkeit setzen? Wer als der Staat kann die bedrohte Zukunft sichern? Zukuftsicherung rückt unter den Staatsaufgaben in die erste Priorität. In der Umweltpolitik, um nur einen Erwartungsbereich aufzugreifen, müßte der Staat die Umweltverschwendung vorbeugend eingrenzen und jegliche Umweltverschmutzung reduzieren. Damit aber wird dem Staat eine Aufgabe zugewiesen, die er in der Form einer rechtsstaatlichen Demokratie möglicherweise überhaupt nicht erfüllen kann. Die denkbare Folgerung aus dieser Feststellung, läßt erschrecken: Wenn die rechtsstaatliche Demokratie die Zukuft nicht sichern und, parallel dazu, den materiellen Wohlstand nicht erhalten kann, dann muß befürchtet werden, daß eine Mehrheit der Bürger den rechtsstaatlich demokratischen Staat in Frage stellen wird.

Unter den vorangegangenen Punkten fanden sich viele Hinweise auf Kollisionen neuerer Entwicklungen mit anerkannten Verfassungsgrundsätzen. Wegen dieser Veränderungen kann man heute für die Bundesrepublik Deutschland und für andere westliche Demokratien sagen, daß das Bild, welches sich ein interessierter Staatsbürger vom Staat machen kann, weit von dem entfernt ist, was sich an Entwicklungen bereits vollzogen hat. Der Orwell'sche Überwachungsstaat, über den bis Mitte der 80er Jahre diskutiert wurde, hat sich anscheinend in einem sehr weichen Gewand der Überwachung und Gängelung realisiert; einen weiteren Entwicklungsschub werden die Aktivitäten gegen das zunehmende organisierte Verbrechen auslösen. Wir müssen aber auch befürchten, daß der „totale Umweltstaat“ eine reale Zukunftsvariante ist. Er würde sich als hartes diktatorisches Regierungssystem einrichten. Öko-Diktaturen könnten durch die sprunghafte Verschlechterung der Lebensbedingungen in den westlichen Industriestaaten entstehen, aber auch vor dem Hintergrund internationaler Spannungen („Kampf um die letzten Rohstoffe“) könnten die heute bestehenden demokratischen Rechtsstaaten verdrängt werden, so die Befürchtung[224].

Auch wer keine konkreten Anhaltpunkte für einen Untergang der demokratischen Rechtsstaaten sieht, muß bei einer Verschärfung der Umweltkrise davon ausgehen, daß schwerwiegende staatliche Eingriffe in das Alltagsleben bevorstehen. Kloepfer hat davor gewarnt, daß die Vorschriften zum Schutz der Umwelt Züge eines Notbewirtschaftungsrecht bekommen können mit eminenten Freiheitsbeschränkungen, vergleichbar dem Kriegsbewirtschaftungsrecht[225]. Er sah 1988 diese Gefahr vor allem im Wasser-, Abfall- und Immissionsrecht. Die Gefahr besteht tatsächlich, und sie wird mit jedem Jahr größer. Wenn die Umweltkrise nicht entschärft werden kann, werden heute selbstverständliche Freiheitsrechte immer weiter eingeschränkt. Ich sehe den Ausweg – wenn überhaupt – nur in einer aktiveren und konzeptionell umfassenderen Umweltpolitik.

5. Kapitel: Die Zukunft der Umweltpolitik

Für die Zukunft der Umweltpolitik ist natürlich die Entwicklung der Umwelt selber entscheidend. Wenn sich keine katastrophalen Abläufe vollziehen, wenn die Klimaveränderungen kein neues ökologisches Gleichgewicht der Natur auslösen, dann ist das Umweltproblem eine politische Fachfrage wie hundert andere auch, und wir können darauf vertrauen, daß für die „Restprobleme" mehr oder weniger optimale Lösungen gefunden werden.

Wir haben aber mehr Anlaß zu befürchten, daß sich die Umweltsituation zur dramatischen Krise zuspitzt.

28. Das Bedrohungspotential

In den vorangegangenen Kapiteln war ich um vorsichtig-differenzierende Bewertungen der deutschen Umweltpolitik seit den 70er Jahren bemüht. Sie laufen Gefahr, die innere Dynamik und damit den Kern der Umweltprobleme zu übersehen. Die Umweltschäden in der alten Bundesrepublik werden auf jährlich über hundert Milliarden Mark geschätzt; die meisten Schäden werden nicht „repariert". Wie muß ein zusammenfassendes Urteil über die Politik lauten, wenn es trotz aller Bemühungen mit dem Zustand der Umwelt ständig bergab geht? Die betriebene Politik war offenkundig mangelhaft, fragmentarisch, wohl auch dilettantisch.

Die Auswirkungen anthropogener Eingriffe können wir bisher nicht neutralisieren; die Politik konnte also nicht einmal mit den Problemen Schritt halten. Die Probleme werden aber künftig noch schneller wachsen – kein halbwegs informierter Bürger kann etwas anderes erwarten. Inzwischen könnte die Entwicklung bereits so fortgeschritten zu sein, daß der Fortbestand der heute existierenden Umwelt ernsthaft gefährdet ist. Wir verändern vor allem die Zusammensetzung der Erdatmosphäre so schwerwiegend, wie dies vermutlich nie zuvor in der Lebensgeschichte der Säugetiere geschah.

Daß die Temperatur weltweit seit Jahrzehnten ansteigt, ist eine Tatsache; die Annahme über den Treibhauseffekt zahlreicher Luftschadstoffe bedeutet, daß die Erwärmung nicht als natürliche Temperaturschwankung auftritt. Das führt zur Konsequenz, daß die Erwärmung weiter zunehmen wird. Eine offene Frage ist, welche Auswirkungen das hat. Wir müssen mit Klimaveränderungen und einem zeitweiligen Verlust der Stratosphären-Ozonschicht rechnen, mit einem weltweit neuen und ganz anderen ökologischen Gleichgewicht, das wir nicht vorausschauend berechnen können, von dem sich nur sagen läßt, es wird den Menschen, den Säugetieren, den bisherigen „Nutzpflanzen" keine „natürlichen" Rahmenbedingungen zum Leben geben.

In Australien wird bereits wegen der verdünnten Ozonschicht vor Krebsgefahr beim Sonnenbaden gewarnt. Der Meeresspiegel könnte ansteigen (sehr umstritten; manche Modellrechnungen sagen ein Absinken voraus); in jedem Fall werden sich die Regen- und Trockengebiete verschieben, und viele weitere Folgen werden eintreten.

Selbst wenn uns der gänzlich unwahrscheinliche Erfolg gelingen würde, den weltweiten CO_2-Ausstoß auf die Hälfte zu reduzieren, hätten wir damit die Erwärmung der Atmosphäre nicht gestoppt, sondern nur verlangsamt. Die Beispiele ließen sich fortsetzen, mit dem „Klimagas" Methan, mit giftigen Abfällen, mit Fehlverhalten der Landwirtschaft, ... seitenlang. – *Die meisten Umweltprobleme, darunter alle schwerwiegenden, sind weit von einer Lösung entfernt.*

Sollten sich die Befürchtungen über ein neues ökologisches Gleichgewicht auf der Erde in den nächsten zehn, zwanzig Jahren zur Gewißheit verdichten, dann wird eine bald dezimierte Menschheit dem, was wir Umweltpolitik nennen, mit Unverständnis begegnen und sich um feinsinnige Beurteilungsmaßstäbe nicht sonderlich bemühen. So wie wir Heutigen den Holocaust zwar erklären, aber nicht verstehen können, so wird es ihnen mit unserer Umweltpolitik gehen. – Vorgänge wie den folgenden werden sie zur Kenntnis nehmen, aber mit ratlosem Kopfschütteln: Im September 1987 vereinbarten nach monatelangen Vorgesprächen 49 Staaten in Montreal, ab 1989 den Verbrauch des „Ozon-Killers" FCKW auf dem Stand von 1986 einzufrieren und bis 1999 um die Hälfte zu senken (inzwischen bestehen strengere Vereinbarungen). In Gutachten war allen Delegationen erläutert worden, daß FCKW eine wesentliche Ursache des Ozonabbaus sei und daß heute aufsteigende Gase erst in zwanzig Jahren in den oberen Luftschichten ankommen werden; was wir heute an Abbau feststellen, ist durch vergleichweise kleine Mengen verursacht, die vor langer Zeit in die Atmosphäre gelangten. Die wirklich großen Mengen steigen immer noch.

Während die Politik das Montrealer Abkommen noch als Erfolg feierte, kritisierte die Max-Planck-Gesellschaft die Mißachtung der wissenschaftlichen Gutachten und erklärte, das Abkommen sei „vorwiegend an wirtschaftlichen Interessen ausgerichtet... Von Vorsorge oder Hilfe für die bedrohte Ozonschicht kann keine Rede sein... Statt Vorbeugung und wirksamer Hilfe, die sie bringen sollten, könnten sich die Beschlüsse als eine Art 'Sterbehilfe' für die Ozonschicht erweisen." Für eine distinguierte Institution wie die Max-Planck-Gesellschaft dürfte das eine ungewöhnliche Stellungnahme sein. – Aus Industriezweigen, die Milliardenbeträge in die FCKW-Produktionsanlagen investiert haben, große Erträge erzielten und weitere erwarteten, konnte man noch 1987 das übliche und bekannte Abwiegeln hören; ein Hoechst-Manager schrieb, das „seit einigen Jahren entdeckte, rätselhafte" Ozonloch sei „wissenschaftlich nicht mit dem FCKW in Verbindung zu bringen".[226] – Heute wird diese Ansicht m.W. auch in Industriekreisen nicht mehr vertreten.

Wir müssen das Bedrohungspotential ernster nehmen und die künftige Umweltpolitik daran ausrichten. Die aktuellen Diskussionen um die Einführung bisher nicht genutzter Instrumente müssen endlich den Sprung aus der Welt der Worte in die der Taten schaffen. Die Umweltprobleme werden in Zukunft zahlreicher und schwerwiegender auftreten. Trotz aller Unsicherheiten in den heutigen wissenschaftlichen Prognosen müssen wir davon ausgehen, daß der Zustand der Umwelt sich kontinuierlich (und hoffentlich nicht sprunghaft) weiter verschlechtert. Das sollte uns beunruhigen, denn es bedeutet, daß schon bisher unsere Politik mit den Problemen nicht Schritt hielt. *Die Probleme entwickeln sich dynamischer als unsere Reaktionen.* Durch die vor allem in den Industriestaaten hervorgerufenen Umweltprobleme verändert sich weltweit der Charakter der Natur.

29. Was muß geschehen?

Wir müssen eine Politik entwerfen, die die Fehlentwicklungen mindestens eines Jahrhunderts korrigiert. Die Umweltpolitik muß endlich die drei Grundprinzipien konsequent anwenden: Vorsichts-, Verursacher-, Kooperationsprinzip. Sie wird dann außer ordnungsrechtlichen auch marktwirtschaftliche Instrumente einsetzen und mittelfristig die soziale Marktwirtschaft in eine öko-soziale umwandeln, wie es von den Grünen bis zur CDU fast alle Bundestagsparteien für erforderlich halten. Das gesamte Gefüge von Staatsaufgaben und Staatsausgaben wird sich verschieben. *Eine ökologische Modernisierung der Volkswirtschaft wird sich entwickeln* – oder wir können die Umweltpolitik gleich vergessen.

In der Bundesrepublik gibt es einen Konsens darüber, marktwirtschaftliche Instrumente verstärkt einzusetzen – es geschieht nur nicht. Im Gegensatz zu ordnungsrechtlichen Instrumenten sorgen marktwirtschaftliche bei Unternehmen und Verbrauchern für ein eigenständiges ökonomisches Interesse an umweltverträglichem Verhalten und schaffen damit die Voraussetzung für die eigenverantwortliche Vermeidung von Umweltbelastungen durch den einzelnen. Diskutiert werden etwa:[227]

Umweltlizenzen. Der Staat legt maximale Gesamtbelastungen der Natur fest und vergibt kostenpflichtig Belastungszertifikate. Der Inhaber des Zertifikats darf im festgelegten Umfang die Umwelt belasten. Die Zertifikate sind äußerst knappe Güter, sie können zwischen den Unternehmen gehandelt werden. Der Inhaber eines Zertifikats könnte nach Durchführung einer Umweltschutz-Investition die für ihn dann überflüssigen Zertifikate ganz oder teilweise (mit Gewinn) verkaufen. Der Vorteil des Instruments liegt darin, daß es eine Verschmutzungsobergrenze gibt, die der Staat festlegt, auch lockern oder verschärfen kann, die Gegenstand öffentlicher Diskussion sein würde.

Die Lizenzkosten und die Verschmutzungsgrenzen würden auf die Unternehmen marktwirtschaftlichen Druck zur Einführung fortschrittlicher Umwelttechnologien ausgeüben. Erfahrungsberichte aus den USA lassen gute Erfolge erwarten.

Freiwillige Absprachen (siehe oben S.101). Sie gehören sicherlich in einer Marktwirtschaft zum anzuwendenden Umweltinstrumentarium; man darf sich von ihnen nicht zu viel „freiwilliges“ Entgegenkommen erhoffen.

Ökosteuern (siehe auch oben S. 35). Sie stehen im Mittelpunkt des Interesses. Da der Begriff zu sehr mit Grünen oder Sozialdemokraten identifiziert wird, verwenden ihn nicht alle Parteien. Auf den Begriff könnten wir verzichten; in der Sache geht es um die Verteuerung unerwünschten Verhaltens. Dies ist unverzichtbar. *Wir können die Umwelt in Zukunft nicht mehr zum Nulltarif nutzen.* Das steht inzwischen in allen Parteiprogrammen und in allen Gutachten der Wissenschaft und der Wirtschaftsverbände. Um ein Bild aus der Bankensprache zu gebrauchen: Wir haben die Zinsen unseres Umweltkapitals schon seit langem verbraucht und leben seitdem von unserem Umweltkapital – dieses Bild verwenden die GRÜNEN, die SPD, Umweltminister Töpfer. *Wir haben heute und in Zukunft nur noch die Wahl zwischen zwei Übeln:* Unser Land und die ganze Welt zu ruinieren oder erhebliche finanzielle und andere Anstrengungen für den Umweltschutz zu tun.

Eine Ökosteuer ist geeignet, beide Ziele der Umweltpolitik zu fördern: Die nicht erneuerbaren Ressourcen zu schonen und Belastungen der Umwelt zu mindern. In Ökosteuern darf man allerdings kein Allheilmittel sehen. Es ist stets das Instrument zu wählen, dessen Einsatz den jeweils größten Erfolg erwarten läßt. Zur raschen und konsequenten Lösung einer akuten Gefahr oder zur Vermeidung irreversibler Entwicklungen wird man sich im allgemeinen für ordnungsrechtliche Verbote, Auflagen, Grenzwerte entscheiden. In anderen Fällen sind Steuern, freiwillige Absprachen, besondere Kennzeichnungen als Information der Bürger, Haftung, Strafe usw geeigneter.

Darüber hinaus gibt es eine Reihe von Anforderungen an das jeweils optimale Instrument:[228]

a. *Die ökologische Wirkung* eines zu wählenden Instruments muß *erheblich und nachprüfbar* sein. Entweder muß der weitere Verbrauch von Rohstoffen oder die Belastung der Umwelt gemindert werden. Wie bei einem Arzneimittel müssen positive Heilwirkungen und unerwünschte Nebenwirkungen bedacht und gegeneinander abgewogen werden (Tyll Necker).

b. Über Maßnahmen zum Umweltschutz sollte ein *breiter Konsens* angestrebt werden. Wir müssen über soziale Gerechtigkeit im einzelnen Fall nachdenken. Das Kooperationsprinzip gebietet die beratende Beteiligung aller gesellschaftlichen Kräfte. Akzeptanz herzustellen, ist vor allem Aufgabe der

Parteien. Das Grundgesetz weist ihnen deshalb in Artikel 21 die Aufgabe zu, bei der Willensbildung des Volkes mitzuwirken. Der Schutz der Umwelt ist wohl die bedeutenste Zukunftsaufgabe in unserer Gesellschaft – die Parteien sollten sich an die Spitze der Umweltbewegung setzen. Bisher gehörten sie zu den zahlreichen Schlußlichtern.

c. Maßnahmen der Umweltpolitik müssen *langfristig* angelegt sein, um vor allem den Unternehmen Sicherheit für ihre Entscheidungen zu geben. Beruhen die grundlegenden Entscheidungen auf einem breiten Konsens, dann werden wir auch keine Mühe mit einer kontinuierlichen Politik haben.
Es wird unvermeidlich sein, daß einige „finanziellen Lösungen" drastisch ausfallen. Sie dürfen bei ihrer Einführung nicht als ökonomischer Schock auf die Wirtschaft oder die Bürger wirken. Werden „finanzielle Lösungen" mit einem angemessenen Tempo eingeführt, dann können Lenkungswirkungen auf ihre tatsächliche Effizienz beobachtet und Beeinträchtigungen der Wettbewerbsfähigkeit heimischer Unternehmen auf ein vertretbares Maß begrenzt werden.

d. Gesetze zum Schutz der Umwelt müssen *sorgfältig vorbereitet und formuliert* werden, damit legale Umgehungsmöglichkeiten ausgeschlossen werden. Wir müssen weiterhin, soweit möglich, unterbinden, daß eine Umweltbelastung durch eine andere ersetzt wird. Sorgfältig bearbeitete Gesetze bedeutet darüberhinaus, daß Maßnahmen zum Schutz der Umwelt organisatorisch einfach, sinnvoll und technisch machbar geregelt werden.

e. *Die Politik darf sich nicht nur auf das gerade dringend Notwendige beschränken*[229]. Mit staatlichen Maßnahmen darf nicht bis zum endgültigen Nachweis einer Umweltschädigung gewartet werden[230]. Unangreifbare Kausalketten können häufig gar nicht aufgestellt werden. Es ist ausreichend, z.B. wahrscheinlichen Verursachern von Schäden einen plausiblen Grund für Beschränkungen oder eine Besteuerung anzugeben. Das ist ein Prinzip, das auch sonst bei der Gesetzgebung gilt. – In der Verteidigungspolitik wurde bisher auf jede denkbare und auf jede noch so vage Möglichkeit mit neuen Strategien, technischen Entwicklungen und grenzenlosen Beschaffungen reagiert; in der Umweltpolitik soll dagegen völlig gesicherte Erkenntnis zunächst einmal zum Nachdenken über Handlungsmöglichkeiten veranlassen. Das ist nicht länger akzeptabel; die Entwicklungen der Umwelt bedrohen unsere Zukunft heute wahrscheinlich schon realer, als es der Atomkrieg in den vergangenen Jahrzehnten je tat.
Außerdem muß die Politik ständig *offen sein, neue umweltpolitische Instrumente zu entwickeln.* Den Bekenntnissen der Bundestagsparteien zur Intensivierung der Umweltpolitik müssen Taten folgen.

f. Die Umweltpolitik muß eine *Querschnittspolitik* werden, also bei anderen Entscheidungen von vornherein mitberücksichtigt werden. Vor allem die

Finanz-, Wirtschafts-, Verkehrs-, Landwirtschafts- und Sozialpolitik müssen enger miteinander verzahnt werden. *Die Naturwissenschaften müssen für die Politikberatung größere Bedeutung bekommen.* Die Berufungskriterien für Berater müssen durchsichtig sein.

Betrachtet man die Hilflosigkeit und Ratlosigkeit der Wirtschaftswissenschaftler und der Politiker angesichts der augenblicklichen Wirtschaftsprobleme in Deutschland und weltweit, dann bleibt allerdings wenig Hoffnung, daß es vor solch einem Hintergrund gelingen könnte, die Umweltprobleme in den Griff zu bekommen. *Wir stehen offenkundig in vielen Bereichen vor einer Komplexität der Wirklichkeit, die sich unseren Gestaltungs- und Steuerungsmöglichkeiten entzieht.* Das muß nicht in Resignation münden, aber es muß uns den Ernst deutlich machen!

g. *Das Umweltbewußtsein der Bürger muß aktiviert werden.* Zwar sprechen Umfragen von einem hohen Bewußtsein, auch von wachsender Sorge um die Umwelt, sogar von einer zunehmenden Bereitschaft zu Opfern. Aber tatsächlich bestehen zwischen dem abgefragten Bewußtsein und dem Verhalten erhebliche Differenzen[231]. *Das Krisenbewußtsein ist äußerst diffus.* Der wirkliche Ernst der Situation ist nicht deutlich, die Ursachen werden oft falsch gedeutet („die Regenwaldzerstörung“, „die Industrie“, „die Übervölkerung in der Dritten Welt“). Daß „natürliche Vorgänge“ wie das eigene Heizen, Autofahren und Fliegen die Umwelt belasten, mögen viele sich nicht vorstellen. Deshalb soll die Umweltpolitik in diese Bereiche ja auch nicht eingreifen.

Es fehlt ein Bewußtsein der Menschen über die Umweltarmut der Bundesrepublik, ein Bewußtsein über die enorme ökologische Belastung eines der industrie-intensivsten Gebiete der Welt mit gleichzeitig einer der dichtesten Bevölkerungen. Die Bürger müssen bei uns und weltweit über das Ausmaß der Bedrohung intensiv und immer wieder informiert werden. Dazu reichen die Nachrichten über Tagesereignisse nicht aus, weil sie Zusammenhänge und Hintergründe im Dunkeln lassen. Die Bürger müssen wissen, daß bis zum Beweis des Gegenteils angemommen werden muß, daß die Umweltprobleme unsere Lebensgrundlagen ernsthaft bedrohen (vgl. Abschnitte 3, 4, 20, 28). Das Umweltproblem ist in erster Linie ein sozio-ökonomisches Problem, deshalb müssen Reaktionen auf der gesellschaftlich-wirtschaftlichen Ebene erfolgen.- Den Bürgern muß deutlich werden, daß die hochgradige Komplexität der Umweltkrise eine wesentliche Erschwernis der Politik ist, weil unser Wissensstand über die Folgen menschlichen Handelns und über die Selbstregulierungsfähigkeit der Natur gänzlich ungenügend sind. Wir müssen uns deshalb besonders intensiv und ausdauernd um Lösungen bemühen.

Die Politik muß ihre Verharmlosungsstrategien aufgeben. Anfang der 80er entstanden Wald*schadens*berichte, inzwischen hat man sie umbenannt in

Wald*zustands*berichte. Anscheinend kann die Politik nicht damit leben, daß ein Problem trotz lang andauernder Gespräche fortbesteht.

Das Hauptproblem mit Bewußtseinsdefiziten der Bürger ist vermutlich, daß die meisten Umweltbelastungen nicht direkt erfahrbar sind: Wir können sie in aller Regel nicht sehen, fühlen, riechen; wir hören von Experten, die wir nicht kennen, daß etwas gemessen wurde, was wir nicht verstehen, und von dem der Experte auch nichts Sicheres sagen kann. Da es nicht regelmäßig Salzsäure regnet, treffen die Meldungen den Bürger nicht direkt. So wird die Umweltkrise vorwiegend als Medienereignis erlebt(!), und das Krisenbewußtsein erschöpft sich so schnell, wie es entstanden ist – wer sorgt sich heute noch wie 1981 um den deutschen Wald? – Eine weitere Schwierigkeit für das Umweltbewußtsein: Die Belastungen und Umweltverschlechterungen vollziehen sich schleichend; man erfährt aus der Zeitung, daß dieses oder jenes in Jahrzehnten katastrophale Auswirkungen haben kann; darauf heute mit fühlbaren Konsumverzichten zu reagieren, fällt schwer. – Und noch ein Gesichtspunkt: *Der einzelne kann nur wenig bewirken.* Die Natur geht kaputt (genauer: das uns vertraute und förderliche ökologische Gleichgewicht wird durch ein anderes ersetzt), weil die Umwelt mit millionen- und milliardenfachen Belastungen konfrontiert wird – mit vierhundert Millionen Kraftfahrzeugen, mit zwanzig Milliarden Tonnen CO_2 jährlich usw.

Wer vor solchem Hintergrund den Bürgern erzählt, Umweltschutz beginne beim einzelnen, der betreibt Volksverdummung; wenn Bierdosen umweltschädlich sind, müssen sie durch Verbote oder Verteuerungen aus dem Verkehr gezogen werden – die Bürger werden diese Einschränkung ihrer freien Entfaltung hinnehmen; wenn Wäschetrockner Energie verschwenden, passiert ihnen das gleiche; wenn Autofahren Treibhausgase schafft, muß es reduziert werden. Mit dem Spruch „Umweltschutz beginnt beim einzelnen“ verschiebt eine handlungsunfähige Politik die Verantwortung für die Zukunft auf den einzelnen, als wenn der eine Möglichkeit hätte, die Klimakatastrophe aufzuhalten. *Die Müllprobleme kann doch nicht der einzelne lösen, wenn das ganze Wirtschaftssystem auf Müllmaximierung angelegt ist!* Die Politik untergräbt mit solchen ablenkenden Sprüchen unsere vielleicht einzige Hoffnung, nämlich die prinzipiell vorhandene Bereitschaft der Mehrheit, mit Änderungen in den Lebensgewohnheiten ernst zu machen. Beim Hausmüll, der allerdings nur das kleinere Problem im Vergleich zum Industriemüll darstellt, hat die Politik Chancen und Handlungsspielräume nicht genutzt. Die von Grünen, SPD und CDU eindeutig, von CSU und FDP undeutlich unterstützte Parole „Schluß mit der Wegwerfmentalität“ hält auch eine Mehrheit der Bürger für richtig, aber die Politik lenkt nicht, und die Bürgerbereitschaft zur Mitarbeit verpufft ins Leere. Nach der Reklame des Dualen Systems kann man den Eindruck gewinnen, daß sich besonders umweltfreundlich verhält, wer viele Plastik- und Blechpackungen kauft. Gerade diese Verpackungen dürfte es aber nur ausnahmsweise geben.

Exkurs:
Wie ein profilierter Umweltpolitiker die Krise erklärt – und was man daraus für Folgerungen ziehen könnte

Ich möchte diese Überlegungen mit Einschätzungen eines führenden Umweltpolitikers abschließen. Der Bundesinnenminister der Jahre 1978-1982, Gerhard Baum (FDP), stellte 1989 in einem Aufsatz die Frage, warum die Umweltpolitik (konkret zum Treibhauseffekt und zum Ozonabbau) so wenig erfolgreich war[232]. Es gibt in der Umweltpolitik nur wenige Fragen, die noch interessanter sind als diese. Da Baum bereits seit 1972 als Parlamentarischer Staatssekretär im BMI Verantwortung trug, ist kaum jemand berufener als er, darauf zu antworten. Er füllt zunächst einmal einige Seiten mit Worten und stellt dann fest: „In der Umweltpolitik wird vielfach erst dann gehandelt, wenn die Katastrophe bereits eingetreten ist." – Man wüßte gern, wie er sich das erklärt; schließlich war er ja jahrelang der Verantwortliche, der nach seinen eigenen Worten erst die Katastrophe abwartete und dann handelte. – Baum fährt fort: „... Oft hat man den Eindruck, daß eine Lähmung die Menschheit befallen hat, das wirklich Notwendige nun auch endlich zu tun." – Man wüßte gern, wie diese Lähmung der Menschheit sich in seiner Amtszeit konkret zeigte und wie sie seine Politik behinderte und warum er selber nicht handelte, während die Menschheit gelähmt war. War er auch gelähmt? – Zum Schluß mutmaßt er: „Und immer wieder drängt sich die Vermutung auf, daß der Mensch nicht in der Lage ist, im Interesse künftiger Generationen Verzicht zu leisten. Er ist in all seinem Denken und Handeln sehr stark auf seine eigene Lebenszeit konzentriert. Er verdrängt seinen eigenen Tod, und er verdrängt die Zukunftssorge für künftige Generationen."

Seit ich diese Antwort auf die Frage, warum die Umweltpolitik so wenig erfolgreich war, gelesen habe, beurteile ich unsere Chancen, die Umweltprobleme zu lösen, sehr viel skeptischer. Diese für einen ehemaligen Minister bemerkenswerte Analyse läßt wohl nur eine Folgerung zu: Die politische Elite (nicht nur in der Bundesrepublik) scheint durch die Umweltproblematik vollständig überfordert.

30. Internationale Politik[153] Erfolge und Perspektiven?

Wir haben inzwischen zur Kenntnis nehmen müssen, daß die Natur als vernetztes dynamisches System organisiert ist und als komplexer Regelkreis reagiert. Wir durchschauen (zumindest auf die absehbare Zukunft) dieses System nicht, und da uns auch nahezu alle Detailinformationen fehlen, müssen wir von der Annahme ausgehen, daß wir Naturabläufe grundsätzlich nicht steuern können. Die Strukturen der Natur lassen wenig Optimismus aufkommen. Werfen wir deshalb einen Blick auf die internationale Politik. Die meisten Ressourcenprobleme und alle grenzüberschreitenden Emissionen können nur großräumig oder sogar nur weltweit gelöst werden. Am drängensten stellt sich das Problem der Treibhausgase. *Können wir von der internationalen Umweltpolitik Erfolge und Perspektiven erwarten, die die Sorgen unberechtigt erscheinen lassen? Die Antwort ist kurz: Nein.* Für dieses Urteil sprechen viele Gründe.

Wegen der verschiedenen Strukturen und Interessen erscheint es sinnvoll, zwei große Bereiche zu unterscheiden: die Politik der *Industriestaaten untereinander* und das *Verhältnis der Industriestaaten zur Dritten Welt.*

Bis etwa 1991 standen die Bemühungen der Industriestaaten im Vordergrund, untereinander zwei- oder mehrseitige Umweltprobleme zu lösen (Abkommen zur Nordsee, Montrealer Abkommen u.v.a.m.). In diesen Abkommen geht es um die Minderung von Umweltbelastungen, aber auch um eine sinnvolle Gleichbehandlung der Staaten. Alle achten i.d.R. sehr darauf, daß niemand Vorteile auf Kosten eines anderen erringt. Würde sich allein die Bundesrepublik zu strengen Chemiegrenzwerten verpflichten, dann müßten wir die Abwanderung der chemischen Industrie in andere Staaten befürchten. Bei uns gingen Arbeitsplätze verloren, obwohl für den weltweiten Umweltschutz nichts gewonnen wäre. *Eine der Schwierigkeiten der internationalen Politik besteht darin, daß jeder Staat nur Abkommen aushandeln will, die seine eigenen Produktionbedingungen im internationalen Vergleich nicht verschlechtern;* es sollen keine wirtschaftlichen Ungleichgewichte entstehen. Die Bundesrepublik, die USA, Frankreich wollen natürlich durch Umweltschutzabkommen ihre Position in der Weltwirtschaft nicht gefährden. So lautet der Wählerauftrag, überall.

Trotzdem konnten durch völkerrechtliche Verträge Fortschritte in manchen Details erzielt werden. Insgesamt verschlechterte sich der Zustand der globalen Umwelt aber von Jahr zu Jahr. Abkommen mit konkreten Verpflichtungen sind selten; tatkräftige politische Gestaltung fehlt. Die internationale Politik zeichnet sich eher durch unverbindliche Konferenzen aus. Vor allem zur Luftreinhaltung, wo die Problematik der Treibhausgase Reaktionen verlangt, fanden zahllose internationale Konferenzen und Kongresse statt. Wenn das Wort vom Kongreßzirkus irgendwo seine Berechtigung hat, dann hier. Seit Jahren wird mit jeweils hunderten von Teilnehmern konferiert, referiert, diskutiert, an eine taube Politik appelliert. Vierteljährlich oder im Monatsabstand, irgendwo trifft man sich immer. Mal sind es Ministertreffen, mal Kongresse mit Politikerbeteiligung. Bewirkt hat man nicht viel. Konferenzen als Politikersatz.

Zwei von vielen „Glanzlichtern" seien beispielhaft erwähnt: Die UN-Wirtschaftsorganistion für Europa (ECE) lud 34 Minister ins norwegische Bergen (Mai 1990). Hauptthema: CO_2- und FCKW-Reduzierung. Insbesondere die USA, Kanada und Großbritannien verhinderten weitreichende Beschlüsse, die diese Länder mit riesigen Umweltschutzinvestitionen belasten würden. Es sei wissenschaftlich gar nicht gesichert, daß es einen Treibhauseffekt gebe, und wenn doch, dann seien seine Folgen unerheblich.[233] – Konferenz der Unterzeichnerstaaten des Montrealer Abkommens in London („Ozon-Konferenz", Ende Juni 1990): Die britische Premierministerin erklärte angesichts neuer Meßdaten, der rasche Ozonabbau über der Antarktis habe „uns alle überrascht", die Zerstörung der Ozonschicht könnte sich auch über der nördlichen Erdhalbkugel beschleunigen, über den „dichtbesiedelten Regionen der Erde". Die Beschlüsse faßte der SPIEGEL (Nr 27/1990, S. 174 f.) so zusammen: „Die Ministerrunde zeigte Mut zur Ozonlücke: (Die großen Hersteller) dürfen noch über das Jahr 2000 hinaus teilhalogenierte FCKWs absetzen." – Kurz darauf folgte eine Klimakonferenz in Stockholm und im Herbst 1990 trafen sich alle in Genf wieder, 750 Experten aus aller Welt.

In einem Artikel unter der Überschrift: „Noch eine Konferenz zum Schutz des Meeres – die Umweltpolitiker lassen sich viel einfallen" fragte Ulrich Stock in der ZEIT (47/1991, S. 97): „Hat das ganze Reisen, Reden und Papierbeschreiben dem Meer geholfen? Stellt man Wissenschaftlern diese Frage, seufzen sie („gute Frage") und spenden Trost: Umweltpolitik ist ein langwieriger Prozeß, zumal in der Demokratie und so weiter."

Warum sind auf der Ebene der internationalen Politik zwischen den Industriestaaten so wenig Problemlösungen zu verzeichnen? Die Interessen der einzelnen Staaten gehen weit auseinander; durch Beschlüsse würden sie sehr verschieden betroffen sein. Die USA, Kanada, Großbritannien und andere werden oder können keinen CO_2-Reduktionen zustimmen, weil sie ihre gesamte Energiewirtschaft bis zu den Haushaltsgeräten umstellen oder – wie das Schwellenland China – ihre Politik des Wirtschaftswachstums aufgeben müßten. – Irgendwo ist immer gerade Wahlkampf, und während dieser Zeit kann keine Regierung Umweltprogramme beschließen, von denen irgendwer behaupten könnte, sie strangulieren die eigene Wirtschaft. Die Wähler honorieren solch eine Politik nicht. Wenn aktive Umweltpolitik massenhaft Wählerstimmen brächte, würden die Politiker bei uns und andernorts nur noch Umweltprogramme beschließen und durchsetzen. Dazu kommt für die politische Entscheidungsebene noch, daß die meisten Umweltprobleme nicht ganz drängend sind. Also werden sie verschoben. Der „künftige konsequente Schutz der Umwelt" ist allemal wirksamer zu präsentieren als der heutige.

An diesen Strukturen wird sich für die absehbare Zukunft nicht viel ändern. Es gibt sogar umgekehrt beunruhigende Hinweise auf einen wachsenden Egoismus, dem die Regierungen folgen.

An die Umweltpolitik der *Europäischen Gemeinschaft* richten sich ebenfalls keine nennenswerten Erwartungen.

Zukunftsweisende Schritte sind von der EG bisher nicht ausgegangen, und dabei wird es vorläufig bleiben. Die EG ist eine Staatenverbindung zum Zwecke wirtschaftlicher Zusammenarbeit. Zwar müßte sich heute auch die

Wirtschaftspolitik ökologischen Imperativen unterordnen, aber real geschieht dies nicht. Die EG ist seit einiger Zeit für einheitliche Umweltmaßnahmen zuständig, wenn diese „besser auf Gemeinschaftsebene erreicht werden können als auf der Ebene der einzelnen Mitgliedstaaten.“ Wenn in Bonn eine Umweltfrage in schlechte Hände gelegt werden soll, dann macht man seit zwanzig Jahren die besten Erfahrungen mit Zuständigkeiten des Wirtschafts-, Verkehrs- oder Landwirtschaftsministeriums. Daran sollte man denken, wenn man sich erinnert, daß die Abkürzung EG drei europäische Institutionen zusammenfaßt: Die Europäische Gemeinschaft für Kohle und Stahl (EGKS oder Montan-Union), die Europäische Wirtschaftsgemeinschaft (EWG) und die Europäische Atomgemeinschaft (EURATOM) – *solche Organisationen sind keine geborenen Sachwalter für den ihnen gegenüber teilweise gegenläufigen Umweltschutz.* Ich schreibe dies als überzeugter Europäer, der die EG und andere europäische Einrichtungen für einen historischen Glücksfall in der Entwicklung unseres Kontinents hält. Gerade aus der Zustimmung zu Europa folgt meine Kritik an Umweltschutz- und an Demokratiedefiziten. Wird die EG geschwächt, dann muß man allerdings befürchten, daß die Umweltfragen eine noch geringere Aufmerksamkeit erhalten.

Die Prognosen der Umweltpolitiker über weitere Umweltfortschritte sind bereits seit Jahren zurückhaltend-skeptisch. Schwerwiegende Bedenken gegen Defizite wurden erstmals in einer Studie unabhängiger Experten für die EG-Kommission Ende 1989 formuliert. Die Studie wurde zunächst der Öffentlichkeit vorenthalten und nur bruchstückweise bekannt[234].

Eine Darstellung der zu erwartenden Schwierigkeiten würde ein eigenes Buch erfordern. Ich möchte mich auf einige Stichworte beschränken, die ich einem SPIEGEL-Interview (Nr 29/1992, S. 84 ff.) mit dem bisherigen Umwelt-Kommissar Carlo Ripa di Meana entnehme; zur Zeit des Interviews war di Meana als EG-Kommissar zurückgetreten und als italienischer Umweltminister berufen. Der Italiener war aus Protest über einschränkende Umweltbeschlüsse des EG-Ministerrates („Maulkorb“ für di Meana) nicht zur Umweltkonferenz nach Rio gefahren und von den EG-Regierungschefs scharf gerügt worden; auch Kommissionspräsident Delors, sagt er, sei nur unter Protest geflogen, „in Rio ausgestiegen und wieder zurückgejettet, ohne auf der Konferenz das Wort zu ergreifen.“ – „Es steht schlecht um die europäische Umweltpolitik. Für mich war die Konferenz in Rio von Anfang an zum Mißerfolg verurteilt. ... Es gibt noch keine Instrumente, die Emissionen von Kohlendioxid bis zum Jahr 2000 auch tatsächlich auf dem Niveau von 1990 zu stabilisieren. ... Für die Klimakonvention, die der Menschheit die katastrophalen Auswirkungen des Treibhauseffektes ersparen soll, gab es keine konkreten Termine.“

Auf den Hinweis, die Briten (als derzeitige Ratsvorsitzende) wollten überhaupt keine EG-Umweltpolitik, antwortet di Meana, er sehe dies als Gefahr, „die unter dem Deckmantel der Subsidiarität daherkommt. Die Anwendung des EG-Umweltrechts ist allen Regierungen ein Dorn im Auge." Spanien wolle Hotellandschaften bauen und sich aus Brüssel nicht an Naturreservate erinnern lassen; Bonn könne die EG-Trinkwassernorm in vielen Regionen nicht erfüllen; Paris sehe seine (Hobby-) Jäger durch EG-Vogelschutzrecht eingeschränkt. – Angesichts vielfältiger Kritik hat EG-Präsident Delors angekündigt, daß die Einhaltung von EG-Umweltrecht nicht mehr überwacht werden soll[235]; di Meana dazu: Dieser Verzicht wäre eine umweltpolitische Katastrophe; ohne Kontrolle durch den Europäischen Gerichtshof könne man das EG-Umweltrecht vergessen. Er selber sei in der Allianz mit EG-Recht, Europaparlament und Umweltbewegungen einigermaßen erfolgreich gewesen. „Die großen Herren der internationalen Politik" Kohl, Gonzáles, Major seien durch ihn „in ihrer Heuchelei gestört worden."

*

Die Industriestaaten kamen in der Umweltpolitik nur mühsam miteinander zurecht. Seit den Vorbereitungen zum Umweltgipfel von Rio (Juni 1992) ist das bereits äußerst komplizierte Geflecht zwischen ihnen für die Weltöffentlichkeit sichtbar bereichert worden um die umweltpolitischen Beziehungen der Industriestaaten zu allen anderen Staaten, die wir mit dem unpräzisen Begriff Dritte Welt belegen. Innerhalb der Dritte-Welt-Staaten hat die zu Industriestaaten aufsteigende Gruppe, sog. Schwellenmächte, besondere Bedeutung für die künftige globale Umweltsituation.

Was müßte aus globaler Sicht geschehen? Die *Weltbevölkerung* dürfte nicht weiter wachsen, sondern ihre Zahl müßte bereits in der nächsten Generation sinken. Die *Weltwirtschaft* müßte halbwegs gerecht austariert werden. Die Industriestaaten müßten ihre Umweltbelastungen drastisch mindern; allen Staaten könnten *Quoten für Naturbelastungen* und Ressourcennutzungen zugewiesen werden (Umweltlizenzen). Nimmt ein Staat seine nicht in Anspruch, dann kann er sie meistbietend international verkaufen. Die weitere *Industrialisierung in den Schwellenländern* müßte sich unter Einsatz modernster Technologien vollziehen, die sowohl umweltschonend als auch energiesparend arbeiten.

Was wird davon geschehen? Wahrscheinlich nichts. Daß die Weltbevölkerung sinken muß, werden wir von der Dritten Welt weiter fordern, ohne die Übervölkerung bei uns zur Kenntnis zu nehmen. Wir haben hier offenkundig ein nicht politisch lösbares Problem; um Europäern die Schwierigkeiten deutlich zu machen, haben indische Politiker darauf verwiesen, daß die Industriestaaten ja auch nicht in der Lage seien, ihre Fahrzeugbestände zu verkleinern.

Eine Neuordnung der Weltwirtschaft wird es ebenfalls nicht geben. Die Frage nach einer gerechten Weltwirtschaftsordnung stellt sich als Vorfrage jeder sinnvollen Zusammenarbeit beim Umweltschutz im Verhältnis der Industriestaaten zur Dritten Welt. Schon ihre Vorstufe, eine bloße Liberalisierung des Welthandels (GATT-Runde), ist im Sommer 1992 erneut gescheitert, obwohl sie für jede marktwirtschaftliche Ordnung an sich eine Selbstverständlichkeit sein müßte. Es gelang auf dem G-7-Gipfel in München (Regierungschefs der 7 wichtigen Industriestaaten und EG) nicht, gegen die Agrarlobby in Frankreich und Deutschland den Agrarhandel als Teil des Welthandels zu liberalisieren. *Damit entsteht die Gefahr, daß der gesamte Welthandel in Teilmärkte zerfällt mit der möglichen Folge, daß dann auf unbestimmte Zeit auch keine globale Umweltpolitik stattfinden wird.* Wir erlebten im Sommer 1992 keinen guten Start in eine „neue Weltordnung" und einen Fehlstart in die Globalisierung der Umweltpolitik.[236]

Noch eine ganze Dimension schwieriger ist die Herstellung einer gerechten Weltwirtschaftsordnung. Sie wird in den Industriestaaten seit Jahrzehnten diskutiert, aber nicht realisiert. Während der Rio-Konferenz ist das Haupthindernis immer wieder formuliert worden: Die Industriestaaten müßten mit den übrigen Staaten den möglichen Wohlstand dieser Welt teilen. Das ist – ich schreibe es ohne Zynismus – ein Traum von Philantropen und ein Alptraum für die Mehrzahl der Bürger in den Industriestaaten. Dafür werden sich nie demokratische Mehrheiten in diesen Staaten finden.

Die Mittel für die Dritte Welt, damit auch für Umweltschutz, werden knapper werden. Nach dem Ende des Ost-West-Konfliktes war die Hoffnung auf eine neue Weltordnung aufgekommen. Sie erwies sich schnell als Illusion. Weltpolitik während des Ost-West-Konflikts hatten wir immer für schwierig gehalten; aber Weltpolitik danach ist noch schwieriger. Der Egoismus einzelner Staaten oder Regionen wird nicht mehr von der Angst im Kalten Krieg begrenzt. Die Wirtschaften Osteuropas brechen zusammen (was niemanden überraschen kann, denn der ökonomische und ökologische Zustand war Ausgangspunkt des politischen Zusammenbruchs), dazu behindert Nationalismus eine aktive Aufbaupolitik; der Westen hat eigene schwerwiegende Probleme, in den USA gelingt die Umstellung der Militärindustrie auf zivile Orientierungen nicht, von der erträumten „Friedensdividende" ist weltweit nichts zu sehen. Eine jahrzehntelange Entwicklungshilfe war in zahlreichen Staaten erfolglos. Überall scheint die Kraft für die neuen Herausforderungen zu fehlen. *Für eine erfolgreiche globale Umweltpolitik sind das keine günstigen Bedingungen.*

Es zeichnet sich ab, daß es weiterhin drei Entwicklungsgeschwindigkeiten geben wird; eine für die Erste Welt, eine für die Schwellenländer und eine für die übrige Welt, die abwärts gerichtet ist. Rund ein Viertel aller Staaten sind vermutlich endgültig von jeder Wachstumsentwicklung abgekoppelt – durch vielfältige Gründe, von Naturveränderungen über Bürgerkriege bis zur Mißwirtschaft der einheimischen Eliten. Wir werden weiterhin als Almosenier eine auf Ruhigstellung des Problems gerichtete Entwicklungshilfepolitik betreiben und zur Selbsthilfe ermahnen.

*

Ändern und intensivieren wird sich vielleicht die internationale Umweltpolitik zwischen Industrie- und Schwellenländern.

Am Beispiel Chinas kann diese Einschätzung exemplarisch gezeigt werden. Beim derzeitigen chinesischen Entwicklungsstand bedeutet industrielles Wirtschaftswachstum ein fast proportionales Ansteigen des Energiebedarfs und damit auch der Schadstoffe. In hochmodernen Industriestaaten wie Japan oder der Bundesrepublik ist das Wirtschaftswachstum dagegen vom Energiebedarf weitgehend abgekoppelt. China will seine Energieproduktion in den beiden nächsten Jahrzehnten drastisch steigern und zwar mit der im Lande reichlich vorhandenen Kohle. Man nimmt an, daß es seinen CO_2-Ausstoß in den nächsten zwanzig Jahre verdreifachen wird. China ist heute bereits der drittgrößte CO_2-Emittent mit zwei Milliarden Tonnen (ein Zehntel der Welt, das Dreifache der alten Bundesrepublik, fast die Hälfte der USA-Werte; siehe unten S. 129).

Traumziel deutscher Politik ist nach einem Vorschlag der Enquetekommission die Minderung des eigenen CO_2-Ausstoßes von 715 Millionen Tonnen (alte Bundesländer 1986) bis zum Jahr 2005 um jährlich 150 oder 200 Millionen. Dies wird nur mit großen Anstrengungen und teuren Investitionen möglich sein. *Wenn China im selben Zeitraum seine zwei Milliarden Tonnen auf jährlich sechs Milliarden aufstockt, können wir alle Bemühungen um die Minderung der Treibhausgase beenden und uns auf unsere Abfall- und Trinkwasserprobleme beschränken.*

Eine Verschärfung dieser Prognose würde sich ergeben, falls China private Pkw's als Initialzündung für einen gewaltigen Wirtschaftsboom auch im Infrastrukturbereich entdecken sollte (es sei an die Parallele zur Bundesrepublik Deutschland seit den 50er Jahren erinnert). Vor 20 Jahren gab es weltweit 200 Mio Pkw, heute sind es mehr als doppelt soviel. Allein China könnte in den nächsten zwanzig Jahren für die nächste Verdopplung des Bestandes sorgen, für die der Luftschadstoffe durch Kraftfahrzeuge ebenfalls. Unwahrscheinlich ist diese Entwicklung in China oder beliebigen anderen Schwellenländern nicht. In den großen Städten und auf dem Lande ist überall durch Fernsehen und Film westlicher Lebensstil bekannt. Hunderte Millionen Menschen träumen von einem Auto. *Theoretisch eröffnet dies die Chance für traumhafte volkswirtschaftliche Wachstumsraten, praktisch bedeutet es den globalen ökologischen Zusammenbruch.*

China ist nur eins von vielen Beispielen. – Wenn überhaupt, dann ist ein umweltverträgliches Wachstum in den Schwellenländern nur unter Einsatz modernster Technologien möglich, die sowohl umweltschonend als auch energiesparend arbeiten. Diese Technologie können die aufstrebenden Staaten vermutlich nicht bezahlen. Es bliebe noch die Möglichkeit, sie als eine Art Entwicklungshilfe preiswert zu liefern. Das klingt erfolgversprechend, wird aber nicht zu realisieren sein. Es ist kaum finanzierbar und hätte die Konsequenz, daß die Wirtschaft dieser Staaten einen höheren Modernisierungsstand erhielte, als ihn durchschnittliche Industriestaaten haben. Die bisherige Erste Welt wäre überholt.

Was geschehen soll, ist unklar, ebenso, ob es realisierbare Lösungen überhaupt gibt. Im Energiebereich beispielsweise ist die *Umweltbelastung mit Treibhausgasen durch die Industriestaaten bereits so groß, daß eine Klimakatastrophe wahrscheinlich ist, auch wenn kein Land in Zukunft zusätzliche Gase produziert.* Es reicht nicht mehr, die Industriestaaten auf dem status quo einzufrieren (das wird im Augenblick ohne Erfolg versucht), und das Energiewachstum der Schwellenländer umweltfreundlich zu gestalten (ob das gelingt, ist zweifelhaft).

Theoretisch kann man sagen, nur eine weltweite Kooperation hilft. Aber worüber soll kooperiert werden? Welche Spielräume, etwa über Verzichte im Lebensstil, werden die Wähler der Industriestaaten ihren Regierungen geben? Die Interessen in der internationalen Politik verlaufen zu konträr, und es fehlt eine Weltinnenpolitik; *das Ziel der Industriestaaten ist die Bewahrung ihrer Privilegien.* Die Privilegien sind politikresistent; sie werden, wenn die Prognosen zur Klimasituation stimmen, erst im nächsten Jahrhundert durch die Natur beendet. Die Themen für den Ausklang unseres Jahrhunderts werden wohl Massenelend, Umweltgifte, Klimawandel bleiben. In der Klimapolitik sieht es nicht so aus, als könnte die internationale Politik eine Wende herbeiführen. Wir müssen also hoffen, daß wir uns bei den Prognosen geirrt haben. Sonst lautet die Perspektive für das nächste Jahrhundert Klimakatastrophe und Dezimierung der Menschheit.

*

Anforderungen an die internationale Umweltpolitik und ihr Versagen lassen sich am Beispiel der Genforschung gut aufzeigen.

Gentechnik gilt bei den Befürwortern als Segen für die Menschheit, als die Zukunftstechnologie schlechthin, in ihrer Bedeutung vor Energiefragen, der Computerentwicklung und allem anderen rangierend. Die Kritiker erblicken demgegenüber nur Gefahren, gänzlich unwägbare Risiken für Mensch und Umwelt, eine ganze Stufe gefährlicher als die Kernenergie. Mir scheint, daß beide Beurteilungen gleichzeitig zutreffend sind.

Wir stehen an der Schwelle zu neuen Entwicklungen. In Tausenden von Labors wird weltweit geforscht. Die Medizin soll zu neuen Ufern aufbrechen (z.B. durch Eingriffe in die Erbsubstanz bei Krankheiten), der Hunger in der Welt soll durch allerlei Einwirkungen auf Pflanzen und Organismen überwunden werden, Hilfen beim Umweltschutz sollen entwickelt werden (z.B. Bakterien, die ausgelaufenes Öl zersetzen und dann absterben). *Unter Sicherheitsaspekten* werden Risiken durch das *unbeabsichtigte Entweichen* gefährlicher manipulierter Gene diskutiert und das *beabsichtigte Freisetzen* von veränderten oder neu geschaffenen Organismen in Feldversuchen und später durch Kommerzialisierung. Die Forschung ist weit fortgeschritten, Freisetzung und kommerzielle Nutzung sind an der Tagesordnung. Risiken können aufgelistet, aber nicht objektiv eingeschätzt werden. Wie beim Roulette könnten wir Glück oder Pech haben.

In der Bundesrepublik bestehen relativ strenge Sicherheitsbestimmungen und öffentliche Mitwirkungsrechte der Bürger im Genehmigungsverfahren etwa für Produktionsanlagen. Wir führen seit einem Jahrzehnt ausführliche Diskussionen über Ethik und Risiken. Es steht viel auf dem Spiel: unsere Sicherheit einerseits und die Zukunft der Bundesrepublik als Industriestandort anderseits. In der Industrie gilt die Bundesrepublik inzwischen als Staat, aus dem betreffende Forschung und Produktion ausgelagert werden sollte.

Ist unser Risikobewußtsein in Deutschland übersteigert, oder geht es nicht weit genug? Die Frage ist nicht zu beantworten. Wir haben aber nach allen Erfahrungen mit anderen Entwicklungen keinen Grund, Atteste über die Unbedenklichkeit der Gentechnik für richtig zu halten. Dabei sprechen wir über Risiken, die uns, die Entscheidergeneration, kaum treffen werden, aber die nächste oder künftige Generationen sehr wohl treffen können.

Bei der Industrie und in anderen Ländern hält man die Sicherheitseinwände für weit überzogen und für „typisch deutsch". Die Bayer AG hat sich „sehr eingehend überlegt", welches der ideale Standort für die Produktion des Blutgerinnungsfaktor VIII ist, und als multinationaler Konzern mit vielen Standorten auf der ganzen Welt entschied sie sich für die USA. Gegen eine Anlage in der Bundesrepublik erwies sich eine von Hoechst vor Jahren errichtete Produktionsanlage für Humaninsulin als höchst abschreckend: bis heute wurde keine Produktionsgenehmigung erteilt.

Der ökologische Aspekt, das Nachdenken über die Wechselwirkungen eines Organismus mit der übrigen Natur, kommt inzwischen erschreckend kurz. Das könnte daran liegen, daß heute mehr Chemiker als Biologen an Genprojekten arbeiten, technisch-operationale Fragen vor biologisch-ökologischen gelöst werden. Eine Rolle spielen selbstverständlich auch wieder Wirtschaftsinteressen, die schon in der Vergangenheit der Umweltpolitik weitgehend den Handlungsrahmen absteckten; in der Gentechnik geht es um neue Märkte mit Milliardengeschäften. Risiko- und Umweltüberlegungen werden es schwer haben.

Vermutlich ist der richtige Weg, bei der Entscheidung über Forschung und Produktion einerseits die Arbeitsplätze zu berücksichtigen sowie die Einschätzung der Gentechnik als Zukunftstechnologie, aus der Deutschland sich nicht ausklinken darf. Dem stehen andererseits die Risiken gegenüber. Da diese gewaltig sind, ist ein äußerst vorsichtiges Entwicklungstempo geboten. Dies müßte weltweit nach überall gleichen Maßstäben geschehen. *Wir müßten die Entwicklung verlangsamen.* Aber entspringt das objektiven Notwendigkeiten, oder ist es wieder nur der Versuch, unsere Interessen den anderen unterzuschieben? Und wie soll ein Verlangsamen im internationalen Wettbewerb verwirklicht werden? Es gibt fast einen Wettlauf der Staaten um die

Forschungs- und Produktionsstätten. Verständlich aus der Perspektive der nationalen Politik kann das sein. Für den künftigen Wert eines Landes als Industriestandort ist das know how über Zukunftstechnologien von außerordentlichem Wert. Die Genforschung und eine spätere Produktion schaffen hochqualifierte Arbeitsplätze, versprechen einen Spitzenplatz im internationalen Vergleich, ziehen Wissenschaftler ins Land, regen das vorhandene wissenschaftliche Leben an und bescheren weitere Vorteile. Dem stehen zwar Restrisiken gegenüber; aber vor ihnen lassen sich die Augen leicht schließen: Gentechnik wird seit Jahrzehnten betrieben, Tausende von Labors sind beteiligt, abertausende von Versuchen sind durchgeführt – nennenswerte Unfälle gab es nicht. Vermutlich haben ja auch die beteiligten Wissenschaftler ein hinreichendes Überlebensinteresse, so daß schon nichts passieren wird.

Ausländische Staaten (auch EG-Mitglieder) bieten also deutschen Konzernen eine neue Forschungs- und Produktionsheimat an. Damit gerät jede Bundesregierung unter einen enormen Druck; sie muß die Zukunft Deutschlands richtig gestalten. Wenn wir nur noch die Techniken des 19. Jahrhunderts subventionieren (Bergbau, Stahlwerke, Werften usw.) und die Landwirte mit Subventionen vor Weltmarktpreisen schützen, ist es um den Industriestandort Deutschland geschehen.

Die Gentechnologie ist ein Musterfall für die Notwendigkeit globaler Absprachen mit dem Hauptziel, die Entwicklung zu verlangsamen. Das würde für die internationale Politik Absprachen bedeuten, die überall gleiche Arbeits- und Auswertungsbedingungen schaffen. – Solche Absprachen im Rahmen von Umweltpolitik scheinen aber beim vorherrschenden Marktmodell der Konkurrenz der Staaten und Konzerne die Möglichkeiten der internationalen Politik zu überfordern. Wenn Deutschland nicht die besseren Konditionen bietet, müsse man sich leider andernorts umsehen, sagt die Wirtschaft. – Versagen hier Marktmodell und internationale Politik, oder sind wir nur überempfindlich (wie Johannes Gross und Herrmann Lübbe meinen)?

31. Deutsche Politik: Erfolge und Perspektiven?

Im 29. Abschnitt wurde bereits versucht, auf die Frage „Was muß geschehen?“ zu antworten. Es wurde darauf verwiesen, daß Kern jeder künftigen Umweltpolitik die Anwendung der drei Grundprinzipien (Vorsorge-, Verursacher-, Kooperations-) sein muß. Bei konsequenter Anwendung werden Verteuerungen (vor allem durch Ökosteuern) zwingend, damit sich in den Preisen aller Produkte und Dienstleistungen die vollständigen Kosten, die internen wie die externen, spiegeln. Die versteckte Subventionierung umweltbelastender Verhaltensweisen würde damit enden.

Auch wenn viele Umweltprobleme nur weltweit zu lösen sind, müssen wir uns dennoch im Alleingang den bei uns bestehenden Aufgaben aktiv zuwenden. Unsere Kinder erkranken nicht an Klimagasen aus den USA, sondern durch die Autoabgase in unseren Städten. Wir haben vom Abfall bis zum Wasser genügend hausgemachte Schwierigkeiten, denen gegengesteuert werden muß.

Umweltpolitik wird sich weiter in Details entwickeln. Tausend kleine Probleme werden geregelt; jedes einzelne vergleichsweise unbedeutend. Hier hat die Parole „Umweltschutz fängt beim einzelnen an" eine gewisse Berechtigung. – Umweltschutz wird durch das Auseinanderfließen in tausend Einzelfragen für den Bürger noch schwerer durchschaubar. Es muß darauf geachtet werden, daß die Politik sich nicht in bloßem Flickwerk erschöpft.

Spätestens seit dem Ende der 80er Jahre wissen wir, daß alle bisherigen Bemühungen unzureichend waren. Wird die deutsche Umweltpolitik die erforderlichen Maßnahmen auswählen und politisch durchsetzen? Der Blick auf unsere inländischen Bemühungen muß auch wohlwollend-optimistische Betrachter ratlos werden lassen. Ein Beispiel[237] dazu:

Der im Juli 1992 von Bundesverkehrsminister Krause vorgelegte erste gesamtdeutsche Verkehrswegeplan ist ein großer Schritt zurück hinter den bereits erreichten Diskussionsstand. Der Plan mißachtet den Konsens in den Verkehrszukunftsplanungen des Umweltministeriums, der CDU- und SPD-Bundesparteitage von 1989 und der Umweltschutzverbände; insbesondere die falsche Gewichtung zwischen großzügigem Straßenbau und geringer Förderung von Bahn und öffentlichem Nahverkehr ist zu beklagen. Den Umweltschutz hat der Verkehrsminister nach seinen eigenen Worten insoweit berücksichtigt, als der Straßenbau keinen Vorrang habe – eine Behauptung, die die tatsächlichen Prioritäten des Verkehrswegeplans dreist auf den Kopf stellt.

Ein Dauerproblem besteht darin, daß kritische Diskussion abgeblockt und die Datenbasis für Entscheidungen reduziert wird, reduziert auf ein der Regierung genehmes Spektrum. Da dies ziemlich durchgängig versucht wird, trifft es mal die Umweltpolitik, mal einen anderen Bereich. Mindestens in der Umweltpolitik lassen sich auf diese Weise keine optimalen Ergebnisse erreichen.[238]

Stehen wir vor einem Scheitern der Umweltbemühungen? Die Strukturen der Natur sind uns nur schwer zugänglich, steuern können wir sie bisher nicht, und dabei wird es wahrscheinlich bleiben. *Die nationale Politik der Bundesrepublik* kann die Weltprobleme nicht bewegen und *bekommt bisher auch die im eigenen Land lösbaren Themen überwiegend nicht in den Griff.*

Werfen wir einen Blick auf zwei besonders wichtige Bereiche, die hier exemplarisch angesprochen werden sollen: Energie- und Verkehrsfragen.

Energie[239]

1. Energie wird ganz überwiegend durch Verbrennung fossiler Träger (Kohle, Öl, Erdgas) gewonnen. Dabei steigen jährlich allein in der Bundesre-

publik Hunderte von Millionen Tonnen Schadstoffe in die Luft: Kohlendioxid (das den Treibhauseffekt mitbewirkt), Stickoxide, Schwefeldioxid (die beide erheblichen Anteil am Waldsterben haben). Die bei der Energieerzeugung entstehenden Schadstoffe sind vom eingesetzten Energieträger abhängig; im Zusammenhang mit einer CO_2-Abgabe nimmt man für Braunkohle, Steinkohle, Erdöl und Erdgas eine Belastungsrelation von 121 : 100 : 88 : 58 an.

In der EG wurden 1987 2,6 Milliarden Tonnen Kohlendioxid emittiert, in den USA 4,7 Milliarden, in der UdSSR 3,7 Milliarden, in China 2 Milliarden; weltweit geht man von 20 Milliarden Tonnen aus. EG-Spitzenreiter Bundesrepublik emittierte 715 Mio Tonnen (knapp 30% der EG-Menge), davon ein Sechstel durch Straßenverkehr. Brasilien lag durch die Brandrodungen etwa mit der Bundesrepublik gleichauf. Die DDR kam auf „nur" 350 Mio Tonnen – angesichts ihrer kleinen Bevölkerungzahl war sie die Nr 1 beim Ausstoß pro Einwohner. Frankreich mit kleinerer Bevölkerung und doppelt so großer Fläche als die alte Bundesrepublik emittierte nur die Hälfte unserer Menge – zum Ausgleich schafft Frankreich für ganz Europa Risiken mit einer großen Zahl von Kernkraftwerken.[240].

Die Energiefrage betrifft weltweite Probleme, und sie kann nur global oder gar nicht gelöst werden. Das darf allerdings nicht bedeuten, daß wir auf internationale Lösungen warten sollten. Bei den politischen Parteien der Bundesrepublik gab es um 1989/90 herum eine Mehrheitsmeinung dahin, daß uns in diesem Bereich eine Vorreiterrolle gut anstehen würde. Umweltminister Töpfer erklärte auf dem CDU-Bundesparteitag 1989 zu diesem Thema: „Ein Land wie die Bundesrepublik Deutschland, das technologisch führend ist, das eine außerordentlich hohe Industrie- und Bevölkerungsdichte hat, ist in ganz besonderer Weise verpflichtet, mehr zu tun als andere, im Umweltschutz schneller voranzukommen, weil wir auch höhere Belastungen haben." In der Wirtschaft neigt man naturgemäß wenig zu deutschen Alleingängen; allerdings haben sich eine Reihe von Spitzenmanagern ausdrücklich für eine Vorreiterrolle ausgesprochen, etwa Alfred Herrhausen, bis 1989 Chef der Deutschen Bank, oder v.Bennigsen-Foerder, bis 1989 Chef des größten deutschen Energiekonzerns. Er betonte zur künftigen Energiepolitik[190]: wenn die Bundesrepublik als dicht besiedeltes Land bewohnbar bleiben will, bedarf es auch bei uns großer Umweltanstrengungen.

Für die weltpolitische Dimension sei (als Beispiel) noch einmal an China erinnert: Die Bundesrepublik will versuchen, mit gewaltigen Investitionen unseren CO_2-Ausstoß in den beiden nächsten Jahrzehnten um vielleicht 200 Millionen Tonnen jährlich zu senken – ein anspruchsvolles Ziel, dessen Verwirklichung im Augenblick nicht gesichert erscheint. Im gleichen Zeitraum wird der jährliche CO_2-Ausstoß der Volksrepublik China nach den heutigen Plänen um das Vierzigfache unserer Einsparung ansteigen – ein Schildbürgerstreich im Weltmaßstab.

Damit Klima- und Energiesorgen nicht nur als „grünes Krisengejammer" erscheinen, sei zitiert, wie die CDU die Situation 1989 beschrieb: „Die Ergebnisse der weltweiten Klimaforschung lassen keinen Zweifel mehr: Unsere Erdatmosphäre ist bedroht und muß geschützt werden. Spurengase wie Kohlendioxid, Methan, FCKW, Kohlenwasserstoffe und Distickstoffoxid sind für die zunehmende Erwärmung der Erde verantwortlich. Die Nutzung der fossilen Energieträger Kohle, Mineralöl und Gas und die damit verbundenen Emissionen sind Hauptursachen des sogenannten Treibhauseffekts..." Diese Bedrohung gebiete konsequentes Handeln.

2. *Vielerlei muß geschehen:* Energie muß erheblich teurer werden und zugleich müssen neue Techniken einen sparsameren Verbrauch möglich machen; Energie muß effektiver hergestellt werden; erneuerbare Energien (Sonne, Wind, Wasser) müssen intensiver erforscht und bei Einführung gefördert werden. Zukunftsenergien müssen erforscht werden.

Wohl alle Fachleuten, die nicht der Industrie nahestehen, verlangen eine *deutliche Minderung des Energieverbrauchs.* Der wichtigste Weg, dies zu erreichen, ist eine *Verteuerung der Energienutzung.* Alle Vorschläge zur Einführung von Ökosteuern sehen dies vor. Ob die Energie mit einer neuen Steuer (Energiesteuer und CO_2-Abgabe werden seit Jahren diskutiert) verteuert wird, oder durch eine Tarifanhebung (seit den 70er Jahren diskutiert) oder sonstwie, spielt keine Rolle; die Verteuerung muß nur eins: weh tun (Fritz Vorholz in der ZEIT). Die Verteuerung entspricht dem Verursacherprinzip: bisherige externe Kosten werden dem angelastet, der durch Energieverbrauch die Umwelt belastet.

Die Bedeutung der Energiepreise für die Wettbewerbsfähigkeit der deutschen Wirtschaft wird häufig überschätzt. Im Durchschnitt liegen die Energiekosten in der Bundesrepublik bei 3,5 – 4% der industiellen Produktionskosten[241]. Eine 10-prozentige Anhebung bedeutet dann eine Erhöhung der Produktionkosten um 0,4%. Jede Lohnrunde und jede größere Wechselkursänderung hat weiter reichende Auswirkungen. Einige energieintensive, stärker belastete Branchen, wie die chemische Industrie, erzielen seit Jahren hohe Gewinne. Die Energieverteuerung verzerrt also den Wettbewerb für unsere Wirtschaft nicht wesentlich.

Die Verteuerung wird den unbedachten, verschwenderischen Verbrauch der Energie mindern, und sie wird im weiteren Gefolge zur *Entwicklung der nächsten Generation energiesparender Geräte* führen, mittelfristig also weltweite Wettbewerbsvorteile bringen. Wir haben das bereits in den 70er Jahren nach den beiden Ölpreiskrisen erlebt. Damals stürzte der höhere Energiepreis die Länder der Dritten Welt in die Schuldenkrise, im Ostblock trug er zur Verschärfung der Wirtschaftsmisere bei, und die westlichen Industriestaaten begannen, Strategien der Energieeinsparung zu entwickeln. Vor allem in Japan wirkte die Ölpreisentwicklung als kräftiger Schub zu technischen Innovationen. In den 80er Jahren ist Energie wieder spottbillig geworden, und alle Anstrengungen zur Energieeinsparung kamen zum Erliegen.

Die Einsparpotentiale sind beim privaten Verbrauch überaus groß und müßten zunächst mit keiner Wohlstandseinbuße bezahlt werden; im industriellen Bereich ist das Potential wegen vieler Rationalisierungen geringer. Beim Heizenergiebedarf lassen sich nach Ansicht von Gutachtern der Enquetekommission bei den heutigen technischen Möglichkeiten theoretisch bis zu 80% einsparen; schon bei Anwendung schwedischer Standards könnten wir 50% einsparen. Im Stromsparbereich liegen die industriellen und privaten Potentiale bei 30 bis 50%.

Energieverteuerung und Energieeinsparung müssen ergänzt werden durch eine *effektivere Energieproduktion.* In herkömmlichen Dampfturbinenkraftwerken werden heute 30 bis 40% der im Brennstoff enthaltenen Energie in elektrischen Strom umgesetzt (in China erreicht man etwa die halbe Ausbeute, wie in der Bundesrepublik vor 40 Jahren); zwei Drittel der potentiellen Energie gehen ungenutzt als Abwärme in das Kühlwasser oder in die Atmosphäre. Bei Kraft-Wärme-Kopplung, angewendet in Blockheizkraftwerken, wird die Abwärme aus dem Prozeß der Stromerzeugung ausgekoppelt und für Heizzwecke genutzt. Damit liegt der Gesamtwirkungsgrad der Kraft-Wärme-Kopplung bei 85 bis zu 90%. Hier ist besonders die Kommunalpolitik gefordert, sich in den Kommunen für den vermehrten Einsatz von Blockheizkraftwerken einzusetzen; bis 1989 waren bereits 1063 Anlagen in der alten Bundesrepublik in Betrieb (in der damaligen DDR keins). Ein Drittel dieser Anlagen verbrennt Faulgas aus Kläranlagen.

Erforderlich sind auch neue rechtliche und marktwirtschaftliche Rahmensetzungen gegenüber den Energieversorgungsunternehmen (EVU). Wir stehen bei der Energiewirtschaft aus historischen Gründen vor erstarrten, aber gleichwohl einflußreichen Großunternehmen, in der Bundesrepublik ebenso wie in vielen anderen Industriestaaten. Die EVU entstanden und wurden rechtlich abgesichert durch die energiepolitische Grundannahme, daß nur große Unternehmen einer expandierenden Volkswirtschaft stets genügend preiswerte Energie zur Verfügung stellen können. Die EVU haben erstens kein Interesse an verbrauchsnaher Energieerzeugung, weil sie angesichts ihrer Großkraftwerke („Wolkenmaschinen, die nebenbei auch etwas Strom herstellen") keine Konkurrenz durch Blockheizkraftwerke wünschen, am wenigsten, wenn diese in kommunaler Regie betrieben werden. Sie haben zweitens wenig Interesse an Energieeinsparung, weil das ihre Umsätze und ihre Gewinne senken könnte. Sie zeigen sich insgesamt äußerst unflexibel, etwa wenn es darum geht, von Verbrauchern Strom „zurückzukaufen", die diese in ihren eigenen Anlagen zuviel erzeugt haben.

Verkehr[242]

1. Jeder moderne Verkehrsträger erfordert Energie, belastet die Luft mit Schadstoffen und verursacht Lärm, beansprucht Fläche und verbraucht so in vielfältiger Weise Natur. Nach heutigen Standards ist die Bahn relativ umweltfreundlich; Lkw, Pkw und Flugzeug sind deutlich umweltschädlicher. *Der Verkehr verzeichnet erstaunliche Zuwachsraten.* Die Fluggesellschaften z.B. richten sich auf eine Verdoppelung des deutschen Luftverkehrs bis zum Jahr 2000 ein. 1989 waren in der Bundesrepublik erstmals über 30 Millionen Kraftfahrzeuge zugelassen. Vor zwanzig Jahren reichte der PKW-Bestand gerade aus, daß alle Bundesbürger in die vorhandenen Autos paßten. 1989 konnte die gesamte Bevölkerung bereits bequem auf den Vordersitzen Platz nehmen (Sachverständigenrat).

Die Auswirkungen des modernen Massenverkehrs müssen frühzeitig erfaßt und mit Natur und Umwelt verträglich gemacht werden, beschloß die CDU 1989. SPD und Grüne sehen das ähnlich[243]. Auf dem Papier bestehen also bereits ausreichende Parlamentsmehrheiten für eine neue Politik. – Verkehr und Kommunikation, so die CDU, müßten umweltverträglich organisiert werden; durch Bildtelefon und Datenübertragungssysteme könne vielfach Verkehr ersetzt werden. Diese plausibel klingende Erwartung wird von Fachleuten in Zweifel gezogen; sie verweisen darauf, daß Kommunikationsfortschritte in den letzten 150 Jahren stets einen Wachstumsschub beim Verkehr auslösten.

Diese Überlegungen weisen auf den Kern des Problems: *Die Gesellschaften der Industriestaaten sind zu mobil.* Gelänge es, Reiselust und motorisierten Bewegungstrieb zu mindern, dann hätte man einen Teil der Umweltprobleme gelöst. Daher machen sich inzwischen Städte-, Freizeit-, Gesellschafts- und Zukunftsplaner Gedanken, wie unsere Mobilität mit sanftem Zwang eingeschränkt werden kann.

2. *Der gesamte Verkehrsbereich wird wohl in naher Zukunft neu gestaltet werden müssen.* Die Ziele einer zukunftsorientierten Umwelt-Verkehrspolitik sind kurz- und mittelfristig die Verringerung der Luftschadstoffe und der sparsame Umgang mit der nicht erneuerbaren Ressource Erdöl; aber auch die Reduzierung von Lärm und ganz allgemein von Verkehr.

Wir stehen hier nicht nur vor schwierigen, sondern auch vor schmerzlichen Entscheidungen, weil tiefgreifende Einschnitte in unsere bisherigen Lebensgewohnheiten erforderlich erscheinen. Das Konzept der autogerechten Stadt, das in den 30er Jahren erdacht und bei uns seit den 50er Jahren in die Wirklichkeit umgesetzt wurde, wird anscheinend im Augenblick endgültig durch Konzepte einer Einschränkung des Individualverkehrs ersetzt: In den Städten werden Parkflächen reduziert, Busspuren entziehen erhebliche Teile der Straßen dem allgemeinen Verkehr, Fußgängerzonen werden erweitert, Tempo-30-Zonen nerven manchen Autofahrer – und all das kann nur der Anfang sein. Besonders hart würde dieser Wandel Millionen Menschen in den neuen Bundesländern treffen.

Gesucht sind bei uns Konzepte, die individuelles Autofahren, öffentlichen Nah- und Fernverkehr sowie den Gütertransport neu aufeinander abstimmen. Wohin die Entwicklung in mittelgroßen Städten gehen könnte, zeigen Bologna und Zürich, die seit einigen Jahren Vorreiter von Verkehrsberuhigungs-Modellen sind. In Berlin wird vom CDU-Umweltsenator eine Verordnung vorbereitet, die in zwei, drei Jahren den inneren Stadtbereich (eine Fläche, größer als Frankfurt, Köln und ähnliche Städte) für alle Fahrzeuge ohne Katalysator sperrt. – Verkehrsberuhigungen, Ausbau des öffentlichen Nahverkehrs, Umwelttickets für Arbeitnehmer, bessere steuerliche Anerkennung von Fahrten zur Arbeit ohne Auto, Fahrverbote und vor allem eine erhebliche Verteuerung von Kraftstoffen gehören zum großen Bündel der Instrumente.

Die Anzahl der mit Katalysator ausgerüsteten Fahrzeuge ist in den letzten Jahren kontinuierlich angestiegen, ebenso die Zahl der Fahrzeuge, die mit bleifreiem Benzin fahren. Darin darf man jedoch keine Lösung der Umwelt-Verkehrsprobleme sehen. Alle denkbaren Vorteile dieser Politik sind sogleich durch die wachsende Zahl der Fahrzeuge und höhere Fahrleistungen pro Bürger wettgemacht worden.

3. *Das Hauptziel der Umwelt-Verkehrspolitik muß die Verkehrsvermeidung sein.* Wo Verkehr unvermeidbar ist, muß er möglichst als öffentlicher Nahverkehr und im Güterverkehr auf Bahn oder Schiff und nicht mit dem Lkw abgewickelt werden.

Der Straßenverkehr durch Pkw und Lkw hat vor allem deshalb einen so großen Umfang, weil beide Verkehrsmittel einen Teil ihrer externen Kosten von der Allgemeinheit bezahlen lassen, jährlich mindestens fünfzig Milliarden DM hat das Umweltbundesamt geschätzt *Der Straßenverkehr wird verdeckt subventioniert, deshalb ist das Pkw-Fahren so preiswert* und nur deshalb konnten Speditionen gewaltige Lkw-Flotten anschaffen.

Pkw- und Lkw-Nutzung müssen im Ergebnis verteuert werden. Wie sollte die stärkere finanzielle Belastung des Individual- und Lkw-Verkehrs herbeigeführt werden? Die SPD will seit 1989 die Mineralölsteuer erhöhen und die Kfz-Steuer abschaffen. Seit 1992 unterstützen Baden-Württemberg und Berlin diesen Vorschlag. Er brächte nicht nur Verwaltungsentlastungen, er entspricht am besten dem Verursacherprinzip, denn eine Mineralölsteuererhöhung belastet die tatsächliche Nutzung eines Pkw[244]. – Die Bundesregierung will demgegenüber die bisher hubraumbezogene Kfz-Steuer auf eine Schadstoffabgabe umstellen, die Stickoxide (NO_x), Kohlenwasserstoffe (HC), Kohlendioxid (CO_2), Rußpartikel und Lärm einbezieht. Gegen diese Lösung spricht der höhere Verwaltungsaufwand; sie verstößt aber auch gegen das Verursacherprinzip; denn die Abgabe knüpft nur an das Fahrzeugmodell und wird unabhängig von der Nutzung erhoben. Damit wird zwar ein Anreiz geschaffen, ein schadstoffarmes Fahrzeug zu kaufen; es gibt aber keinen Anreiz, für eine konkrete Fahrt den Pkw nicht zu nutzen.

Eine Verteuerung muß inzwischen drastisch ausfallen. Sie würde den Verbrauch zurückgehen lassen – was niemand bestreitet – und wird (ebenso wie vor zehn Jahren) erneut sparsamere Motoren auf den Markt bringen, was ein doppelter Umwelterfolg wäre: Ressourcenschonung und Belastungsminderungen. Sparsamere Motoren sind längst entwickelt[245], bei den heutigen Kraftstoffpreisen lohnt sich ihr Einsatz nur nicht. Ein weiteres Problem: Es gibt in der Bundesrepublik heute, anders als Ende der 70er Jahre, *kein Energiesparbewußtsein*, so daß Autohersteller mit Sparversionen („Arme-Leute-Autos") eher an Image verlieren als gewinnen würden. Dem muß durch passende Rahmenbedingungen abgeholfen werden. Allerdings EG-weit. Ob das realisierbar ist, darf bezweifelt werden.

Die Kraftstoffverteuerung sollte stufenweise, allerdings relativ schnell eingeführt werden. Die künftigen Erhöhungen werden sich nicht so ruinös auswirken, wie man bei flüchtiger Betrachtung vielleicht meint: Fahren wir in wenigen Jahren mit Motoren, die im Durchschnitt nicht mehr zehn, sondern nur noch fünf Liter auf 100 km verbrauchen, dann fahren wir bei einem Benzinpreis von 5 DM nur etwas teurer als heute. Und wenn wir dann weniger fahren, geben wir pro Jahr nicht mehr aus als heute.

Bei allen Vorschlägen, die Nutzung des eigenen Pkw über den Preis zurückzudrängen, muß aber immer wieder betont werden, daß Bürger ihre Autos nur stehenlassen werden, wenn der öffentliche Nahverkehr attraktiv ausgebaut ist. Alle Vorschläge über Kraftstoffverteuerungen formulieren diesen Zusammenhang mit flankierenden Maßnahmen. Weiterhin sollten Verteuerungen sozial ausgewogen ausfallen[246].

4. Das Ziel der Verkehrsvermeidung betrifft auch den Lkw- und den Luftverkehr. Dafür kommen Steuern/Abgaben, ordnungsrechtliche Verbote und ein attraktives Bahnangebot in Betracht.

Im Güterverkehr ist eine äußerst bedenkliche Entwicklung zu beklagen: Weil der Lkw-Transport so billig ist, werden Güter ständig durch halb Europa gefahren, um irgendwo zwischen- oder endbearbeitet zu werden. Auf diese Weise werden inzwischen erhebliche Anteile der betrieblichen Lagerhaltung auf die Straße verlagert, als gehörte sie zum Betrieb. Von 1960 bis 1985 haben sich die Leistungen im Güterverkehr der Bundesrepublik vervierfacht; diese Steigerungsrate hält ungebrochen an, trotz des heute höheren Zahlenniveaus. Deutsche Milch wird nach Italien gefahren, dort zu Milchpulver oder Joghurt verarbeitet und hinterher wieder nach Deutschland zurückgefahren. Bayerische Schinken werden nach Italien gebracht, in italienischen Rauch gehängt und nach drei Wochen kommen sie als Parmaschinken nach Bayern zurück. Es gibt tausende von Beispielen. Das Flugzeug „Airbus" wird aus vorgefertigten Einzelteilen endmontiert, die hauptsächlich aus fünf europäischen Staaten stammen. Ford produziert z.B. für den Escort außer in den Endmontageländern Deutschland, Großbritannien und Spanien in Belgien (Reifen, Lacke, Beschläge), in den Niederlanden (dito), in Dänemark (Ventilatoren, Keilriemen), in Norwegen (Auspuffflansch, Reifen), in Schweden (Zylinderbolzen usw.), in Österreich (Reifen, Kühler- und Heizungsschläuche), in der Schweiz, in Italien, in Frankreich, in den USA, in Kanada und Japan (Anlasser, Lichtmaschine usw.)[247]. – Ab 1993 wird der Europäische Binnenmarkt nach Ansicht vieler Experten einen neuen Boom zum Transport von Gütern auslösen.

Das Beispiel von Ford mit auf den ersten Blick unwirtschaftlich langen Transportwegen verweist darauf, daß es sich zum Teil um künstlich von der Wirtschaftspolitik erzeugten Verkehr handelt, hinter dem leider ernstzunehmende Motive stehen: Periphere, strukturschwache Gebiete in Deutschland oder der EG sollen gefördert werden, dafür werden Subventionen bereitgestellt. Diese Programme würden leerlaufen, wenn sie nicht auch genutzt werden; sie lösen Streu- und Sammelverkehr aus. Bis vor kurzem wurden z.B. zahllose Güter nach Westberlin geschafft, bekamen einen Aufhänger, eine Stanzung, eine Verpackung oder etwas ähnlich Bedeutungsloses verpaßt, und rollten dann nach Westdeutschland zurück.

Verkehr muß künftig in Europa vermieden werden. Und wo er stattfindet, muß er so umweltfreundlich wie möglich gestaltet sein. Dabei kann die konsequente Anwendung des Verursacherprinzips sinnvolle Lösungen erleichtern: Wenn Fahrten mit den vollen volkswirtschaftlichen Kosten belastet werden, würde der Gütertransport in großem Umfang entfallen oder auf die umwelt- und kostengünstigere Bahn gezwungen werden. Wo marktwirtschaftliche Instrumente wie die Anhebung der Mineralölsteuer nicht ausreichen, muß die ordnungspolitische Grundentscheidung der Verkehrsvermeidung durch gesetzliche Anweisungen durchgesetzt werden. – *Die Umweltpolitiker aller im Bundestag vertretenen Parteien formulieren diese Forderungen ziemlich einhellig; ob die Verkehrspolitik sie realisieren wird, erscheint außerordentlich zweifelhaft.* Wenn die Verkehrspolitik weitermacht wie bisher, weitermacht wie es der von Verkehrsminister Krause im Juli 1992 vorgelegte gesamtdeutsche Verkehrswegeplan vorsieht (oben S.128), dann können wir uns nur noch damit trösten, daß die Luftverschmutzung mit Treibhausgasen und anderen Schadstoffen nicht in Deutschland gelöst wird, sondern weltweit angegangen werden muß.

Die Schweiz reagiert auf die Probleme des europäischen Durchgangverkehrs mit einem reichhaltigen Angebot an Zugkapazität, mit einem Durchfahrverbot für alle Lkw über 28 Tonnen zulässiges Gesamtgewicht und mit einem strikten Nachtfahrverbot für Lkw. In Österreich ist dergleichen nicht gelungen. Auch Bayern bekommt die Probleme nicht in den Griff; dort ist es bisher nicht einmal möglich, für den Alpentransit einen Lkw auf die Schiene zu bringen (ein Container-Bahnhof in München-Riem ist noch nicht eröffnet).

Schluß und säkulare Perspektive

Wenn man all das Revue passieren läßt,

was grundlegend (z.B. Verursacherprinzip anwenden)
oder im Detail (z.B. zahllose einzelne Verkehrsprobleme),
was international (z.B. Energiefrage)
oder in Deutschland (z.B. Abfallprobleme und Wasserhaushalt)

gelöst werden müßte, wenn man dazu noch die sich abzeichnenden wirtschaftlichen Komplikationen der Industriestaaten bedenkt, dann kann man eigentlich nicht erwarten, daß wir die Umweltkrise entschärfen können.

Wenn wir die Energiefragen nicht lösen und die Treibhausgase in der Atmosphäre nicht drastisch verringern, wenn wir die Ozon-Killer unter den Gasen nicht auf harmlose Mengen reduzieren, dann werden wir wahrscheinlich eine Klimaveränderung auf der Erde auslösen, die für die Menschheit, die Säugetiere und die Nutzpflanzen des Menschen eine Katastrophe bedeuten wird. Unser beschränkter Wissensstand und unsere Erkenntnismängel über die Strukturen der Natur gestatten uns bis heute nur Mutmaßungen. Wir wissen, daß unserer eigenes Verhalten, vor allem die Lebensart und die Produktion in den Industriestaaten, unsere Zukunft bedroht. Wir müssen die Umweltkrise endlich so ernst nehmen, wie sie wahrscheinlich ist. Wir müssen alle Kreativität und alle Kraft auf eine Lösung der Probleme lenken.

Die Menschen müssen den zu befürchtenden Ernst unserer Lage erkennen. Das nach Umfrageergebnissen in der Bundesrepublik oft gerühmte Umweltbewußtsein ist diffus und nicht auf die zentralen Fragen gerichtet. Solange die Bürger glauben, das getrennte Sammeln von Plastikbechern und Kartoffelschalen und der Verzicht auf Milch in Tüten löse die Umweltprobleme der Industriegesellschaften, und im Gegenzug müßte nun Brasilien den Regenwald stehen lassen – solange den Bürgern die tatsächlichen Gründe der Umweltkrise und die Dramatik unserer Lage nicht deutlich sind, so lange wird sich nichts nennenswert ändern.

Einstellung, Haltung und Wille der Bürger sind deshalb eine strategische Größe, weil die Bürger den Parteien in Wahlen den Auftrag zu aktivem Umweltschutz geben müssen; zu einer Politik mit einschneidenden Auswirkungen auf unseren Lebensalltag. Bisher haben die Wähler eine aktive Umweltpolitik der Parteien durch Stimmenentzug gestraft, mindestens mußten die Parteien das so sehen. Die Bürger haben die Parteien veranlaßt, vom künftigen Umweltschutz zu reden und den aktuellen symbolisch zu gestalten, damit er niemandem weh tut. Wir brauchen eine andere Bewertung durch die Bürger, aber das kann noch einige Zeit dauern. „Grundlegende Veränderungen in ... Gewohnheiten haben sich bislang zumeist im Wechsel der Generationen vollzogen, und wahrscheinlich werden wesentliche Umorientierungen auch im Umweltbereich erst allmählich durch das Heranwachsen neuer Generationen möglich“ (Sachverständigenrat 1987). Niemand weiß, ob wir so viel Zeit haben, um auf die nächste Generation mit ihren hoffentlich neuen Orientierungen zu warten.

Vorläufig ist noch zu befürchten, daß die Mehrheit der Bürger die Einschnitte und Veränderungen nicht akzeptieren wird, die heute für die beschädigte Umwelt schon erforderlich sind. Diese Eingriffe in unsere Lebensgewohnheiten werden aber kommen; je länger wir warten, umso schwerer werden sie uns treffen. Nur an ein Stichwort sei erinnert: Die alte Bundesrepublik ist durch Industrie und Landwirtschaft bereits so verseucht, daß nicht mehr überall eine Trinkwasserqualität hergestellt werden kann, die der EG-Norm entspricht und die in anderen EG-Staaten möglich ist. Das Problem ist seit mehr als zehn Jahren bekannt und der Zustand verschlechtert sich – irgendwann erreichen wir eine Grenze, an der Notbewirtschaftung oder andere Katastropheninstrumente eingesetzt werden. In den neuen Bundesländern sind die Wasserzustände noch schlechter.

Es wird so oder so zu Veränderungen kommen: Entweder schaffen wir sie selber, oder sie werden uns aufgezwungen. Wenn wir sie selber gestalten könnten, würden die Veränderungen sicherlich humaner ausfallen, als wenn die Natur sie uns aufzwingt. Wenn die Natur durch die Einwirkungen, die vor allem von den Industriestaaten ausgehen, in ein neues ökologisches Gleichgewicht gestürzt worden ist, werden sich die Lebensbedingungen auf der Erde dramatisch verändern. Wie weit die Krise bereits fortgeschritten ist, wissen wir nicht.

Aber auch wenn die Klimaveränderung die uns bekannte Welt umstürzt: Gravierend wird dies nur für die Generation, die noch an das Augenblickliche gewöhnt ist. Die nachfolgende Generation wird sich umorientieren und nach anderen Wertmaßstäben leben als wir. „Am wirklichen Gehalt der menschlichen Erfahrung durch alle Zeiten wird sich daran nichts ändern. Glück und Leid des Individuums liegen auf einer ganz anderen Ebene und sind gänzlich unabhängig von der äußeren Welt. Was wir Wohlstand, Reichtum oder Fortschritt nennen, sind nur wechselnde Bilder im Hintergrund menschlicher Erfahrung“ (Maier-Rigaud).

Literaturübersicht

Zahlreiche weitere, nur beiläufig zitierte Aufsätze und Bücher finden sich in den Anmerkungen. Aufsatztitel werden dort aus Platzgründen abgekürzt aufgeführt.

„Arbeitsgruppe Fortschritt '90", berufen vom SPD-Parteivorstand, intern – Informationsdienst der SPD, Nr 13/89 vom 20.7.1989; Nr 14/89 vom 25.8.1989; Nr 16/89 vom 21.9.1989

BDI (Hrsg.), Ökonomische Instrumente im Umweltschutz. Position des Bundesverbandes der Deutschen Industrie, Maschinenskript Köln, Okt. 1989

Beck, Ulrich, Risikogesellschaft, Frankfurt/M 1986

ders., Gegengifte. Die organisierte Unverantwortlichkeit, Frankfurt/M 1988

Beckenbach, Frank (Hrsg.), Die ökologische Herausforderung für die ökonomische Theorie, Marburg 1991

BMF, Abgaben zur Förderung des Umweltschutzes, Maschinenskript Bonn 1989

BMI (Hrsg.), Was Sie schon immer über Umweltschutz wissen wollten, Stuttgart 1979

BMWi, Markwirtschaft und Umweltschutz, Maschinenskript Bonn, August 1989

Böhm/Denecke (Hrsg.), Wasser, Darmstadt 1992

Böhme/Schramm (Hrsg.), Soziale Naturwissenschaft. Wege zu einer Erweiterung der Ökologie, Frankfurt/Main 1985.

Bohne, Eberhard, Der informale Rechtsstaat. Eine empirische und rechtliche Untersuchung zum Gesetzesvollzug unter besonderer Berücksichtigung des Immissionsschutzes, Berlin 1981.

Bonus, Holger, Marktwirtschaftliche Konzepte im Umweltschutz, Stuttgart 1984

Böhret, Carl, Folgen. Entwurf für eine aktive Politik gegen schleichende Katastrophen, Opladen 1990

Bossel/Grommelt/Oeser (Hrsg.), Wasser. Wie ein Element verschmutzt und verschwendet wird. Umfassende Darstellung der Fakten, Trends und Gefahren. Frankfurt/Main 1982.

Breuel, Birgit, Konsens für marktwirtschaftlichen Umweltschutz, Wirtschaftsdienst 1989/IX, S. 431 ff.

Brüggemeier/Rommelspacher, Besiegte Natur. Geschichte der Umwelt im 19. und 20. Jhdt., München 2. Aufl. 1989

Bundesminister für Forschung und Technologie (Hrsg.), Umweltforschung zu Waldschäden, 3. Bericht, Bonn 1985.

Bund für Umwelt und Naturschutz (Hrsg.), Umweltbilanz. Die ökologische Lage der Bundesrepublik, Hamburg 1988.

Capra, Fritjof, Wendezeit. Bausteine für ein neues Weltbild, Bern 1983, akt. Ausgabe München 1991

Carson, Rachel L., Der stumme Frühling, München 1962

CDU, Beschluß des Bundesparteitages in Bremen, CDU-Dokumentation 29/1989

Conrad, Jobst, Umweltprobleme der Landwirtschaft, Politik um Nitrat, Wiesbaden 1992

Cornelsen, Dirk, Anwälte der Natur. Umweltschutzverbände in Deutschland, München 1991

Crutzen/Müller (Hrsg.), Das Ende des blauen Planeten?, 3. (unveränd.) Aufl. München 1991 (Stand 1989)

Czada, Peter, Wirtschaftskrise – Krise der Wirtschaftspolitik?, Berlin 1982

ders., Wirtschaft. Aktuelle Probleme des Wachstums und der Konjunktur, 4. Aufl. Berlin 1980

Damaschke, Kurt, Der Einfluß der Verbände auf die Gesetzgebung, München 1986

Deiseroth, Dieter, Großkraftwerke vor Gericht. Studie zu den Auseinandersetzungen um Energie, Arbeitsplätze und Umweltschutz vor den Verwaltungsgerichten in der Bundesrepublik Dtl, Frankfurt/M 1986.
Deutscher Bundestag – Wissenschaftliche Dienste (Hrsg.), Umweltpolitik im 10. Bundestag und im Bundesrat 1983 bis 1987, bearbeitet von Eckhard Reiche, Bonn 1987
Deutscher Bundestag (Hrsg.), Schutz der Erde. Bestandsaufnahme mit Vorschlägen zu einer neuen Energiepolitik, Zur Sache 19/90, Bonn 1990
ders., Ökologie und Wachstum, öffentliche Anhörung des Ausschusses für Wirtschaft des Deutschen Bundestages, Zur Sache 11/90, Bonn 1990
DIHT (Hrsg.), Marktwirtschaftliche Instrumente im Umweltschutz, Maschinenskript Köln, Okt. 1989
v.Ditfurth, Hoimar, So laßt uns denn ein Apfelbäumchen pflanzen. Es ist soweit, Hamburg 1985
Dörner, Dietrich, Die Logik des Mißlingens, Reinbek 1989
Dreier/Hofmann, Parlamentarische Souveränität und technische Entwicklung, Berlin 1986.
EG-Kommission (Hrsg.), Task-Force-Studie, Die Auswirkungen des Europäischen Binnenmarktes auf die Umwelt, Bonn 1991
Ehrlich, Paul, Wir sind dabei, den Planeten Erde zu ermorden. Umweltverseuchung bis zum Jahr 1980, DER SPIEGEL Nr 48/1969, S. 193 ff.
Ellwein/Leonhard/Schmidt, Umweltschutzverbände in der Bundesrepublik Deutschland, Konstanz 1983
Enquetekommission = Deutscher Bundestag (Hrsg.), Schutz der Erde. Bestandsaufnahme mit Vorschlägen zu einer neuen Energiepolitik, Zur Sache 19/90, 2 Bde, Bonn 1990
Ernst, Wolfgang (Hrsg.): Meeresverschmutzung und Meeresschutz, Naturwissenschaftliche Forschung und rechtliche Instrumente, Frankfurt/Main, New York 1982
Fickert, Carl, Quo vadis, Verkehrslärmschutzgesetz?, Deutsches Verwaltungsblatt 1979, 645 ff.
Fiebig/Krause/Martinsen, Organisation des kommunalen Umweltschutzes, Schriftenreihe des Dt Instituts für Urbanistik, Heft 4, Berlin 1986
Fischer, Joschka, Der Umbau der Industriegesellschaft, Frankfurt 1989
Flickinger/Summerer, Voraussetzungen erfolgreicher Umweltplanung in Recht und Verwaltung, Göttingen 1975.
Funk-Kolleg Mensch und Umwelt, hrsg. von Theo Dahlhoff u.a. 3 Bde, Frankfurt/M 1983.
Guggenberger/Kempf (Hrsg.), Bürgerinitiatven und repräsentatives System, Opladen 1978 und 2. Aufl. 1984
Handwörterbuch = Kimminich/v.Lersner/Storm (Hrsg.), Handwörterbuch des Umweltrechts, 2 Bde, Berlin 1986/87
Hansmeyer/Schneider, Fortentwicklung der Umweltpolitik unter marktsteuernden Aspekten, Maschinenskript Köln 1989
Hartkopf/Bohne, Umweltpolitik, Bd 1, Opladen 1983
Hartkopf/Krause/v.Lersner u.a., Umweltschutz und Verwaltung – der öffentliche Dienst zwischen politischem Anspruch und Realisierungsnot, Bonn 1986
Heinisch, Emanuel, Umweltbelastung in Ostdeutschland, Darmstadt 1992
Hohmeyer, O., Soziale Kosten des Energieverbrauchs. Externe Effekte des Elektrizitätsverbrauchs in der Bundesrepublik Deutschland, 2. Aufl. Berlin u.a. 1987
Hoppe/Beckmann, Umweltrecht, München 1989
Hucke, Jochen, Umweltpolitik: Die Entwicklung eines neuen Politikfeldes, in: v.Beyme/Schmidt, Politik in der Bundesrepublik Deutschland, Opladen 1990 (Stand der Bearbeitung 1987)
Immler, Hans, Vom Wert der Natur, Wiesbaden 1989

Jänicke, Martin (Hrsg.), Umweltpolitik, Opladen 1978
ders., Wie das Industriesystem von seinen Mißständen profitiert, Opladen 1979
Jänicke/Simonis/Weigmann (Hrsg.): Wissen für die Umwelt. 17 Wissenschaftler bilanzieren. Berlin, NY 1985.
Jonas, Hans, Das Prinzip Verantwortung. Versuch einer Ethik für die technologische Zivilisation, Frankfurt/M 1984.
Kern, Marion, Wasser in Not. Die nächste Umweltkatastrophe, München 1985.
KGSt, Organisation des Umweltschutzes, Bericht 26/1973, Köln 1973 und 5/1985
Kimminich, Otto, Das Recht des Umweltschutzes, München 1972
Kimminich/v.Lersner/Storm (Hrsg.), Handwörterbuch des Umweltrechts, 2 Bde, Berlin 1986/87
Kinzelbach, Ragnar K., Ökologie, Naturschutz, Umweltschutz. Dimensionen der modernen Biologie, Bd 6, Darmstadt 1989
Kloepfer, Michael, Umweltrecht, München 1989
Knoepfel/Weidner, Handbuch der SO_2-Luftreinhaltepolitik. Daten, Konzepte und rechtliche Regelungen in den EG-Staaten und der Schweiz. Teil I: Vergleichende Analyse. Teil II: Länderberichte. Berlin 1980
Krause/v.Lersner/Salzwedel/Töpfer/Zimmermann, Umweltschutz und Verwaltung (...), Bonn 1986
Küppers/Lundgreen/Weingart, Umweltforschung – die gesteuerte Wissenschaft? Frankfurt/M 1978
Leggett, Jeremy (Hrsg.), Global Warming. Die Wärmekatastrophe und wie wir sie verhindern können. Der Greenpeace Report, München 1991.
Leipert, Christian, Die heimlichen Kosten des Fortschritts. Wie die Umweltzerstörung das Wirtschaftswachstum fördert, Frankfurt 1989
ders., Grundfragen einer ökologisch ausgerichteten Wirtschafts- und Umweltpolitik, Aus Politik und Zeitgeschehen, Nr 27/1988, S. 29 ff.
Limbach, Dorothea, Die steuerliche Förderung des Umweltschutzes, Heidelberg 1991
Maier-Rigaud, Gerhard, Umweltpolitik in der offenen Gesellschaft, Opladen 1988
Materialien zum Umweltprogramm der Bundesregierung 1971, Schriftenreihe des Bundesministeriums des Innern, Bd 1, Stuttgart o.J.
Mayntz, Renate (Hrsg.): Implementation politischer Programme, Bd 1: Empirische Forschungsberichte, Königstein/Ts. 1980; Bd 2: Ansätze zur Theoriebildung, Opladen 1983.
Meadows, Dennis, Die Grenzen des Wachstums. Bericht des Club of Rome zur Lage der Menschheit, Stuttgart 1972
Mégie, Gérard, Ozon. Atmosphäre aus dem Gleichgewicht, Berlin usw. 1991
Meyer-Abich, Klaus Michael, Aufstand für die Natur, München 1990
ders., Wissenschaft für die Zukunft. Holistisches Denken in ökologischer und gesellschaftlicher Verantwortung, München 1988
Müller, Edda, Innenwelt der Umweltpolitik. Sozial-liberale Umweltpolitik – (Ohn)macht durch Organisation?, Opladen 1986
Necker, Tyll, Kräfte des Marktes für den Umweltschutz mobilisieren, Wirtschaftsdienst 1989/IX, S. 433 ff.
Nutzinger/Zahrnt, Für eine ökologische Steuerreform. Energiesteuern als Instrumente der Umweltpolitik, Frankfurt/M 1990
Öko-Almanach, (= Fischer Öko-Almanach), 3. Aufl. Frankfurt/M. 1984
Öko-Almanach 91/92, (= Fischer Öko-Almanach), 5. Aufl. 1991 (Stand 1990)
Pieroth/Wicke, Chancen für Betriebe durch Umweltschutz. Plädoyer für ein offensives Umweltschutzmanagement, Freiburg 1988
Posse, A. U., Föderative Politikverflechtung in der Umweltpolitik, München 1986

Pötzl, Norbert F., Riesenhaft dimensioniertes Stückwerk. Die Umweltpolitik der sozialliberalen Koalition, in: Wolfram Bickerich (Hrsg.), Die 13 Jahre. Bilanz der sozialliberalen Koalition, Reinbek 1982, S. 116 = DER SPIEGEL, Nr 45/1982, S. 88 ff.
v.Prittwitz, Volker, Umweltaußenpolitik. Grenzüberschreitende Luftverschmutzung in Europa, Frankfurt/New York 1984
Prümm, H. P., Umweltschutzrecht, Frankfurt/Main 1989
Rat von Sachverständigen für Umweltfragen (RSU), Umweltgutachten 1974, BT-Drucks. 7/2802; als selbständige Publikation Stuttgart/Mainz 1974
ders., Umweltgutachten 1978, BT-Drucks. 8/1938; als selbständige Publikation Stuttgart/Mainz 1978
ders., Umweltgutachten 1987, BT-Drucks. 11/1568
Rehbinder/Sprenger, Möglichkeiten und Grenzen der Übertragbarkeit neuer Konzepte der US-amerikanischen Luftreinhaltepolitik in den Bereich der deutschen Umweltpolitik. Berichte des Umweltbundesamts 9/85, Berlin 1985.
Reiche, Eckhard (Bearbeiter), Deutscher Bundestag – Wissenschaftliche Dienste (Hrsg.), Umweltpolitik im 10. Bundestag und im Bundesrat 1983 bis 1987, Bonn 1987
Salzwedel, Jürgen (Hrsg.), Grundzüge des Umweltrechts, Berlin 1982
Schneider/Sprenger (Hrsg.), Mehr Umweltschutz für weniger Geld – Einsatzmöglichkeiten und Erfolgschancen ökonomischer Anreizsysteme in der Umweltpolitik, München (ifo-Studie) 1984
Simonis, Udo Ernst (Hrsg.), Präventive Umweltpolitik, Frankfurt/M., NY 1988
ders., Gefahren der Umweltzerstörung. Ökologie, Politik und Wissenschaft, Rias-Funkuniversität, Maschinenskript 1989
SPD, siehe „Arbeitsgruppe Fortschritt '90"
Timm, Gerhard I., Die wissenschaftliche Beratung der Umweltpolitik. Der Rat von Sachverständigen für Umweltfragen, Wiesbaden 1989 (Diss. Köln 1987)
Töpfer, Klaus, Für eine Ökologische und Soziale Marktwirtschaft. Einführungsrede auf dem 37. Bundesparteitag der CDU in Bremen, CDU-Dokumentation 29/1989
ders., Mehr Umweltschutz durch Ausbau der ökologischen Marktwirtschaft, CDU-Dokumentation 25/1989.
Traube/Ullrich, Billiger Atonstrom. Wie die Interessen der Elektrizitätswirtschaft die Energiepolitik bestimmen, Reinbek 1982
Tsuru/Weidner, Ein Modell für uns: Die Erfolge der japanischen Umweltpolitik, Köln 1985
Uebersohn, Gerhard, Effektive Umweltpolitik. Folgerungen aus der Implementations- und Evaluationsforschung, Frankfurt/M usw. 1990 (Diss. Frankfurt/M 1990)
Umweltbundesamt (Hrsg.), Daten zur Umwelt 1988/89, Berlin 1989
Umweltprogramm der Bundesregierung 1971, BT-Drucks. 6/2710 – siehe auch: Materialien
Institut für Ökologische Wirtschaftsforschung, Umweltreport DDR. Bilanz der Zerstörung. Kosten der Sanierung. Strategien für den ökologischen Umbau, Frankfurt 1990
Vester, Frederic, Unsere Welt – ein vernetztes System, Stuttgart 1978
ders., Ausfahrt Zukunft, Strategien für den Verkehr von morgen. Eine Systemuntersuchung, München 1990
Wagner/Pschera, Aktuelle Rechtsfragen des Umweltschutzes, Heidelberg u. Hamburg 1981
Weidner, Helmut, Die Umweltpolitik der konservativ-liberalen Regierung im Zeitraum 1983 bis 1988: Versuch einer politikwissenschaftlichen Bewertung, Wissenschaftszentrum Berlin für Sozialforschung, Berlin 1989
Weidner/Rehbinder/Sprenger, Darstellung und Wirkungsanalyse der ökonomischen Instrumente der Umweltpolitik in Japan. Gutachten im Auftrag des Umweltbundesamtes, München (ifo-Studie) 1987
v. Weizsäcker, Ernst Ulrich, Erdpolitik. Ökologische Realpolitik an der Schwelle zum Jahr-

hundert der Umwelt, 2. Aufl. Darmstadt 1990
Wey, Klaus-Georg, Umweltpolitik in Deutschland. Kurze Geschichte des Umweltschutzes in Deutschland seit 1900, Opladen 1982
Wicke, Lutz, Die ökologischen Milliarden. Das kostet die zerstörte Umwelt – so können wir sie retten, München 1986
Wicke, Lutz, Umweltökologie, 2. Aufl. München 1989
Wicke/de Maizière, Öko-Soziale Marktwirtschaft für Ost und West. Der Weg aus der Wirtschafts- und Umweltkrise, München o.J. (1990)
Wicke/Haasis u.a., Betriebliche Umweltökologie, München 1992
Wiegandt, Claus-Christian, Altlasten und Stadtentwicklung. Herausforderung für eine kommunale Umwelt- und Planungspolitik, Basel 1989
Wilhelm, Sighard, Ökosteuern. Marktwirtschaft und Umweltschutz, München 1990
Winter, Gerd (Hrsg.), Öffentlichkeit von Umweltinformationen. Europäische und nordamerik. Rechte und Erfahrungen, Baden-Baden 1990
Wittkämper/Wulff-Nienhüser, Umweltkriminalität – heute und morgen. Eine empirische Untersuchung mit Prognose und Empfehlungen für die Praxis, Wiesbaden 1987.
Worldwatch Institute (Hrsg.), Zur Lage der Welt 1992. Daten für das Überleben unseres Planeten, Frankfurt/Main 1992
Wörndl, Barbara, Die Kernkraftdebatte. Eine Analyse von Risikokonflikten und sozialem Wandel, Wiesbaden 1992
Zimmermann, Dieter, Zur Aufgaben- und Organisationstruktur des kommunalen Umweltschutzes, Verwaltungsrundschau 1987, S. 5 ff.
Zimmermann, Monika, Machtfaktor chemische Industrie, Karlsruhe 1982

Ein Literaturverzeichnis mit rund 1.100 Gutachten-, Aufsatz- und Buchtiteln findet sich bei: Sachverständigenrat, Umweltgutachten 1987, S. 590 ff.

Anmerkungen:

---

1 Zu den Einschätzungen einzelner Gruppen (Bürger, Politiker, Industrie usw.) und der Mitglieder des SRU: Timm, S.245ff. Vgl. auch den derzeitigen Berliner Umweltstaatssekretär (CDU) Wicke, Umweltökonomie, S.VII.

2 Einteilung wie hier Hucke, Umweltpolitik, S. 382 f.; anders Wey, S. 152ff. und Müller, S. 45ff.

3 Vgl. Brüggemeier/Rommelspacher und Wey je mwN.

4 Dazu kann man zählen: ungebundene Wissenschaftler (Rat von Sachverständigen beim Bundesumweltministerium, Direktoren von Max-Planck-Instituten usw.), Umweltpolitiker aller Bundestagsparteien, Experten in den Umweltverwaltungen.

5 Von der Literatur zu Anfängen eines Umweltbewußtseins erregten besondere Aufmerksamkeit: Rachel L. Carson, Der stumme Frühling, München 1962 (als einziger Buchtitel heute noch auf dem Markt); Karl Steinbuch, Mensch, Technik, Zukunft, Stuttgart 1971; G. R. Taylor, Das Selbstmordprogramm – Zukunft oder Untergang der Menschheit, Frankfurt

1971; Alvin Toffler, Der Zukunftsschock, München/Wien 1970. – Vgl. weiterhin Glagow/-Murswieck, Umweltverschmutzung und Umweltschutz..., Aus Politik und Zeitgeschichte, 27/1971; Konow, Rechtliche Möglichkeiten und politische Probleme des Umweltschutzes, Aus Politik und Zeitgeschichte, 38/1971; Reimer, Müllplanet Erde, Hamburg 1971; Schultz, Umwelt aus Beton oder unsere unmenschlichen Städte, Reinbek 1971. Weitere Titel bei Wilhelm, Umweltpolitik, in Fn. 8.

Einen frühen und heute noch leicht zugänglichen Aufsatz veröffentlichte DER SPIEGEL – um Sensationsbedürfnisse zu befriedigen, muß man wohl sagen, denn redaktionelle Bemühungen in anderen Beiträgen löste der Bericht nicht aus: Paul Ehrlich, Wir sind dabei, den Planeten Erde zu ermorden. Umweltverseuchung bis zum Jahr 1980, DER SPIEGEL Nr 48/1969, S. 193ff.

6 DER SPIEGEL, Nr 46/1970, S. 74ff.

7 Vgl. etwa Löwenthal/Schwarz (Hrsg.), Die zweite Republik. 25 Jahre Bundesrepublik Deutschland – eine Bilanz, Stuttgart 1974; Jürgen Habermaß (Hrsg.), Stichworte zur »Geistigen Situation der Zeit« Frankfurt/M 1979; Wolfgang Benz (Hrsg.), Die Bundesrepublik Deutschland. Geschichte in drei Bänden, Frankfurt/M 1983 (!). – Bei Rudolf Weber-Fas, Jurisprudenz, Stuttgart 1978, unter 48 Rechtsgebieten ist Umweltrecht nicht enthalten (!). Bei Axel Görlitz, Handlexikon zur Rechtswissenschaft, München 1972, unter 100 Stichworten noch nicht behandelt.

8 Hans Freyer, Theorie des gegenwärtigen Zeitalters, Stuttgart 1955, S. 79ff.

9 Eine lesenswerte Story aus dem Greenpeace- und Robin-Wood-Umfeld schrieb Neal Stephenson, Zodiac. The Eco-Thriller, N.Y. 1988 (dt.: Volles Rohr, München 1989, Goldmann).

10 Zu den Wahlkampfthemen vgl. Heino Kaack, Geschichte und Struktur des dt Parteiensystems, Opladen 1971, S. 339ff. – Ich war aus der Erinnerung für die F.D.P. der Ansicht, daß sie auf ihren Plakten als eins unter vielen Themen auch den Umweltschutz erwähnte. Meine Nachforschungen haben das nicht bestätigt.

11 Vgl. dazu Wey, S. 156ff.; Küppers/Lundgreen/Weingart, insbes. S. 37 und 98ff. Hier auch Beispiele für die Orientierung der IPA an den USA, etwa im Zusammenhang mit Diskussionen um die Wasserwirtschaft, S. 20, 93ff.

12 Zur Rolle der Bundestagsparteien in den 70er Jahren: Wey, S. 158ff.; Müller, Innenwelt. Eine ausführliche Bearbeitung fehlt m.W. bisher.

13 Zitiert nach Pötzl, S. 116; ähnlich z.B. Guggenberger in: ders./Kempf aaO und viele andere Autoren, nicht nur den Grünen nahestehende.

14 Zum folgenden vgl. etwa Simonis, Umweltzerstörung; Kinzelbach, moderne Biologie; Hartkopf/Bohne, Kap. 1; Vester, Unsere Welt – ein vernetztes System; v.Ditfurth, Apfelbäumchen, Kap. 2, 4 und 5. – Als praktische Anwendung vgl. etwa Vester, Ausfahrt Zukunft.

15 Ich möchte aus der Fülle der Literatur zwei Studien als wegweisend herausheben; für den Bereich Politikwissenschaften: Carl Böhret, Folgen. Entwurf für eine aktive Politik gegen schleichende Katastrophen; und für die Wirtschaftswissenschaften: Gerhard Maier-Rigaud, Umweltpolitik in der offenen Gesellschaft. Beide Studien entstanden im Umfeld der postuniversitären Hochschule für Verwaltungswissenschaften, Speyer.

Als weitere wichtige Arbeiten sei zum Thema Risikogesellschaft hingewiesen auf zwei Studien von Ulrich Beck aaO; Charles Perrow, Normale Katastrophen, Frankfurt/M 1987; sowie zur Psychologie der neuen Politik-Anforderungen auf Dietrich Dörner (u.a. zum Entscheidungsexperiment „Tana-Land").

16 Zum 54. Feld gehört die Jahresernte der ganzen Welt; zum 64., letzten Feld die Welternte von tausend Jahren, mehr als 9.000 Billiarden Körner. – Vester, Unsere Welt, S. 45ff.; weitere Beispiele etwa bei v.Ditfurth aaO.

17 Vgl. dazu etwa v.Ditfurth aaO; etwas optimistischer Dörner aaO.

17a Als eindrucksvolle Beispiele für die Grenzen wissenschaftlicher Vorhersagen können inzwischen die Gutachten über das Naturverhalten im Umfeld Rhein-Main-Donau angesehen werden; viele gutachtliche Voraussagen über die Umweltverträglichkeit des Kanals erweisen sich bereits ein Jahr nach Fertigstellung als schlicht falsch. Vgl. etwa Der Tagesspiegel vom 23.9.1993.

18 Diese Ansätze können hier nicht weiterverfolgt werden. Vgl. etwa Meyer-Abich, Aufstand für die Natur; ders., Wissenschaft für die Zukunft; Fritjof Capra, Wendezeit; weiterhin Böhret und Mayer-Rigout aaO. – Um die Beschreibung und Erklärung von Gesellschaften mit Hilfe der Gesetzlichkeiten dynamischer Systeme bemüht sich Niklas Luhmann, Soziale Systeme. Grundriß einer allgemeinen Theorie, Frankfurt/M 1984; ders., Die Wirtschaft der Gesellschaft, Frankfurt/M 1988. Peter Fuchs, Niklas Luhmann – beobachtet. Eine Einführung in die Systemtheorie, Opladen 1992.

19 Vgl. DIE ZEIT, Nr 25/1990, S. 74 und DER SPIEGEL, 51/1991, S. 215ff. mit Berichten über Fachaufsätze in: New Scientist Nr. 1717 und Spektrum der Wissenschaft Nr 12/1991.

20 Staatssekretär Hartkopf formulierte das 1979 so: „Verwaltung und Wirtschaft (sollten) lernen, biologische Kreisläufe, die Begrenztheit und Endlichkeit des Naturhaushalts zu beachten ... wissen wir doch, daß es biologische Grenz- und Schwellenwerte gibt, die durch übermäßige Beanspruchung lebenswichtiger Landschaftselemente überschritten werden, was schließlich das Leistungsgefüge der Natur zerstört". Frankfurter Rundschau vom 30. 3. 1979, zitiert nach Wey, S. 202.

21 Es handelt sich hier nicht im engeren Sinne um Grenzwerte, weil man sich auf solche bisher nicht einigen konnte; man spricht von Zielwerten. Das hat aber für die Darstellung oben im Text keine Bedeutung. Um einen oft überschrittenen, aber als sinnvoll angesehenen Zielwert von 120 $\mu g/m^3$ sicher einzuhalten, müßten die primären Schadstoffe um bis zu 80 % reduziert werden. Für Einzelheiten vgl. etwa Görgen, Maßnahmen gegen Sommersmog, Umwelt (BMU), Nr 5/1992, S. 197ff.

22 Gutachten 1987, S. 61. Dazu auch Maier-Rigaud, S. 142ff.; Gerd Winter (Hrsg.), Grenzwerte. Interdisziplinäre Untersuchungen zu einer Rechtsfigur des Umwelt-, Arbeits- und Lebensmittelrechts, Düsseldorf 1987; R. Wolf, Der Stand der Technik, Opladen 1986; Mayntz, Entscheidungsprozesse bei der Entwicklung von Umweltstandards, DV 1990, S. 137ff.; Dieter, Grenzwerte und Wertfragen, ZfU 1986, S. 375ff.; Weidner/Knoepfel, Politisierung technischer Werte. Schwierigkeiten des Normbildungsprozesses an einem Beispiel (Luftreinhaltung), ZParl, 2/1979, S. 160ff.; dies., Luftreinhaltepolitik (stationäre Quellen) im internationalen Vergleich, Band 1: Methodik und Ergebnisse, Berlin 1985.

23 Lesenswert: Paul J. Crutzen, Menschliche Einflüsse auf das Klima und die Chemie der globalen Atmosphäre, in: Crutzen/Müller, S. 25ff.

24 BT-Drucks. 6/2710, S. 6.

25 Bericht über die MPI-Studie in: DER SPIEGEL, Nr 1/1992, S. 162ff.

26 Der Titel nimmt Bezug auf das Luther zugeschriebene Wort: „Und wenn ich wüßte, daß morgen die Welt unterginge, so würde ich doch heute mein Apfelbäumchen pflanzen."

27 Vgl. für einen Einstieg mit weiteren Literaturhinweisen Sighard Wilhelm, Zur Beziehung von Textverständnis und Seinserkenntnis: Eine Diskussion am Beispiel von Friedrich Schillers Gedicht „Das verschleierte Bild zu Sais", Literatur in Wissenschaft und Unterricht, 23 (1990), S. 347ff. (351ff.).

28 Vgl. v.Ditfurth, S. 151ff., der die lebensbedrohenden Folgen einer biologischen Überpopulation eindringlich schildert.

29 Näher dazu Worldwatch Institute, S. 80ff.

30 Vgl. DER SPIEGEL, Nr 34/1990, S. 128ff.

31 Ich will nicht verhehlen, daß es ernstzunehmende Autoren gibt, die das vorgeschlagene Verhaltenspaket für gänzlich unzureichend halten.

32 Umweltprogramm 1971, S. 11 (rechte Sp.); Gerhard Baum im Vorwort S. VII der Schrift des BMI, Was Sie schon immer über Umweltschutz wissen wollten, 1979; Klaus Töpfer, Einführungsrede aaO; ders., ökologische Marktwirtschaft aaO.

33 Institut für Ökologische Wirtschaftsforschung, Umweltreport DDR; Wicke/de Maizière aaO; Czechowski/Hendler (Hrsg.), Umweltrecht in Mittel- und Osteuropa, Stuttgart 1992 (Stand 1989); Wieczorek, Umwelt (BMU), Nr 5/1992, S. 181ff. (allgemeine Bemerkungen und zur Altlastenfreistellung).

34 In dem Absatz sind Berichte berücksichtigt aus: Der Tagesspiegel vom 13.6.1992, S. 19 (Tüv gibt Entwarnung); 5.7.1992, S. 9 (Altlasten wuchern in Brandenburg wie Krebsgeschwür); 14.7.1992, S. 6 (Umweltbelastung in Südbrandenburg stärker als in Bitterfeld); 27.3.1992, S. 28 (Öko-Studie der UN, kürzere Lebenserwartung in Osteuropa).

35 Vgl. Der Tagesspiegel vom 13. 6. 1992, S. 23 über eine Veranstaltung des Bundesverbandes des Sonderabfallwirtschaft.

36 Vgl. dazu etwa den seit 1969 amtierenden rheinland-pfälzischen Ministerpräsidenten Helmut Kohl, Hausputz hinter den Fassaden. Praktikable Reformen in Deutschland, Osnabrück 1971, S. 20ff.

37 Vgl. etwa Kimminich, S. 32 f.; Wey, S. 201ff.; Müller, S. 51ff.

38 Das Gutachten ist abgedruckt in: Materialien zum Umweltprogramm aaO S. 593ff.; vgl. auch die Finanzierungsabschnitte in den einzelnen Projektgruppenberichten, S. 26 f., 66 usw.

39 Picht/Bresch/Häfele/Kriele, Gutachten..., in: Materialien zum Umweltprogramm aaO S. 567ff. und Meyer-Abich, Zur derzeitigen Organisation..., ebenda S. 586ff.

40 BT-Drucks 6/2710; mit Berichten der Projektgruppen und Gutachten auch als selbständige Veröffentlichung: Materialien aaO.

41 Zur Situation Ende der 70er Jahre vgl. etwa BMI (Hrsg.), Was Sie schon immer über Umweltschutz wissen wollten, 1979, S. 95ff.; Öko-Almanach, 3. Aufl. 1984, S. 244ff. (1. Aufl. 1980 stand mir nicht zur Verfügung). – Zur gegenwärtigen Lage unten S. * .

42 Projektgruppe aaO S. 210, 214 f.; Umweltprogramm, S. 42ff.

43 Projektgruppe aaO S. 140; Umweltprogramm, S. 13 f., 37.

44 Näher Hoppe/Beckmann, § 22 Rdnr 1ff; Kloepfer, § 11 Rdnr 200ff.

45 Näher der Kongreßbericht von Beckenbach aaO; Maier-Rigaud aaO; Wicke, Umweltökonomie, etwa Kap I und IV; Horst Siebert, Ökonomische Theorie der Umwelt, Tübingen 1978; Hohmeyer, Soziale Kosten des Energieverbrauchs. Externe Effekte des Elektrizitätsverbrauchs aaO; Leipert, Grundfragen einer ökologisch ausgerichteten Wirtschafts- und Umweltpolitik, Aus Politik und Zeitgeschichte, Nr 27/1989, S. 29ff.; Deutscher Bundestag (Hrsg.), Ökologie und Wachstum, öffentl Anhörung des Ausschusses für Wirtschaft des Dt BT'es, Zur Sache 11/90, Bonn 1990; Huckestein, Anforderungen an Kompensationslösungen im Immissionsschutzrecht, ZfU 1989, S. 1ff.

46 Näher Wicke, Umweltökonomie, S. 285ff.; Grupp, Die sozialen Kosten des Verkehrs, Verkehr und Technik 1986, S. 362ff.; Umwelt- und Prognose-Institut Heidelberg, Gutachten zu den Kosten des Verkehrs; vgl. auch schon SRU, Sondergutachten Auto und Umwelt, Stuttgart/Mainz 1973.

47 Umwelt (BMU), Nr 5/1992, S. 187 f.; s. auch Leipert, Die heimlichen Kosten des Fortschritts. – Vorsitzender ist der Marburger Wirtschaftsprofessor Horst Zimmermann, der auch stellvertretender Vorsitzender des SRU ist.

48 BMI, Umweltbericht '76. Fortschreibung des Umweltprogramms der Bundesregierung, Stuttgart 1976, S. 26ff.; Hartkopf, „Umweltpolitik" in: Handwörterbuch, 664ff.; Wicke, Umweltökonomie, S. 128ff.; Manfred Glagow (Hrsg.), Gesellschaftssteuerung zwischen Korporatismus und Subsidiarität, Bielefeld 1984; Barbara Hausmann-Grassel, Bürgerbeteiligung an gebundenen Verwaltungsentscheidungen. Probleme des Anlagengenehmigungsverfahrens nach dem BImSchG aus der Sicht der Drittbetroffenen, Darmstadt 1985; Fritz Ossenbühl, Umweltpflege durch behördliche Warnungen und Empfehlungen, Köln 1986; Andreas Reich, Gefahr-Risiko-Restrisiko. Das Vorsorgeprinzip am Beispiel des Immissionsschutzrechts, Düsseldorf 1989; Hans-Werner Rengeling, Das Kooperationsprinzip im Umweltrecht, Köln 1988; Lübbe-Wolff, Das Kooperationsprinzip im Umweltrecht –

Rechtsgrundsatz oder Deckmantel des Vollzugsdefizits?, NuR 1989, S. 295ff.; Benkert, Die Bedeutung des Gemeinlastprinzips..., ZfU, 3/1986, S. 213ff..

49 Siehe unten den Exkurs sowie Dieter Grimm, ...Prävention, Kritische Vierteljahresschrift für Gesetzgebung und Rechtswissenschaft 1986, 38ff.

50 Für eine positivere Sicht mit nicht überzeugenden Beispielen: Martin Uppenbrink, Umweltpolitik und Umweltrecht, in: Wagner/Pschera, S. 11 f.

51 Vgl. Rehbinder, „Verbandsklage" in: Handwörterbuch, 967ff.; Kloepfer, § 5, Rdnr 28ff.; Hoppe/Beckmann, § 13, Rdnr 43ff.

52 Pötzl, S. 111.

53 Organisationspläne im Anhang bei Müller, Innenwelt.

54 Vgl. dazu Laufer, Der Bundesrat als Instrument der Opposition?, ZParl 3/1970, 318ff; Schindler, Mißbrauch des Bundesrates? Dokumentation, ZParl 2/1974, 157ff.; Abromeit, Die Funktion des Bundesrates und der Streit um seine Politisierung, ZParl 4/1982, 462ff.

55 Vgl. auch die bei Edda Müller dargestellten Fallstudien. – Zum Streit über die Senkung der SO_2-Werte in einer Großfeuerungsanlagen-Verordnung vgl. die Notiz in DER SPIEGEL, Nr 36/1982, S. 15.

56 Hier war eine „freiwillige" Abgabe eines Referates gescheitert. Der Kanzler hatte bereits 1969 Aufgaben des Naturschutzes und der Landschaftspflege aus dem Landwirtschaftsministerium (Ertl, FDP) in das Innenministerium (Genscher, FDP) verlagern wollen. Ertl widersetzte sich; Brandt beauftragte die FDP-Minister, die Frage untereinander zu klären; Genscher kämpfte nicht um die Kompetenz, und Ertl behielt sie (Edda Müller, S. 56 f.) – ein unglückliches Ergebnis, weil an diesen Kompetenzfragen nicht nur ein Jahrzehnt lang immer wieder Streit entbrannte, sondern weil das Landwirtschaftsministerium gelegentlich die Umweltpolitik der Bundesregierung aktiv behindert hat.

57 Vgl. BT-Drucks. 8/1671; zum Scheitern Hartkopf/Bohne, S. 148 f.; Fickert, Quo vadis, Verkehrslärmschutzgesetz?, DVBl 1979, 645ff.; A. U. Posse, Föderative Politikverflechtung in der Umweltpolitik, München 1986.

58 Ausführlich Fiebig/Krause/Martinsen, Organisation des kommunalen Umweltschutzes, Schriftenreihe des Dt Instituts für Urbanistik, Heft 4, Berlin 1986; KGSt, Organisation des Umweltschutzes, Bericht 26/1973, Köln 1973 und 5/1985, Köln 1985; Zimmermann, Zur Aufgaben- und Organisationstruktur des kommunalen Umweltschutzes, Verw-rundschau 1987, S. 5ff.; Hill, Optimierung der Organisation kommunaler Verwaltung ... (beim) Umweltschutz, Die Verwaltung 1988, S. 175ff.

59 Zur Arbeit und zum Selbstverständnis des Sachverständigenrats ausführlich Timm aaO; eine Liste der bisherigen Mitglieder dort S. 356ff., der Gutachten S. 359ff.; als Übersicht Salzwedel, „Rat von Sachverständigen...", in: Handwörterbuch, 220ff.

60 Martin Uppenbrink, „Umweltbundesamt" in: Handwörterbuch, 565ff.

61 Zu Umweltschutzverbänden: Ellwein/Leonhard/Schmidt aaO; Cornelsen, Anwälte; Lothar Rolke, Protestbewegungen in der Bundesrepublik, Opladen 1987.
Jürgen Streich, betrifft: Greenpeace. Gewaltfrei gegen die Zerstörung, München 3. Aufl. 1991. SPIEGEL-Berichte (Auswahl) in Nr 36/1982, 112ff. (Übersichtsstory); Nr 51/1984, 84ff. (Binnengewässereinsatz); Nr 40/1985, 170ff. (Atomtest-Protest); Nr 3/1988, 29 f. (Atommüllblockade); Nr 32/1989, 114 f. (Übersichtsstory).
Reiner Scholz, betrifft: Robin Wood. Sanfte Rebellen gegen Naturzerstörung, München 1989. SPIEGEL-Berichte (Auswahl) in Nr 36/1983, 55ff. (als Konkurrent von Greenpeace); einzelne Aktionen: Nr 9/1983, 96ff.; Nr 36/1983, 55ff.; Nr 22/1984, 66ff.; Nr 41/1984, 74ff.; Nr 6/1986, 89 f. (Justizreaktionen); Nr 43/1986, 75ff. (KKW-Kühlturmbesetzung); Nr 46/1987, 270 (Tropenholzproteste).

62 Vgl. als Einstieg zu dieser Materie etwa Szelinski, in: Wagner/Pschera, S. 85ff. (Stand vor 1981); Salzwedel, in: ders., S. 569ff. (Stand 1981).

63 Vgl. etwa Storm, Umweltschutz und Verfassung, in: Wagner/Pschera, S. 21ff.

64 Es sei daran erinnert, daß wir zur damaligen Zeit eine kontroverse, grundlegende politische

und verfassungsrechtliche Diskussion um die Gestaltung des Föderalismus in der Bundesrepublik führten.

65 Weis, Die Anhörung des BT-Rechtsausschusses zum Staatsziel Umweltschutz, ZRP 1988, S. 159ff., 264.

66 BVerwG, DÖV 1987, 913ff.

67 Immler aaO; Reiche/Fülgraff, Eigenrechte der Natur und praktische Umweltpolitik, ZfU 1987, S. 231ff.; Sening, Eigenwert und Eigenrechte der Natur?, NuR 1989, S. 325ff.

68 Lehr- und Handbücher zum Umweltrecht (Auswahl in zeitlicher Reihenfolge): Kimminich; Wagner/Pschera; Salzwedel; Hoppe/Beckmann; Kloepfer; Prümm. – Gesetzessammlung: Michael Kloepfer, Umweltschutz. Loseblatt-Sammlung, 2. Aufl. München 1990ff. (über dreitausend Seiten).

69 Dorothea Limbach, Die steuerliche Förderung des Umweltschutzes, Heidelberg 1991.

70 Als Einstieg: Kimminich, „Umweltvölkerrecht" in: Handwörterbuch, 916ff. – Weiterhin: Michael Kilian, Umweltschutz durch Internationale Organisationen. Die Antwort des Völkerrechts auf die Krise der Umwelt?, Berlin 1987; Siegbert Lohse, Völkerrechtliche Vereinbarungen der Bundesrepublik Deutschland auf dem Gebiete des Umweltschutzes, Texte des Umweltbundesamts, 25/87, Berlin 1987; P. C. Mayer-Tasch, Die verseuchte Landkarte. Das grenzen-lose Versagen der internationalen Umweltpolitik, München 1987; v.Prittwitz, Umweltaußenpolitik.

71 Ress, „Europäische Gemeinschaften" in: Handwörterbuch, 448ff.; Grabitz/Zacker, Die neuen Umweltkompetenzen der EWG, NVwZ 1989, S. 297ff.; Gündling/Weber, Dicke Luft in Europa. Aufgaben und Probleme der europäischen Umweltpolitik, Heidelberg 1988; Knoepfel/Weidner, Handbuch der SO_2-Luftreinhaltepolitik; Nicolaysen, Umweltschutz im Europäischen Gemeinschaftsrecht, in: Werner Thieme (Hrsg.), Umweltschutz im Recht, Berlin 1988, S. 197ff.; Hans-Werner Rengeling (Hrsg.), Europäisches Umweltrecht und europäische Umweltpolitik, Köln 1988; Seidel, Umweltrecht der Europäischen Gemeinschaft – Träger oder Hemmnis des Fortschritts?, DVBl. 1989, S. 441ff.; Strübel, Umweltpolitik in Europa – Möglichkeiten und Grenzen, Aus Politik und Zeitgeschichte, 27/1988, S. 15ff. – Als Vorschriftensammlung vgl. etwa Ludwig Krämer, Umweltrecht der EWG, Baden-Baden 1991. – Siehe auch unten Abschnitt 30.

72 Umfassende vergleichende Darstellungen fehlen bisher. Zu ausländischen Entwicklungen vgl. Rehbinder, in: Rabels Zeitschrift für ausländisches und internationales Privatrecht 1976, S. 365ff.; Bothe/Gründling, Tendenzen des Umweltrechts im internationalen Vergleich, Berlin 1978 = Berichte 7/78, hrsg. vom Umweltbundesamt; ca zwei Dutzend Länderberichte enthält Handwörterbuch aaO; Helmut Weidner, Luftreinhaltepolitik in Europa: Ein 17-Länder Vergleich, IIUG dp 86-9, Berlin 1986; Weidner/Knoepfel (Hrsg.), Luftreinhaltepolitik in städtischen Ballungsräumen. Internationale Erfahrungen. Frankfurt/M 1985; für Japan mehrere Hinweise bei Weidner, Umweltpolitik.

73 Ausführliche Fallstudien insbes. zum BImmSchG, zur Brennstoffentschwefelung, zum Bundesnaturschutzgesetz, zum Flurbereinigungsgesetz bei Müller aaO; vgl. weiterhin Wey, etwa S. 207ff. sowie die allgemeinen Lehrbücher zum Umweltrecht.

74 Vgl. Küppers/Lundgreen/Weingart, S. 114ff. Für den SPIEGEL habe ich darauf bereits oben im Zusammenhang mit dem Aufsatz von Paul Ehrlich und einer Umfrage von 1970 hingewiesen.

75 Vgl. etwa Staatssekretär Hartkopf, Bild der Wissenschaft, 4/1980, S. 114ff. (115, 123), der über die anfänglichen Widerstände klagte: „... das war in erster Linie ein Kampf gegen die Wirtschaft und die ihr Nahestehenden... Der Kampf gegen die Industrie war im Anfang insgesamt schwierig."

76 Dazu die beiden SPIEGEL-Artikel Nr 16/1971, S. 55; Nr 25/1971, S. 30.

77 Enquetekommission, Bd 1, S. 79 sowie Umweltbundesamt, Daten 1988/89, S. 20 f.

78 Die Bausteine der Studie – Ressourcenerschöpfung, Überbevölkerung, exponentielles Wachstum – und das Rechenverfahren der Computersimulation waren nicht völlig neu,

vgl. etwa Michael Lohmann (Hrsg.), Gefährdete Zukunft. Prognosen amerikanischer Wissenschaftler, München 1970.

79 Zahlen aus Czada, Wirtschaftskrise; ders., Wirtschaft.

80 Bereits nach der ersten Ölkrise war vorgeschlagen worden, Energieeinsparungen durch Verteuerung durchzusetzen, also mit einem klassischen marktwirtschaftlichen Instrument; dies hätte zugleich die Entwicklung energiesparender Geräte begünstigt und künftige Exportchancen verbessert. Dazu sollten die Stromtarife neu gestaltet werden: ansteigende Preise bei überdurchschnittlichem Verbrauch statt fallender Preise, die Verschwendung belohnen; die Tarife sind bis heute nicht umgestellt(!).

81 Vgl. Der SPIEGEL, Nr 31/1984, S. 17ff.; weiterhin Nr 17/1984, S. 81ff.; Nr 32/1984, S. 19ff; Nr 36/1984, S. 25 f.

82 Vgl. etwa Der SPIEGEL, Nr 50/1985, S. 26ff.

83 Ähnlich argumentiert Hucke, S. 391 f.

84 Näher Wey, S. 165ff.

85 Pötzl, S. 108 beschreibt, den DIHT zitierend, dessen Haltung so: *„Nur in einer wachsenden Wirtschaft" – an dieser Linie hielt etwa der Hauptgeschäftsführer des Deutschen Industrie- und Handelstages, Franz Schoser, inbeirrt fest – sei „ein Mehr an Umweltschutz finanzierbar und politisch durchsetzbar"; Ausgaben für den Umweltschutz gingen „zu Lasten des Ertrags" und ständen damit „für den produktiven Investitionsbereich nicht zur Verfügung".*

86 Vgl. je mit weiteren Nachweisen R.-U. Sprenger, Beschäftigungseffekte der Umweltpolitik, München 1979 (Ifo-Schriftenreihe Bd 101); ders, Beschäftigungswirkungen der Umweltpolitik – eine nachfrageorientierte Untersuchung, München 1989 (Veröffentlichungen des Umweltbundesamtes, Berichte Bd 4/89); Mehr Arbeit durch Umweltpolitik? – Stellungnahme des Ifo-Instituts für Wirtschaftsforschung zur Anhörung des Bundestagsausschusses für Wirtschaft am 14. Okt. 1985, München 1985. – Zum gesamten Spektrum: Deutscher Bundestag, Ökologie und Wachstum aaO.

87 Ein Beispiel: Die exakten Ursachen des Waldsterbens, die außerordentlich komplizierten Prozesse im Boden und in den Pflanzen selber, sind trotz zahlreicher neuer Erkenntnisse bis heute nicht zusammenfassend zu formulieren. – Eine ganz andere Frage ist, wie lange Unkenntnis über Details zur Verhinderung von gestaltender Politik herhalten darf; denn die grundlegenden Ursachen – einige Luftschadstoffe und Schwermetallbelastungen der Böden – sind von Anfang an als Auslöser richtig beurteilt worden.

88 Gewerkschaftliche Monatshefte 1972, 589ff. Vorausgegangen war dem Papier der „Lebensqualität-Kongreß" der IG Metall im April 1972 (kurzer Bericht im SPIEGEL).

89 Vgl. Ewringmann/Zimmermann, Umweltpolitische Interessenanalyse der Unternehmen, Gewerkschaften und Gemeinden, in: Jänicke, Umweltpolitik, S. 77ff.; Wey aaO, in Fn. 147 zur gewerkschaftlichen Argumentation bei den Vorbereitungen zum Umweltchemikaliengesetz.

90 Siehe Müller, S. 97ff.; Timm, S. 142 f.; Hucke, S. 387; Pötzl, S. 109; Hartkopf, in: ders./Krause/v.Lersner u.a., S. 100 f.; das Beschlußpapier in Umwelt (BMI), 42/1975, S. 1f.

91 Vgl. Pötzl, S. 109 und DER SPIEGEL Nr 34/1982, S. 25.; Gunter Hoffmann, Arbeit oder blauer Himmel. Der unkritische Wachstumsglaube führt in eine Sackgasse, DIE ZEIT, Nr 3/1978.

92 Vgl. zum folgenden Absatz Pötzl, S. 109ff.; Hoffmann, vorige Fn.

93 Umweltbundesamt, Daten 1988/89, S. 134; äußerst kritisch SRU-Sondergutachten, Umweltprobleme der Landwirtschaft, BT-Drucks. 10/3613, als selbständige Veröffentlichung Stuttgart 1985; Conrad aaO; H.-G. Hennecke, Landwirtschaft und Naturschutz (Schriftenreihe Lorenz-vom-Stein-Institut, Bd 8), Heidelberg 1986; Karl Bruckmeier, Umweltberatung in der Landwirtschaft. Die Wahrnehmung ökologischer Beratungsaufgaben in der landwirtschaftlichen Offizialberatung der Bundesrepublik Deutschland, IIUG dp 87-18; Storm, Täter oder Opfer? Zum Verhältnis von Landwirtschaft und Umwelt-

pflege, NuR 1986, 8ff.; Conrad/Gitschel, Rechtliche Regulierung der Stickstoffdüngung – nur ein Sturm im Wasserglas?, NVwZ 1988, S. 23ff.; Landwirtschaft – der alltägliche Irrsinn, DER SPIEGEL, Nr 49/1987, S. 104ff., sowie Nr 47/1989, S. 106ff. – Weitere Titel in Fn 104*.

94 Zur Entstehungsgeschichte vgl. Kloepfer, Chemikaliengesetz, Berlin 1982, S. 26ff.; Rehbinder in: Salzwedel, S. 459ff. – Vgl. weiterhin Zimmermann, Machtfaktor; Damaschke, Verbände; Stellungnahmen des Sachverständigenrates in: BMI (Hrsg.), Umweltchemikalien, Umweltbrief Nr 19/1979, S. 23ff., 69ff.; H.-D. Stürmer (Hrsg.), Chemikalien in der Umwelt, BUND-Information 8, Freiburg 1981, S. 108ff. und passim; Hartkopf/-Bohne, S. 258ff.; BMI (Hrsg.), Was Sie schon immer über Umweltschutz wissen wollten, 1979, S. XIV f., 255ff. – Gesetzesmaterialien: BR-Drucks. 330/79, 376/80; BT-Drucks. 8/3319, 8/4243, 8/4295. Zur heutigen Situation vgl. SRU, Umweltgutachten 1987, S. 458ff.

95 Damals nach einem Unfall in Japan in ihrer Gefährlichkeit (schwere Leber-, Milz-, Nieren- und Erbgutschäden) entdeckte chlororganische Verbindungen (polychlorierte Biphenyle), die weltweit als Grundstoff von Kühlmitteln, Isolationsmaterial, Imprägnierstoffen u.a. verwendet wurden; es sind recht stabile Verbindungen, die sich gut im Fettgewebe des Menschen ablagern und damit dauerhaft toxisch wirken. Seit den 60er Jahren in Schweden in der Muttermilch mit wachsenden Konzentrationen festgestellt. „Für die Zukunft wird angestrebt, PCBs durch ungefährliche Stoffe zu ersetzen" – BMI 1979.

96 Bericht des SPIEGEL in Nr 48/1977, S. 44ff.; vgl. auch Nr 11/1977, S. 106ff.

97 Zitiert nach Pötzl, S. 114.

98 Ein Planet wird geplündert, Stuttgart 1975. – Gruhl war seit 1969 für die CDU im Bundestag; zwei Tage nach Austritt aus der CDU gründete er die „Grüne Aktion Zukunft"; Mitglied des Bundestages bis 1980 und dann wieder 1983.

99 SRU, Umweltgutachten 1978, Rdnr 1642 f. und passim; ders., Umweltgutachten 1987, S. 126ff. und passim; Wittkämper/Nießlein/ Stuckhard, Vollzugsdefizite im Naturschutz. Analyse von Vollzugsdefiziten bei der Verwaltungspraxis der Aufgabe Landschaftspflege und Naturschutz (Schriftenreihe des BML, Reihe A, H. 300), Bonn und Münster-Hiltrup 1984; M. Brahms u.a., Naturschutzansprüche und ihre Durchsetzung (Schriftenreihe des BML, Reihe A, H. 331), Bonn 1986 [beides externe Gutachten des Ministeriums, die die allgemeine Kritik an der Politik des BML bestätigen]. – Vgl. auch Fn. 236* zur Implementationsforschung.

100 1973: 2.300 erfaßte Delikte; bis 1978 leicht ansteigend auf 3.700; danach „exponentiell" ansteigend auf 1987: 18.000. Es ist nicht davon auszugehen, daß die Zahl der Delikte selber gestiegen ist, ebenso Umweltbundesamt, Daten 1988/89, S. 90 f.; Wittkämper/-Wulff-Nienhüser aaO.

101 Bild der Wissenschaft, 4/1980, S. 114ff. – Wegen weiterer Ungereimtheiten des Gesetzes vgl. Hoppe/Beckmann, § 22.

102 SPD-Umweltexpertin, MdB seit der 8. Legislaturperiode, im 11. Bundestag stellvertretende Vorsitzende der Enquetekommission „Vorsorge zum Schutz der Erdatmosphäre".

103 Zum Brandunglück der Schweizer Firma Sandoz mit anschließender Grundwasser- und Rheinverseuchung 1987 schreibt Bruno Sautter, Zielorientierter Vollzug der Wassergesetze – wasserbehördliche Kontrolle der Abwassereinleitungen, NVwZ 1988, 487ff.: „Weiter bestätigte Sandoz die alte Erkenntnis, daß es nicht genügt, die zum Schutze der Gewässer notwendigen Bestimmungen zu treffen ... sondern daß es am Ende darauf ankommt, die Vorschriften in die Tat umzusetzen."

104 Vgl. die Arbeiten zur Implementationsforschung und die dortigen Hinweise, Fn 236*. Zahllose Fälle aus den beiden letzten Jahrzehnten können auch über die jährlichen SPIEGEL-Register erschlossen werden.

105 BMF, Abgaben zur Förderung des Umweltschutzes aaO.

106 Reinhard Merkel, Die Placebo-Gesellschaft. Wie wirksam können Umweltschutzgesetze

tatsächlich sein? DIE ZEIT 43/1989, S. 66.

107 Der Staat als Umweltzerstörer, vgl. Wilhelm, Ökosteuern S. 22 f.; Hübler, Trügerische Hoffnung, DIE ZEIT 38/1989, S. 37.

108 Die Literatur ist Legion, vgl. etwa je mwN Wörndl aaO; Wey S. 220ff.; SRU, Sondergutachten „Energie und Umwelt", BT-Drucks. 9/872 (als Buch: Stuttgart, Mainz 1981), Tz. 153ff.; Drummer/Fach/Häusler/Simonis, Energiepolitik: Die Krisenregulierung der politischen Parteien, in: v.Beyme/Schmidt, S. 360ff.; Joachim Radkau, Aufstieg und Krise der deutschen Atomwirtschaft 1945-1975, Reinbek 1983; Traube/Ullrich, Billiger Atomstrom?, Reinbek 1982; Hasso Hofmann, Rechtsfragen der atomaren Entsorgung, Stuttgart 1981. – Zur Bewertung der Risiken nach Tschernobyl vgl. SRU, Umweltgutachten 1987, Tz. 1975ff. mit Lit.-Nachweisen S. 622ff. – Allgemein zur Risikosituation Beck aaO.

109 Vgl. DER SPIEGEL, Nr 10/1983, S. 86; Traube/Ullrich, S. 16ff.

110 Vgl. etwa Gehrmann u. a., Schrecken der Meere. Havarien, schreckliche Waffen, nuklearer Müll – seit drei Jahrzehnten machen Atom-U-Boote die Ozeane unsicher, DIE ZEIT, Nr 40/1991, S. 15ff.

111 Zeitbombe „Tschernobyl-Nord", DER SPIEGEL, Nr 5/1990, S. 30ff. Vgl. weiterhin Nr 4/1990, S. 85ff.; Nr 6/1990, S. 114ff.

112 Vgl. Wolfgang Hoffmann, Warten auf die Katastrophe, DIE ZEIT, Nr 37/1991, S. 34 und DER SPIEGEL, Nr 10/1992, S. 187ff. – Vgl. weiterhin über künftige Atomgefährdungen aus Osteuropa: DER SPIEGEL, Nr 14/1992, S. 268ff. (nach Störfall bei St. Petersburg, dazu auch Störfallbericht in Umwelt, BMU, Nr 5/1992, S. 208ff.); DER SPIEGEL, Nr 48/1991, S. 22 f. (deutsche Sicherheitsstudie); Nr 43/1991, S. 323ff. (Tschernobyl).

113 Übersichten in: Umweltbundesamt, Daten 1988/89, S. 227 f.; Öko-Almanach 1984, S. 215ff.

114 Pötzl, S. 105.

115 So erklärte Umweltminister Töpfer nach dem Rio-Gipfel (DIE ZEIT, Nr 26/1992, S. 25), daß er fest glaube, die Umorientierung zu einem ökologischen Wirtschaften finanziere sich auf Dauer selbst. – Das heißt, sie werde sich ohne dauerhaften Verlust von Arbeitsplätzen und ohne Wohlstandseinbußen vollziehen.

116 Vgl. Pötzl, S. 105 f.

117 Pötzl, S. 106.

118 SRU, Umweltgutachten 1978, Tz. 1350. Deutliche Kritik an der mangelhaften ökologischen Konzeption gab es damals auch aus der Bundesregierung durch Staatssekretär Hartkopf, Frankfurter Rundschau vom 30. 3. 1979, zitiert bei Wey in Fn. 201.

119 Näher dazu Wey, S. 214 f.

120 SRU, Umweltgutachten 1978, Tz. 1350. Kurzfassung des Umweltgutachtens, Umweltbrief Nr 17/1978, Tz. 4.

121 Näher Hartkopf/Bohne, S. 330ff.

122 Vgl. Beiträge insbes. von Jäger, Guggenberger, Haungs und Zilleßen in: Guggenberger/-Kempf (Hrsg.), Bürgerinitiatven und repräsentatives System, Opladen 1978 (2. Aufl. 1984); Brand/Rucht, Aufbruch in eine andere Gesellschaft. Neue soziale Bewegungen in der Bundesrepublik, akt. Neuausgabe, Frankfurt/M 1986. – Etliche Beiträge z.B. in ZParl 1973ff.

123 Kaack/Roth (Hrsg.), Handbuch des deutschen Parteiensystems, Opladen 1980, Bd 1, S. 225ff., 260ff., einige Dokumente S, 283ff.; Jörg R. Mettke (Hrsg.), Die Grünen. Regierungspartner von morgen?, Reinbek 1982 (SPIEGEL-Buch). – Etliche Beiträge z.B. in ZParl 1979ff.

Zu Entwicklungen im westlichen Ausland vgl. Heinz Rothgang, Die Friedens- und Umweltbewegung in Großbritannien, Wiesbaden 1990; Brinkmann, Umweltschutzgruppen in den USA, ZfU 4/1982, 325ff.; Müller-Rommel, „Parteien neuen Typs" in Westeuropa: Eine vergleichende Analyse, ZParl 3/1982, 369ff.; ders., Das grün-alternative Parteienbündnis im Europäischen Parlament: Perspektiven eines neuen Phänomens, ZParl 3/1985,

391ff.; Poguntke, Grün-alternative Parteien: Eine neue Farbe in westlichen Parteiensystemen, ZParl 3/1987, 368ff; Watts, Gesellschaftspolitische Bedingungen der Umweltbewegung im internationalen Vergleich, ZParl 2/1979, 170ff. – Ferdinand Müller-Rommel, Grüne Parteien in Westeuropa. Entwicklungsprozesse und Erfolgsbedingungen, Opladen 1992.

124 Für dieses Ziel waren bekanntlich die Sozial-Liberalen angetreten; vgl. als das wohl konkreteste Bekenntnis die Freiburger Thesen der F.D.P., in deren Einleitung darauf verwiesen wird, daß die Demokratisierung des Staates im letzten Jahrhundert durchgesetzt werden konnte und wir heute „am Anfang der zweiten Phase einer von der bürgerlichen Revolution ausgehenden Reformbewegung" stehen, nämlich der Demokratisierung der Gesellschaft.

125 Vgl. etwa Jugend '81, „Shell-Studie", Opladen 1982, S. 674ff.; Kaack/Roth (Fn 129), Bd 1, S. 247ff.

126 Näher Kaack/Roth (Fn 129), Bd 1, S. 242ff., 260ff.; Bd 2, S. 228 f., 300;

127 Hartkopf, Bild der Wissenschaft, 4/1980, S. 114; ebenso noch 1986 in: Hartkopf/Krause/-v.Lersner, S. 101 f.

128 Vgl. dazu DER SPIEGEL, Nr 37/1982, S. 38: Börner soll im hessischen Landtagswahlkampf erklärt haben: „Ich bedauere, daß es mir mein hohes Staatsamt verbietet, den Kerlen selbst eins in die Fresse zu hauen. Früher auf dem Bau hat man solche Dinge mit Dachlatten erledigt." Dementis hat die Publizistik nicht akzeptiert; gerichtlich wurde die Authentizität nicht geklärt.

129 Zitiert nach Pötzl, S. 112 f.

130 Weidner, Umweltpolitik; Reiche, 10. Bundestag; Wilhelm, Ökosteuern.

131 Vgl. etwa Mégie, Ozon; SPIEGEL-Berichte: Ozonschicht: Leck im Raumschiff Erde, Nr 49/1987, S. 262ff. (allgemeiner Bericht zur Problematik); Nr 9/1987, S. 245 f. (FCKW's als Druckmittel im Welthandel); Nr 14/1989, S. 63ff. (Suche nach FCKW-Ersatzstoffen); Nr 27/1990, S. 174 f. (zur Londoner Ozon-Konferenz). – Ein Interview zur Atmosphärensituation insgesamt mit Paul Josef Crutzen in Nr 28/1988, 160ff. (Crutzen ist Direktor des MPI in Mainz, Mitglied der Enquetekommission zum Schutz der Erdatmosphäre – ein Wissenschaftler mit internationalem Renommee); die Entdeckung des von der Wissenschaft nicht vorhergesehenen „Ozonloches" nennt er einen Schock; daß ein System wie die Erdatmosphäre so viele positive (= sich verstärkende) Rückkopplungen haben könne, sei erstaunlich, und damit habe niemand gerechnet.

132 Zu den 41 Seveso-Fässern DER SPIEGEL, Nr 22/1983, S. 27ff. Siehe auch: Dioxin. Mißbildungen durch Chemie-Gift? DER SPIEGEL, Nr 24/1984, S. 37ff.

133 Vgl. etwa Böhm/Denecke, Wasser; Bossel/Grommelt/Oeser, Wasser; Kern, Wasser in Not; Kluge/Schramm, Wassernöte. Zur Geschichte des Trinkwassers, Köln 1988; Öko-Almanach 1984, S. 221ff.; SRU, Umweltgutachten 1987, S. 262ff.; DER SPIEGEL, Lebenselement Wasser. Vergiftet und vergeudet, Nr 32/1988, S. 36ff. wertet Untersuchungen aus der ersten Hälfte der 80er Jahre aus; alle wesentlichen Informationen auch schon bei v.Dithfurt, S. 97ff.; Robert Linde, Wasser als knappe Ressource. Überlegungen zur Diskussion um den Wasserpfennig, ZfU 1/1988, 65ff. und 1/1989, 95ff.; Wolf Pfluge, Die Trends der deutschen Wasserpolitik, ZfU 1/1989, 43ff.; Auerbach/Kuckshinrichs/-Ströbele, Grundwasser als Schadstoffdeponie und als Trinkwasserreservoir, ZfU 3/1989, 269ff.; Henze/Nicklis, ... Agrarprodukte und Wasser, ZfU 2/1990, 137ff.; Pfaffenberger/Scheele, Kosten des Grundwasserschutzes. Eine empirische Analyse ..., ZfU 2/1990, 157ff.; Bruckmeier/Teherani-Krönner, Nitratbelastung des Grundwassers – die Entwicklung eines umweltpolitischen Problems in der Bundesrepublik Deutschland, ZAU 1989, S. 153ff.; Hellekes/Perdelwitz, Nitratbelastung des Trinkwassers. Reaktionsweisen der Wasserversorgungsunternehmen, IIUG rep 86-2.

134 Zahlenmaterial zum Zustand der Nordsee in: Umweltbundesamt, Daten 1988/89, S. 372ff.; ausführlich die Sondergutachten des SRU, Umweltprobleme der Nordsee, BT-Drucks. 9/872, auch Stuttgart 1981, und Umweltprobleme der Landwirtschaft, BT-Drucks. 10/-

3613, auch Stuttgart 1985; sowie Umweltgutachten 1987 (passim bei einzelnen Schadstoffen, etwa Nitraten); Schutz der Nordsee. Öffentliche Anhörung des Bundestagsausschusses für Umwelt, Naturschutz und Reaktorsicherheit am 5.10.1987. Zur Sache 4/87, Bonn 1987. Vgl. weiter Ehlers, Die erste Internationale Nordseeschutz-Konferenz, NuR 1985, S. 102ff.; ders., Wichtige Fortschritte beim Schutze der Nordsee. Bericht über die 2. Internationale Nordseeschutzkonferenz, NuR 1988, S. 126ff.; Kunig, Ölverschmutzung durch Schiffe – Das Verhältnis von Recht und Wirklichkeit am Beispiel der Nordsee, NuR 1986, S. 265ff.; Ehlers/Kunig, Abfallentsorgung auf See. Gegenwärtiger Stand und Perspektiven der Rechsentwicklung, NVwZ 1987, S. 947ff.; Ernst, Meeresverschmutzung und Meeresschutz. – Vgl. auch DER SPIEGEL, Friedhof Nordsee, Nr 23/1988, S. 18ff.; Ulrich Stock, Das Nordsee-Ritual. Es wird geredet, gerufen, gepfiffen, doch dem Meer hilft es nicht, DIE ZEIT, Nr 12/1990, S. 97.

135 Wichtige neue Veröffentlichungen sind Enquetekommission; Crutzen/Müller; Leggett.

136 Vgl. Forschungsbeirat Waldschäden/Luftverunreinigungen der Bundesregierung und der Länder, z.B.: 2. Bericht, Karlsruhe 1986; Das stille Sterben. Säureregen zerstört den deutschen Wald, DER SPIEGEL, Nrn 47-49/1981; Der Schwarzwald stirbt, Nr 51/1984; SRU-Sondergutachten, Waldschäden und Luftverunreinigungen, BT-Drucks. 10/113, als selbständige Veröffentlichung Stuttgart 1983; Meister/Schütze/Sperber, Die Lage des Waldes, Hamburg 1984; Hartmut Espe, Waldschadensbericht 1986: Eine Analyse der Pressereaktionen, Wissenschaftszentrum Berlin für Sozialforschung, Berlin 1987 (darin z.B. der Bericht aus der ADAC-Zeitschrift Motorwelt 12/86, ein „objektiver" Bericht, der die Schadensursache Auto mit Hinweisen auf andere Schadensursachen und den nicht eindeutigen Forschungsstand relativiert – man hätte sich die Rolle dieser mit sieben Millionen sehr auflagenstarken Zeitschrift Ende 1986 auch anders vorstellen können, nämlich mit der Forderung nach „sauberen" Motoren oder Einführung von Katalysatoren).

137 SRU, Umweltgutachten 1987, S. 16 (Original ohne Hervorhebung). Vgl. dazu auch Dierkes/Fietkau, Umweltbewußtsein – Umweltverhalten, Gutachten für den Rat von Sachverständigen für Umweltfragen, 1987; ausgewertet im Umweltgutachten 1987 aa0 S. 48ff. je mit weiteren Nachweisen; Öko-Almanach, S. 91ff. Vgl. auch N.S.J. Watts, Environmentalism in Europe: Social Change and the New Politics, Dissertation FU Berlin (Fachbereich Politische Wissenschaft) 1987.

138 Vgl. z.B. BDI, Ökonomische Instrumente im Umweltschutz aaO; DIHT, Marktwirtschaftliche Instrumente aaO; Sprenger/Knödgen, Umweltschutztechnik – ein wachstumsorientierter Markt, Umweltmagazin, Heft 3/4, 1984; Brunowsky/Wicke, Der ÖKO-Plan, München 1984; Pieroth/Wicke, Chancen für Betriebe durch Umweltschutz, Freiburg 1988. Bereits 1978 war der Bundesverband der Deutschen Industrie durch eine von ihm in Auftrag gegebene Studie überrascht worden, in der ein führender Wirtschaftswissenschaftler argumentierte, daß die These vom Jobkiller Umweltschutz empirisch nicht haltbar sei (Sprenger 1979). Weitere Untersuchungen verwiesen darauf, daß vom Umweltschutz bei künftig (weltweit) verstärkten Umweltschutzinvestitionen Wachstums- und Beschäftigungseffekte sowie ein Innovationsvorsprung der deutschen Wirtschaft zu erwarten seien (z.B. Sprenger/Knödgen und Brunowsky/Wicke – oben in dieser Fn.).

139 Vgl. etwa Tsuru/Weidner sowie Weidner/Rehbinder/Sprenger aaO.

140 1978/79 Mitglied des SRU, zuständig für Volkswirtschaft und Raumplanung; danach Umweltminister in Rheinland-Pfalz.

141 Veröffentlicht in Umwelt (BMI) Nr 91, vom 14. 9. 1982.

142 Vgl. zur Stimmung in der Umweltabteilung des BMI unmittelbar nach dem Regierungswechsel etwa DER SPIEGEL, Nr 41/1982, S. 23.

143 Umwelt (BMI) Nr 92, S. 1; dort auch die Regierungserklärung vom 13. 10. 1982, in der Helmut Kohl nur sehr allgemein auf Umweltschutz einging.

144 DER SPIEGEL, Nr 43/1982, vom 25.10.1982, S. 23ff. (28).

145 Vgl. DER SPIEGEL, Nr 27/1983, S. 58 f. und 34/1983, S. 42ff.

146 Die exakten Ursachen des Waldsterbens, die außerordentlich komplizierten chemischen Prozesse im Boden und in den Pflanzen selber (Streßfaktoren und Immunschwächen), sind trotz zahlreicher neuer Erkenntnisse bis heute nicht bekannt. – Eine ganz andere Frage ist, wie lange Unkenntnis über Details zur Verhinderung von gestaltender Politik herhalten darf; denn die grundlegenden Ursachen – einige Luftschadstoffe und Schwermetallbelastungen der Böden – sind von Anfang an als Auslöser richtig beurteilt worden. – Vgl. auch Müller, insbes. S. 182ff.

147 DER SPIEGEL, Nr 43/1982, S. 23ff.

148 Zu Strauß' vergeblichen Versuchen, Zimmermann wegen einer Reduzierung der Abwasserabgabe unter Druck zu setzen, vgl. DER SPIEGEL, Nr 26/1983, S. 19ff.

149 So war die CDU beispielsweise 1991 im Berliner Wahlkampf angetreten, die rot-grüne Verkehrspolitik aus der vorangegangenen Legislaturperiode wieder umzukehren; dazu gehörte vor allem die weitgehende Abschaffung der Tempo-30-Zonen neben den großen Durchgangsstraßen und die drastische Reduzierung der Busspuren (obwohl die Bundes-CDU sich im Herbst 1989 ausdrücklich für solche Projekte ausgesprochen hatte!). Der CDU-Verkehrssenator ließ monatelang keine Gelegenheit aus, anzukündigen, demnächst den rot-grünen Spuk in der Stadt (trotz der SPD als Koalitionspartner) zu beenden; er erteilte auch konkrete Anweisungen. Inzwischen hatten aber Anwohner, Schulen und CDU-Bezirkspolitiker ihr Herz für die „rot-grünen Übertreibungen" entdeckt, und leisteten Widerstand; als dann auch noch mehr als zwei Drittel der Berliner in einer vom Senator in Auftrag gegebenen Umfrage ihre Tempo-30-Zonen behalten wollten, gab der Senator nach – setzte sich aber zum Ausgleich mit seiner Vorstellung durch, wenigstens das Brandenburger Tor für Busse und Taxen zu „öffnen" und einige Busspuren zeitlich einzuschränken – statt zukunftsorientierter Politik: Kasperletheater.

150 Es fällt mir schwer, die Katalysatorpolitik als positiv herauszustellen; sie kam nämlich um Jahre zu spät, was ein vergleichender Blick in die USA beweist. Mitte und Ende der 80er Jahre (und noch mehr heute!) wären bereits viel weitergehende Maßnahmen im Verkehrsbereich erforderlich gewesen, siehe unten letztes Kap. Je zögerlicher wir reagieren, um so einschneidender fallen spätere Korrekturen aus; und in der Verkehrspolitik leben wir in einer unangemessenen Sorglosigkeit.

151 Zum Diskussionsstand über die These Klaus v. Beyme, Parteien in westlichen Demokratien, 2. Aufl. München 1984, S. 404ff. Vgl. auch v.Beyme/Schmidt (Hrsg.), Politik in der Bundesrepublik Deutschland, Opladen 1990.

152 Vgl. SRU, Umweltgutachten 1987, S. 552 f.

153 Näher Weidner, S. 9ff.; v.Prittwitz, Umweltaußenpolitik. Vgl. auch Die Internationale Politik 1987/88, Jahrbuch hrsg. von Wolfgang Wagner u.a., München 1990 sowie die früheren Jahrbücher; Michael Strübel, Internationale Umweltpolitik, Opladen 1992.

154 Umweltbundesamt, Daten 1988/89, S. 240.

155 Vgl. Umwelt (BMU), Nr 12/1988, S. 535 f.

156 Vgl. Umwelt (BMU), Nr 12/1988, S. 536.

157 Weidner, S. 22 mit Hinweisen auf Stellungnahmen des Bundesamtes für Umweltschutz der Schweiz. – A.A. als im Text formuliert, sind bis heute etwa der ADAC, die deutsche Automobilindustrie, das CDU-geführte Bundesverkehrsministerium u.a.

158 Vgl. zum Faktenmaterial Reiche aaO.

159 Vgl. BMI, Bodenschutzkonzeption der Bundesregierung, Stuttgart 1985; SRU, Umweltgutachten 1987, S. 22 f., 183ff.; Maßnahmen zum Bodenschutz. Bericht der Bundesregierung an den Dt. Bundestag (12.1.1988), BT-Drucks. 11/1625; sowie Zieschank, Bodenbelastung in der Bundesrepublik Deutschland. Die verborgene Umweltkatastrophe, Österreichische Zeitschrift für Politikwissenschaft, 17 (1988), S. 67ff.

160 Der Tagesspiegel vom 18. 10. 1991, S. 6.

161 Vgl. Der Tagesspiegel vom 18. 6. 1992, S. 27 über den „3. Weltkongreß Lebensmittelinfektionen und Intoxikationen" in Berlin.

162 Zu Industrieabfällen SRU, Umweltgutachten 1987, S. 99, 509. Zum möglichen Instrumentarium: Ladeur, Abfallvermeidung durch strategische Koordination unterschiedlicher rechtlicher Steuerungsinstrumente, NuR 1989, S. 66ff.

163 Eine lesenswerte, harsche Kritik an der Umweltpolitik und den Phrasen der Verantwortlichen, um ihren Mangel an Konzepten und Entscheidungen zu vernebeln: Fritz Vorholz, DIE ZEIT, Nr 6/90, S. 22.

164 CDU-Dokumentation 29/1989; Wilhelm, Ökosteuern, S. 63.

165 Umweltbundesamt, Daten 1988/89, S. 420ff.

166 DIE ZEIT, Nr 36/1992, S. 20; vgl. auch DER SPIEGEL, Nr 35/1992, S. 95 f.

167 Vgl. zu dieser pessimistischen Einschätzung Monika Kliemann, Duales System, WDR, 3. Fernsehprogramm, 23. 10. 1991, 21.45 Uhr, Maschinenskript WDR 1991. – Ablehnend auch der bayerische Umweltminister Gauweiler (!), Süddeutsche Zeitung v. 11./12.1.1992, S. 23.

168 BMWi, Markwirtschaft und Umweltschutz, S. 20 f.

169 Der Tagesspiegel vom 6. 11. 1991, S. 16.

170 Vgl. Bericht im SPIEGEL, Nr 47/1991, S. 160 f.

171 Handelsblatt, 29./30. 6. 1990, S. 10.

172 Mir lag zur Zeit des Manuskriptabschlusses nur die Presseerklärung 78/92 vom 27.8.1992 des BMU vor.

173 Vgl. Darstellung und Kritik etwa bei Soell/Dirnberger, Wieviel Umweltverträglichkeit garantiert die UVP?, NVwZ 1990, 705ff. mit zahlreichen Nachweisen; Kennedy/Lummert, UVP von Fernstraßen, ZfU 1981, S. 455ff.; Umweltbundesamt (Hrsg.), Umweltverträglichkeitsstudien, Texte 15/82, Berlin 1982. – Aus der Vorbereitungsphase s. Sachverständigenrat, Umweltgutachten 1987, S. 62ff. und passim; Steinberg, Bemerkungen zum Entwurf eines Bundesgesetzes über die UVP, DVBl. 1988, S. 995ff.; Weber, Zur Umsetzung der Umweltverträglichkeitsrichtlinie im deutschen Recht, UPR 1988, S. 206ff.; Kloepfer, § 4, Rdnr 81ff. auch mit einigen planungswissenschaftlichen Nachweisen; Hartkopf/Bohne, S. 212ff.

174 Gutachten 1987, S. 527ff. – Zahlenmaterial Umweltbundesamt, Daten 1988/89, über die natürliche Strahlenexposition S. 534 f.; über die Auswirkungen von Tschernobyl S. 536ff. (passim); über das bundesrepublikanische Meßnetz 531ff.

175 Vgl. DER SPIEGEL, Nr 5/1992, S. 140ff.; weiterhin Nr 15/1991, S. 86ff. (Kinderkrebs); Nr 18/1991, S. 176ff.

176 Vgl. z.B. DER SPIEGEL, Nr 41/1986, S. 53ff. S. auch H.P. Peters u.a., Die Reaktionen der Bevölkerung auf die Ereignisse in Tschernobyl. Ergebnisse einer Befragung, Kölner Zeitschrift für Soziologie und Sozialpsychologie, 39 (1987), 764ff.

177 Vgl. dazu etwa Kloepfer, § 2, Rdnr 64; Hartkopf/Bohne, S. 129ff., 143ff.; Müller, S. 535ff. sowie 468ff., 521ff.; H. Pehle, Das Bundesumweltministerium: Neue Chancen für den Umweltschutz, Verwaltungsarchiv 1988, 184ff.

178 Organisationsplan bei Kloepfer, Anhang (Stand Nov. 1988).

179 Ähnlich dem des Finanzministers gem. Art. 112 GG oder dem des Finanz- und des Justizministers gem. § 26 GeschOBReg.

180 Vgl. die negative Berichterstattung im SPIEGEL, etwa „Wallmann kann nur Propaganda machen", Nr 24/1986, S. 17ff.; Wallmann: Ein Minister wird vorgeführt, Nr 49/1986, S. 24ff.; Nr 50/1986, 17ff.; Nr 52/1986, 19ff. betrifft Weisung an das Umweltbundesamt über gutachtliche Äußerungen zu krebsverursachendem Diesel (Kurztext: Umweltminister Walter Wallmann führt sein Amt, als wäre er „Wahrheitsminister" bei George Orwell...).

181 Vgl. BT-Drucks. 10/6639, S. 16 f.; Erläuterungen bei Hoppe/Beckmann, § 29 Rdnr 77ff; Kloepfer, § 8 Rdnr 69ff.; Weidner, S. 26.

182 Vgl. DER SPIEGEL, Nr 16/1987, S. 35ff.

183 Der Tagesspiegel vom 25. 10. 1991, S. 25 und vom 26. 10. 1991, S. 1 und 2.

184 Langjähriger Vorsitzender des SRU, später bis 1991 Mitglied des Sachverständigenrates

zur Begutachtung der gesamtwirtschaftlichen Lage. – Zum Gutachten vgl. Literaturverzeichnis.

185 Töpfer, ökologische Marktwirtschaft aaO: „Das Ordnungsrecht hat allerdings einen wesentlichen systembedingten Mangel. Es ist nicht in der Lage, auf Dauer ein wirtschaftliches Eigeninteresse der Verursacher an der stetigen Verminderung von Umweltbelastungen zu schaffen. Deshalb brauchen wir wirtschaftliche Anreize und flexible Instrumente, damit über die gesetzlichen Vorschriften hinaus mehr Umweltschutz möglich wird."

186 Rechnungen von Bonus aaO. Vgl. auch Wicke, Umweltökonomie, S. 173ff.: Er zeigt im Vergleich von Umweltschutzauflagen mit Umweltabgaben, daß der Hauptnachteil von Auflagen in ihrer wirtschaftlichen Ineffiziens liegt.

187 Ich kann mir eine Zwischenbemerkung nicht verkneifen: Es gibt, seit wir Umweltpolitik betreiben, keine „Verbesserungen unserer Umweltqualität". Wir kämpfen fast überall nur um den Status quo.

188 Für eine ausführliche Darstellung der damaligen Diskussionen vgl. Wilhelm, Ökosteuern.

189 Ebenso Sachverständigenrat, 1987, S. 49 (oben zitiert).

190 Vgl. dazu etwa BDI aaO und DIHT aaO in weiten Teilen unter Bestätigung einer Stellungnahme von 1983 bzw. 1984; Rudolf v. Bennigsen-Foerder, Brücke zur Rückkehr. Über den Weg zu einer neuen Energiepolitik, DIE ZEIT Nr 45/89; Hansmeyer/Schneider, BMF, BMWi aaO.

191 Töpfer, Einführungsrede, S. 8.

192 Vgl. DER SPIEGEL, Nr 12/1989, S. 16ff.; Nr 36/1989, S. 24 f.

193 BMI (Hrsg.), Umweltpolitik der Bundesregierung. Bilanz und Perspektiven, Bonn 1986, S. 80. – Weidner, S. 14 f.

194 Koldovsky/Fontein, Robbensterben als Indikator für eine geschädigte Umwelt, ZAU 1988, S. 219ff.; Gerlach, Betrachtungen zum Robbensterben, ZAU 1988, S. 224ff. Zahlreiche Berichte im SPIEGEL.

195 Bulletin (Presse- und Informationsamt der Bundesregierung), 27/1987, 205ff.

196 Ähnlich argumentiert Weidner, S. 39.

197 Vgl. für viele R.-U. Sprenger, Kriterien zur Beurteilung umweltpolitischer Instrumente aus der Sicht der wissenschaftlichen Politikberatung, in: Schneider/Sprenger, S. 41ff.; Wicke, Umweltökonomie; Jänicke, Kosten und Nutzen des Umweltschutzes im internationalen Vergleich – Ein Beitrag zur Analyse des „sozial-industriellen Komplexes", ZfU 3/1978, S. 191ff.; ders., Industriesystem; Dierkes/Zimmermann, Umweltpolitik. Zwischen Erstarrung, Innovation und Überforderung, ZfU 3/1988, S. 197ff.

198 Vgl. zum folgenden Weidner, S. 29ff.; Kloepfer, § 3 Rdnr 5ff; Edda Müller, Umweltreparatur oder Umweltvorsorge? Bewältigung von Querschnittsaufgaben der Verwaltung am Beispiel des Umweltschutzes, Zeitschrift für Beamtenrecht 1990, 165ff.; sowie als Regierungsäußerungen: BMU, Bilanz, Bonn 1987, S. 16 f. (Leitlinien marktwirtschaftlich orientierter Umweltpolitik); dass., Leitlinien der Bundesregierung zur Umweltvorsorge durch Vermeidung und stufenweise Verminderung von Schadstoffen, Umweltbrief 33, 1986.

199 Ebenso Töpfer, Politische Durchsetzbarkeit einer langfristigen Umweltpolitik. Vortrag, Fachtagung der Konrad-Adenauer-Stiftung, Bonn, 25. 8. 1988.

200 Vgl. R.-U. Sprenger, Subventionen als Instrument der Umweltpolitik, Schriftenreihe ifo-Institut, München 1989.

201 Vgl. dazu auch Umwelt (BMU), 12/1988, S. 17.

202 Nachweise bei Wilhelm, Ökosteuern.

203 Vgl. SRU, Umweltgutachten 1987, S. 72.

204 Töpfer, Die politische Verantwortung der Umweltpolitik für das Umwelthaftungsrecht, ZfU 3/1988, S. 287ff. (301). Weitere Töpfer-Äußerungen unten sowie bei Wilhelm, Ökosteuern.

205 Näher zur realen Verwaltungspraxis: Bulling, Kooperatives Verwaltungshandeln (Vorverhandlungen, Arrangements, Agreements und Verträge), DÖV 1989, S. 277ff. Vgl.

auch unten Exkurs Demokratiefragen.

206 Institut der deutschen Wirtschaft (Hrsg.), Argumente zu Unternehmerfragen, Nr 9/1989; BDI aaO; DIHT aaO; Necker aaO S. 435. – Besonders positiv äußert sich auch Umwelt-Staatssekretär Martin Grüner, Umweltschutz als Herausforderung und ökonomische Chance, in: Bulletin 9, 27. 1. 1989, 69ff. (75).

207 Zehn Jahre früher hätte eine solche Entwicklung als großer Erfolg gefeiert werden können; schließlich sagte die Energiewirtschaft noch 1980 gewaltige Steigerungen des Energiebedafrs voraus, so daß 1990 die Lichter ausgehen sollten, wenn nicht sehr schnell weitere Kernkraftwerke gebaut würden. Heute reicht es aber bei weitem nicht mehr, den Energieverbrauch nur stabil zu halten. Er muß reduziert werden, und zwar drastisch. Daß das ohne Wohlstandsverlust möglich ist, versichern fast alle Experten.

208 Vgl. Hartkopf, Möglichkeiten und Grenzen reglementierender Umweltpolitik, ZfU 3/1988, 209ff (211 f., 218); ders., „Umweltpolitik" in: Handwörterbuch, 675. Allgemein hierzu Bohne, Rechsstaat.

209 Vgl. Weidner/Rehbinder/Sprenger; Tsuru/Weidner; Müller-Witt (unten Fn 229 * .

210 Vgl. etwa Zusammenfassungen wie die folgende (Gutachten aaO S. 13): „Erste größere Erfolge allgemeinen Umweltschutzes zeichnen sich deutlich ab, doch ebenso klar werden Mängel, Mißerfolge und Verzögerungen auf dem Weg in eine bessere Umwelt erkannt. Der eingeschlagene Weg erweist sich als richtig, muß aber konsequenter beschritten werden. ... Die Umweltpolitik der (Zukunft) erfordert ein allgemeines, sektorübergreifendes und in sich abgestimmtes Konzept. Aus dieser Erkenntnis hat der Rat im ersten Teil des Gutachtens mit besonderer Sorgfalt und Ausführlichkeit Grundzüge einer solchen allgemeinen Umweltpolitik dargestellt."

211 Töpfer, Politische Durchsetzbarkeit, oben Fn 207 .

212 Töpfer, Entsorgungsmanagement von morgen, Energiewirtschaftliche Tagesfragen 38 (9/1988), S. 658ff.

213 Töpfer, politische Verantwortung (oben Fn 212), S. 301.

214 Töpfer in seiner Einführungsrede auf dem 37. Bundesparteitag der CDU und einer weiteren Rede, beide im Lit.verzeichnis.

215 Hartkopf, reglementierende Umweltpolitik (oben Fn 218), S. 112. – Vgl. auch ders., „Umweltpolitik" in: Handwörterbuch, 675; ders., Ein ziemlich wilder Haufen, DIE ZEIT vom 14. 2. 1986.

216 Vgl. dazu Sighard Wilhelm, Herkunft und Zukunft des Grundgesetzes, in Vorbereitung .

217 Grundlegend Renate Mayntz, Implementation, 2 Bde. Vgl. weiterhin: Mayntz u.a., Vollzugsprobleme der Umweltpolitik, Empirische Untersuchung der Implementation von Gesetzen im Bereich der Luftreinhaltung und des Gewässerschutzes, Materialien zur Umweltforschung des Rats von Sachverständigen für Umweltfragen, Stuttgart 1978; Mayntz/Hucke, Gesetzesvollzug im Umweltschutz. Wirksamkeit und Probleme, ZfU 1978, 217ff.; Mayntz, Politische Steuerung und gesellschaftliche Steuerungsprobleme, in: Jahrbuch zur Staats- und Verwaltungswissenschaft, Bd 1, 1987, S. 89ff.; Mayntz, (Projektleitung): Vollzugsprobleme der Umweltpolitik. Empirische Untersuchung der Implementation von Gesetzen im Bereich der Luftreinhaltung und des Gewässerschutzes, 1978; Hellstern/Wollmann, (Hrsg.): Handbuch zur Evaluierungsforschung, Bd. 1, Opladen 1984; Hucke/Müller/Wassen, Implementation kommunaler Umweltpolitik, Frankfurt/M 1980; Gerhard Uebersohn, Die Implementation der naturschutzrechtlichen Eingriffsregelung, NuR 1989, S. 114ff.; ders., Effektive Umweltpolitik; Hellmut Wollmann (Hrsg.): Politik im Dickicht der Bürokratie. Beiträge zur Implementationsforschung, Opladen 1980, S. 9ff.; Wolfgang Zeh, Wille und Wirkung der Gesetze. Verw-wissenschaftl Untersuchung am Beispiel des StädtebauförderungsG, BImSchG, FluglärmG und BundesausbildungsfördG, Heidelberg 1984. – Siehe auch oben Abschnitt 16: Vollzugsdefizite.

218 Mayntz, in: dies., Implementation, Bd 2, S. 8ff.

219 Vgl. Wilhelm, oben Fn 226 *; Ulrich v. Alemann (Hrsg.), Neokorporatismus, Frankfurt/M

1981; Rolf G. Heinze, Verbändepolitik und Neokorporatismus, Opladen 1981; Bohne, aaO; Damaschke aaO; Zimmermann, Machtfaktor aaO. Zur realen Verwaltungspraxis: Bulling, oben Fn 215 *.

220 Siehe dazu auch Hucke, S. 396 f.

221 Unter verfassungsrechtlichen Aspekten vgl. Wolfgang Graf Vitzthum, Parlament und Planung. Zur verfassungsrechtlichen Zuordnung ..., Baden-Baden 1978; Herzog/Pietzner/-Wagener, „Planung" in: Evangelisches Staatslexikon, hrsg. von Kunst/Herzog/-Schneemelcher, 2. Aufl. Stuttgart 1975; Fritz Ossenbühl, Welche normativen Anforderungen ..., Gutachten B zum 50. Deutschen Juristentag, München 1974, Band 1 (Gutachten) S. B1-205. – Unter sozial- und organisationswissenschaftlichen Aspekten vgl. Mayntz/-Scharpf (Hrsg.), Planungsorganisation, München 1973; Jochimsen/Treuner, Staatliche Planung..., in: Löwenthal/Schwarz, Die zweite Republik. 25 Jahre Bundesrepublik Deutschland, Stuttgart 1974, S. 843ff.; J. J. Hesse, Organisation kommunaler Entwicklungsplanung, Stuttgart 1976.
Zur Anwendung auf die Umweltpolitik vgl. etwa Steiger, Umweltschutz durch planende Gestaltung, ZRP 1971, 133ff.; Flickinger/Summerer aaO. – Zum Stand Ende der 80er Jahre Kloepfer mit zahlreichen weiteren Nachweisen § 4 Rdnr 5ff. (allgemein), § 9 Rdnr 1ff. (zum Raumplanungsrecht) sowie passim.

222 Vgl.: Ehmkes Kanzleramt. Computer statt Politik, DER SPIEGEL, Nr 6/1971, S. 28ff.

223 § 50 BImSchG: „Bei raumbedeutsamen Planungen und Maßnahmen sind für eine bestimmte Nutzung vorgesehene Flächen einander so zuzuordnen, daß schädliche Umwelteinwirkungen auf die ausschließlich oder überwiegend dem Wohnen dienenden Gebiete sowie auf sonstige schutzbedürftige Gebiete soweit wie möglich vermieden werden."

224 Als frühe Befürchtung läßt sich Robert Jungk, Der Atom-Staat, München 1977, anführen. In neueren Überlegungen spielt die Kernenergie allerdings nur noch eine untergeordnete Rolle, vgl. etwa Michael Müller (SPD-MdB) und K. M. Meyer-Abich, DIE ZEIT, Nr 15/1990, S. 45 f. zu heutigen Befürchtungen über zukünftige Öko-Diktaturen.

225 Kloepfer (Direktor des Instituts für Umwelt- und Technikrecht der Uni Trier und Richter am OVG Rheinland-Pfalz), DVBl 1988, 305 (306).

226 Zitate nach DER SPIEGEL, Ozonschicht: Leck im Raumschiff Erde, Nr 49/1987, S. 262 (273).

227 Vgl. Wicke, Umweltökonomie, S. 167ff.; zu Erfahrungen mit mehreren Instrumenten in den USA: Harald Müller-Witt, Ökosteuern als neues Instrument in der Umweltpolitik, ifo-Studien zur Umweltökonomie Nr 10 (= Diss. Frankfurt/M 1989, Stand 1986 – etwas irreführender Titel). Zur Anwendung: Ladeur, Abfallvermeidung durch strategische Koordination unterschiedlicher rechtlicher Steuerungsinstrumente, NuR 1989, S. 66ff.

228 Näher Wilhelm, Ökosteuern, S. 31ff.

229 Der Sachverständigenrat für Umweltfragen hat diese Anforderungen an Qualitätsziele in seinem Gutachten für die Bundesregierung 1987 so formuliert: „In Qualitätsziele muß eine vom Vorsorgeprinzip vorgegebene Sicherheitsmarge eingebaut sein, die verhindert, daß Systeme bis an den Rand ihrer Funktionsfähigkeit belastet werden. Zur langfristigen Sicherung von Umweltqualität gehört ein Minimierungspostulat von Emissionen als politische Handlungsmaxime."

230 Noch heute fordern dies etwa Necker, S. 434; Breuel, S. 431.

231 SRU, Umweltgutachten 1987, S. 48ff.; vgl. auch Hucke, 392 f.

232 Gerhard Baum in: Crutzen/Müller, S. 214ff. (216, 221).

233 DER SPIEGEL, Nr 21/1990. Zur Vorbereitung der Konferenz: Fritz Vorholz, Das Klima hat Konjunktur, DIE ZEIT vom 11. 5. 1990 (zur vorbereiteten Abschlußerklärung: „eine Sammlung von Unverbindlichkeiten").

234 EG-Kommission (Hrsg.), Task-Force-Studie aaO. Knappe Zusammenfassung in: SPIEGEL Spezial, Nr 1/1992, Europa ohne Grenzen. Alarm für die Umwelt, S. 8 f. – Erste Hinweise nach gezielten Indiskretionen: Stefan Wichmann, Umwelt ohne Lobby. Eine vertrauliche

EG-Studie warnt vor ökologischen Folgen des Binnenmarktes, DIE ZEIT, Nr 47/1989, S. 48; DER SPIEGEL, Nr 47/1989, S. 138ff.

235 Inzwischen ist beschlossen, die entsprechende Abteilung aufzulösen: DER SPIEGEL Nr 37/1992, S. 16.

236 Vgl. Nikolaus Piper, Rivalen ohne Regeln, DIE ZEIT, Nr 29/1992, S. 17; E.-O. Czempiel, Weltpolitik im Umbruch, München 1991, S. 114ff.

237 Vgl. Heinz Blüthmann, Autowahn statt Eisenbahn, DIE ZEIT, Nr 17/1992, S. 26; Fritz Vorholz, Krauses Öko-Schwindel. Verkehrspolitik: Bonn operiert mit falschen Zahlen, DIE ZEIT, Nr 24/1992, S. 22; Zurück in die Steinzeit, DER SPIEGEL Nr 25/1992, S. 62ff. – Auf eine zweites Beispiel muß ich aus Platzgründen verzichten, vgl. die folgende Fn.

238 Wolfgang Hoffmann, DIE ZEIT, Nr 29/1992, S. 33., zu erwarteten Beschränkungen des vom Bundestag eingerichteten „Büro für Technikfolgen-Abschätzung" nach seiner ökonomischen und ökologischen Bewertung des geplanten deutschen Raumgleiters „Sänger", an dem das Herz mehrerer „starker Mitglieder" des Bundeskabinetts hängt.

239 Leggett, Global Warming, S. 229ff.; Öko-Almanach, Kap. 6; SRU, Umweltgutachten 1987, S. 488ff.; Loske/Vorholz, In der Energiefalle, DIE ZEIT, Nr 21/1992, S. 57ff. Zu Einzelheiten der Parteivorschläge und zur Diskussion von 1989/90: Wilhelm, Ökosteuern, etwa Kap. 6 und 8.

240 Zahlen aus Umweltbundesamt, Daten 1988/89, S. 20 f.; Enquetekommission S. 47ff.

241 v.Weizsäcker, S. 78 f., gestützt auf Erhebungen des BDI; Schäfer (SPD-MdB), Programm fürs Überleben, DIE ZEIT, Nr 31/1989, S. 24.

242 Das wichtigste und anregendste Buch schrieb Vester, Ausfahrt Zukunft, der die heutigen Autos als Relikte der Vergangenheit betrachtet und für eine Nach-Autogesellschaft plädiert; dazu will er die Industrieunternehmen in Zielen und Produktionen umgestalten und die Bürger ummotivieren; die Autoindustrie sieht er in eine Sackgasse fahren wie zuvor schon viele andere Branchen und Berufe; für eine gewisse Zeit kann man sicherlich Bergbau, Werften, Landwirtschaft und andere subventionieren, die Autoindustrie über die bisher nicht erhobenen externen Kosten aber sicherlich nicht; dies bedeutet einen äußerst beunruhigenden Hintergrund für viele Überlegungen zum Wirtschafts- und Wohlfahrtsstandort Bundesrepublik. Vester bemüht sich um vernetzte, kybernetische Analyse- und Vorhersagemodelle. Seine Ansichten entsprechen m.W. der Mehrheitsmeinung deutscher Verkehrswissenschaftler.

Vgl. auch Sachverständigenrat, Gutachten 1987, S. 538ff.; Wilhelm, Ökosteuern, S. 87ff.; Enquetekommission, Bd 2, S. 669ff.; Öko-Almanach 1991/92, S. 169ff.; eine Serie in: DIE ZEIT, Nr 38/1989 bis 43/1989. DER SPIEGEL ausführlich z.B. in: Nr 31/1990 und Nr 11/1991.

243 Zu diesen Parteibeschlüssen Wilhelm, Ökosteuern, S. 54ff.

244 Zustimmend z.B. eine BMWi-Expertise von 1989 aaO, S. 16: „Bei einer Umlegung der Kfz-Steuer auf die Mineralölsteuer würden die derzeit fixen Steuer-Kosten zu variablen Kosten, die der Kfz-Halter je nach Fahrleistung, Fahrverhalten und spezifische(m) Verbrauch seines Autos beeinflussen könnte. Dadurch entsteht ein Anreiz zur Einsparung von Mineralöl und damit zur Reduzierung von CO_2."

245 In Berlin fahren seit Januar 1990 in einem Großversuch mehrere hundert „Öko-Polo", die im Stadtverkehr drei Liter Diesel auf 100 km verbrauchen. – Der Audi 80 könnte im Jahr 2000 mit 3 l/100 km im Stadtverkehr auskommen, war 1992 vom VW-Werk zu erfahren.

246 Dazu aus der Diskussion von 1989: Wilhelm, Ökosteuern, S. 72ff.

247 Näher SPIEGEL Spezial Nr 1/1992, Alarm für die Umwelt, S. 56.

GPSR Compliance

The European Union's (EU) General Product Safety Regulation (GPSR) is a set of rules that requires consumer products to be safe and our obligations to ensure this.

If you have any concerns about our products, you can contact us on ProductSafety@springernature.com

In case Publisher is established outside the EU, the EU authorized representative is:

Springer Nature Customer Service Center GmbH
Europaplatz 3
69115 Heidelberg, Germany

Batch number: 10809466

Printed by Printforce, the Netherlands